박정일(朴正一, 1962~)

産
삼성SDS Tokyo 사무소장(1993~2002)

學
한양대학교 대학원 전자공학 졸업
Waseda Univ. M.S.P. Study(1999)
Van. R·B College E·J·T·P Study(2002)
Stanford Univ. V·E·.P. Study(2003)

研
경제위기관리연구소 부소장(2017)

委
4차 산업혁명전략위원회 민간위원(2017)
일자리위원회 중소벤처 T/F장(2018)
AI 중심도시 광주 만들기 추진위원(2019~2022)
대한민국 AI Cluster Forum 위원장(2019~2022)
미래학회 이사(2019~)

法
법무법인 클라스 AI·BigData Cluster 대표(2021~2022)

敎
한양대 공대 컴퓨터·SW학과 겸임교수(2016~2020)
경기도교육연구원장 (2022~)

著
김치·스시·햄버거의 신 삼국지 (2004)
미·중 패권 다툼과 일자리 전쟁 (2018)
AI 한국경영 지도자 편 (2020)
AI 한국경영 정책제언 편 (2021)
AI 한국경영 국정운영 편 (2021)
AI 한국경영 미래비전 편 (2021)

AI
한국경영
뉴거버넌스 편

AI Creator

박 정 일
경기도교육연구원 원장

휴먼필드
Human Field

머리말

2030년 AI가 대한민국을 바꾼다

미국 스탠퍼드대는 인공지능(AI)이 사람들이 일하고 살아가며 즐기는 모든 분야에 어떻게 영향을 줄 것인지를 연구하고 전망하는 AI 100년(One Hundred Year Study on Artificial Intelligence) 프로젝트를 시작했다.

5년마다 AI의 현재 현황을 평가해 보고서를 발표한다. 연구 목적은 AI 및 해당 분야가 발전함에 따라 미치는 영향 분석이다. 또한 AI 연구개발 및 시스템 설계의 방향에 대한 전문가 지침과 이러한 시스템이 개인과 사회에 광범위하게 도움이 되도록 종합 분석 및 평가를 제시한다.

AI 100년 연구 프로젝트는 2014년 가을에 시작됐다. 2016년 첫 번째 보고서에서 "인간의 능력을 강화할 때 가장 큰 잠재력을 가지며 이것이 생산 효율이 최고"라고 주장했다. 지난 9월 2일 AI가 가져올 발전과 부작용을 예측한 보고서는 82쪽 분량으로

'2030년의 AI와 삶'에 대해 기술했다. 고용, 헬스케어, 보안, 엔터테인먼트, 교육, 서비스 로봇, 교통, 빈곤 계층의 8개 범주를 담았고 스마트 기술이 도시에서의 삶에 어떤 영향을 미칠지를 진단하고 있다.

이번 프로젝트에 참여한 학계 및 기술 분야 전문가는 "2030년에 AI가 인류의 삶을 전방위로 바꾼다. 출장 방식에서부터 건강관리, 교육에 이르기까지 인간의 삶 곳곳이 AI로 인해 변화된다."라고 결론을 내렸다.

2030년 AI가 바꿀 세상의 변화에 맞게 'New AI 대한민국'을 만들려면 어떻게 해야 할까. 첫째, AI시대에 걸맞은 법률 제정과 정책 입안이 필요하다. AI에 대한 새로운 법적 프레임워크 구축이 시급하다. 소셜미디어에 대한 독과점 방지, 자동화된 의사결정 시스템 및 윤리 프레임워크 구축을 해야 한다.

둘째, AI 연구 및 개발에 정책 우선순위를 둬야 한다. 전 세계적으로 AI 연구개발(R&D)에 대한 투자가 지난 5년 동안 엄청난 규모로 성장했다. 향후 AI로 인해 고용, 교육, 공공안전, 국가안보, 산업 투자에 의한 경제 성장은 계속된다.

셋째, 산·학·연은 혁신해야 한다. 교수와 연구원 및 학생들이 스타트업을 만들거나 다른 메커니즘을 모색하고 지식재산을 상업화해야 한다. 창직과 창업으로 AI 붐을 일으켜 양질의 일자리를 창출하는 엔진은 산·학·연의 연계에 달려 있다.

넷째, 사회에 관한 연구와 윤리적 문제 해결이다. AI 학계와 산업계 연구의 경계선이 흐릿해지면 추가적인 사회 윤리적 문제가 대두된다. AI 의사결정 알고리즘의 공정성 확보가 중요하다. 데이터 수집에 따른 개인정보 보호와 정보 활용에 따른 양극화를 해소해야 한다.

다섯째, AI 슈퍼고용 시대에 대비해야 한다. 미래 새로운 직업의 60%는 아직 나타나지도 않고 있다. AI 쓰나미가 몰고 올 새로운 일자리 'AI 슈퍼고용' 시대에 대비해야 한다.

마지막으로 AI 정부 전환이다. 기업은 AI 개발 및 응용의 중요성을 인식해 빠르게 적응하고 있다. 하지만 정부는 여전히 뒤처지고 있는 게 현실이다. 지속적인 문제를 해결하기 위해 자원의 선택과 집중이 필요하다.

현재 대한민국은 2030년 AI 분야에서 중국의 속국이 되느냐 세계 4대 'AI 강국'으로 도약하느냐 선택의 기로에 놓여 있다. AI는 우리의 미래다. AI+X 산업에서 한국경제 미래 먹거리를 확보하는 새 시대를 이끌어갈 AI 지도자가 나타나길 기대한다. (매경. 2021.10.18.)

이 책은 지난번 출간한 AI 한국경영 시리즈 지도자 편, 정책제언 편, 국정운영 편, 미래비전 편에 이어 다섯 번째인 뉴거버넌스 편이다. 제20대 새로운 대통령을 위한 분야별 성공 전략을 제시했다. 집필 의도는 AI 강국 도약을 위한 바람직한 국정운영을 강조하기 위해서다.

제1장은 대권 전쟁의 서막이다. 종로 승리가 곧 대선 승리다, 대선 D-43, 매직넘버 43% 輿 "종로 무공천" 정치개혁 경쟁 신호탄, 無공천 vs 尹일화 vs 安일화, 정치 교체 vs 정권교체, 새바람 새 인물, 다윗과 골리앗의 싸움, 대선 TV 토론이 승패를 가른다, 첫 대선 TV 토론 승기를 잡으려면, 예측불허 대선, TV 토론이 승부수, D-30. 부동층을 잡아라, 정책(政策)교체 vs 정권(政權)교체, 2

차 TV 토론 표심 가를 한 방, 단일화가 대선 승패 가른다, 안철수 살길, 안철수 결단, 정치개혁만이 살길에 관해 서술했다.

제2장은 국민통합정부다. 국민통합정부 성공의 조건(1), 국민통합정부의 국정운영, 국민통합정부 성공의 조건(2), 국민통합정부 국정 과제 성공의 조건에 관해 기술했다.

제3장은 대통령직인수위원회다. 대통령직인수위원회 성공의 조건, 안철수가 이끄는 인수위 성공할까, 디지털 대전환 시대의 일자리 창출, 300만 개 일자리 창출 해법, 청와대 이전에 대한 해법, 50조 손실 보상금 지급 해법, 대선공약 이행에 쏟아부을 돈에 관해 서술했다.

제4장은 새 정부에게 바란다. 정국 현안 해법, 환경 대국의 새 시대를 열어라, 중소벤처 살려내야, 정책 성과를 내야 한다, 대통령은 국민의 상머슴이 될 수 있을까, 최우선 과제는 '민생안정', 최우선 과제는 '좋은 일자리 창출', 민생을 살릴 수 있을까, 'ABM'만으로 성공할 수 있을까, 감동 없는 인사로 성공할 수 있을까, 규제혁신 성공의 조건에 대해 제언했다.

제5장은 성공하는 정부다. 대통령 성공, 용인술에 달려 있다, 당선인 앞에 높인 산적한 현안과 해법, 국정 과제 성공 시대 열어야, 100대 국정 과제 제안, 디지털 플랫폼 정부 성공의 조건, 발등에 떨어진 불, 성공한 대통령이 될 수 있을까, 국정운영은 실리주의로 해야, 민생에 올인하라 등에 관해 서술했다.

제6장은 2030년 AI가 대한민국을 바꾼다, AI와 새 정부의 역할, 인사에서 실력이란 무엇인가, 국정 동력 정책 조율에서 나온다, 6·1 지방선거 싹쓸이 전략, 보건복지부 장관의 시대적 소명, 민노총 변하지 않으면 AI시대에 사라질 수도, 새 시대를 여는 AI

반도체에 관해 기술했다.

제7장은 미래교육 혁명이다. 미래교육 혁명에 성공하려면, 교육부는 미래교육에 매진해야, 미래교육 혁명에 나라 운명 걸렸다, 교육부가 미래로 가는 길에 관해 기술했다.

책을 집필하면서 세계적인 석학들의 좋은 글을 인용하거나 참고했음을 밝힌다. 여러 조각을 합쳐 새로운 그림을 만들 수 있다는 생각에서다. 널리 이해해 주시기를 바란다. 부디 이 책을 읽고 대한민국 역사상 최초의 성공하는 정부가 나오기를 간절히 바란다.

2022년 8월 31일

지은이 朴正一

한국경영 **AI Korea Management**
뉴거버넌스 편 **New Governance Edition**

목 차

··

머리말

Chapter 1. 대권 전쟁의 서막

Chapter 2. 국민통합정부 출범

Chapter 3. 대통령직인수위원회

Chapter 4. 새 정부에 바란다

Chapter 5. 성공하는 정부

Chapter 6. 2030년 AI가 대한민국을 바꾼다

Chapter 7. 미래교육 혁명

Chapter 1.
대권 전쟁의 서막

종로 승리=대권 승리

민심은 공론이며 하늘의 뜻과 같다. 표심은 곧 민심이다. 민심은 바람과 같다. 바람은 민심의 뜻에 따라 분다. 바람에 올라타면 선거에서 승리한다. 정치란 백성이 배부르고 등 따습게 해 주는 것이다.

삼국지 최대의 전쟁이 적벽대전(赤壁大戰)이다. 적벽대전은 중국 삼국시대인 서기 208년 겨울 지금의 후베이성(湖北省) 포기(蒲圻) 시 창장(長江) 적벽 일대에서 벌어진 전투다. 조조 대군에 맞서 병력의 절대적 열세와 연합작전의 어려움을 극복하고 유비와 손권 연합군이 대승했다. 승리의 주요 요인은 화공(火攻)을 일으킨 동남풍(東南風)이 불어서다.

3월 9일 치러질 제20대 대선은 애석하게도 '역대급 비호감 대선'이라는 불명예 타이틀이 붙었다. 상대 후보를 향한 비방전은 한층 가열되고 진영 간 네거티브 공방이 극에 달하고 있다. 원래 대선이 다가올수록 지지층 결집으로 부동층은 줄어드는데, 오히려 늘어나는 이례적 상황이 지속되고 있다.

여든 야든 동남풍을 누가 일으킬 것인가. 정권 재창출이냐 교체냐 바람은 언제 불 것인지 흥미로운 상황이다. 역대 선거를 돌이켜보면 유권자는 새바람 쪽에 표심을 몰아줬다. 민심은 신풍(新風)을 택하는 경향이 강하기 때문이다.

정치 1번지 종로 국회의원 보궐선거 후보 공천이 대선 향방의 분기점이 될 전망이다. 대권을 거머쥐려면 종로 승리는 필요·충분조건이다. 종로 바람에 따라서 대선이 결정된다고 해도 과언이 아니다.

그렇다면 어떤 후보를 내세워야 유권자의 관심을 끌어 종로 바람을 대선과 연계시킬 것인가.

첫째, 상징성이다. 후보와 러닝메이트가 돼야 한다. 후보 약점을 보완하고 시너지 효과를 극대화할 수 있는 역량을 갖춰야 한다. 국민이 전혀 예상치 못한 깜짝 카드(인물)를 내밀어야 한다. 종로 유권자 구성이 그리 간단치 않기에 이목을 집중시키려면 AI 시대에 맞춤형 인물을 선보여야 한다.

둘째, 개혁성이다. 정치가 경제의 발목을 잡고 있다. 기업의 글로벌 경쟁력에 정치는 후진성을 면치 못하는 상황이다. 정치만 개혁된다면 대한민국 경제는 얼마든지 성장할 수 있다. AI 정당, AI 국회, AI 정부를 만들겠다는 비전과 국정운영에 맞는 인물이어야 한다.

셋째, 상품성이다. 국민은 여의도 구태 정치에서 벗어나 있는 참신하고 전문성을 갖춘 인물을 원한다. 중량급 0선의 공천 혁명으로 깨끗하고 전문성과 정책 입안 능력을 갖춘 정치 신인을 과감히 발탁하는 진영이 승리한다.

넷째, 경쟁력이다. 기업 출신으로 글로벌 비즈니스 현장과 실물경제를 경험한 인물이어야 한다. 도덕성과 병역은 기본이며 다양한 분야에서 활동하였다면 금상첨화(錦上添花)다. MZ세대와 중년층이 공감하며 동질감을 느끼게 하는 경력을 가져야 한다.

다섯째, 정책성이다. 대선과 종로 정책이 연대를 해야 한다. 국정운영 방향은 AI 한국경영이다. 미래비전은 'AI 대국 도약'으로 일자리 넘치는 대한민국이다. 전 세대 미래를 보장(케어) 한다는 정책을 펼쳐야 한다. 20~30대는 일자리, 40대는 주거와 교육, 50대는 건강과 노후 보장, 60대 이상은 치매 국가 보장제를 시행해야 한다.

마지막으로 변화성이다. 비방 일색인 지루한 대선 형국에서 변화의 빅 모멘텀을 종로에서 만들면 바람을 일으킬 수 있다. 종로에서 승리해야 서울에서 승리하고 수도권 승리는 대선 승리의 공식이다.

종로 선거는 단순히 국회의원 보궐선거가 아니다. 한국경제 미래 먹거리 확보와 AI 한국경영을 선포하며 AI·BigData 경제를 활짝 여는 대전환점이다. 오늘보다 내일이, 우리보다 미래 세대가 더 나아지기 위해선 참신한 인물 바람을 종로에서 일어나기를 기대한다. (2022.01.22.)

대선 D-43, 매직넘버 43%

제20대 대선이 43일 남았다. '비호감 대선'이라는 불명예 타이틀이 붙여진 이번 대선의 '매직넘버'는 다자구도 투표율 75% 기준 지지율 43%다. 3자 대결이었던 14대 김영삼 대통령이 42%, 15대 김대중 대통령이 40.3%를 각각 얻었다. 19대 대선에서 문재인 대통령은 41.1%를 기록했다. 다자구도 땐 43% 지지율을 얻으면 당선 안정권이란 뜻이다.

현재 대선 정국은 네거티브 전쟁이 대선판을 뒤흔들고 있다. 여야가 서로 흠집 내기에 몰두하는 사이 정책과 비전 경쟁이 실종된 지 오래다. 비방으로 얼룩진 진흙탕 선거는 2030세대의 정치 혐오를 부추기고 있다. 이번 대선에서 1,696만 명, 인구의 32.7%를 차지하는 MZ세대가 캐스팅보트로 떠오르고 있다.

그렇다면 MZ세대 표심을 잡으려면 어떻게 해야 할까.

첫째, 미래 보장이다. 안정된 일자리가 부족하니 미래에 대한 확신이 없어 결혼을 기피한다. 청년고용률은 42%로 일본 60%에 비해 턱없이 낮다. 양질의 제조업 일자리는 줄고 집값은 폭등하며 빚은 늘어나니 청년들은 벼랑으로 내몰리고 있다. 여야 후보가 내세우는 포퓰리즘 공약으로 남발되는 돈은 나중에 청년들이 갚아야 한다. 2055년 국민연금도 바닥날지 모른다. 한 마디로 미래가 불안하다. 미래를 보장하는 '2030FC(Future Care) 프로젝트'를 추진해야 한다. '개인별 AI 미래 매칭 시스템'으로 미래 불안을 해소할 수 있다.

둘째, 거대한 담론 비전 제시다. 각 후보의 국가운영 방향과 미래비전이 뭔지 모르겠다는 공감대가 형성돼 있다. 대표적 공약도 떠오르지 않는다. 잠재성장률이 1%대로 떨어지고 실질성장률은 일본에도 추월당할 거란 암울한 전망도 나왔다. 배고프던 1970년대 초 '100억 불 수출, 1,000불 소득'이라는 국정 구호가 있었다. 국민은 희망을 품고 죽도로 일해 한강의 기적을 일궈낸 저력이 있다. 전 국민이 알기 쉽게 기억할 수 있는 '오징어 공약'을 슬로건으로 제안한다. 오(5% 성장, 5만 불, G5), 징(징벌적 규제 철폐), 어(어벤저스 팀, 위기 극복)이다.

셋째, 부동산 해결이다. 200~300만 채를 공급한다는 것은 해결책이 아니다. 저출생, 인구감소로 2050년에는 빈집이 사회적 문제로 대두된다. 일본 빈집은 900만 채로 전체 주택 수의 15%를 차지하고 있다. 일본에서 교훈을 얻어야 한다. 2060년 고층 아파트를 재건축하게 되면 막대한 건축 폐기물은 어떻게 처리할 것인가. 문제가 수두룩하다. 이명박 서울시장 재임 시절 버스전용차선, 청계천 복원 등에서 참고해야 한다. 임대차 3법과 세제 개편 등 당장 시행할 수 있는 것에 해결책이 있다. 새 정부는 건물만 분양하는 반값아파트를 위주로 공급하고 신도시 개발은 스마트시티로 조성해야 한다.

넷째, 양질의 일자리 제공이다. 장기 실업자 65%가 2030세대다. 청년 5명 중 1명은 실업자 상태다. 괜찮은 일자리를 찾기 위해 구직을 포기하고 스펙을 쌓고 있는 청년들에게 절실한 것은 단순한 일자리 늘리기보다 안정된 일자리 제공이다. 제조업 고용 공식이 무너진 상황에서 산업의 역동성도 죽어가고 있다. 이제는 AI+X 산업 대전환으로 일자리 창출 혁명이 절실하다. 정부가 보유하고 있는 의료·교육 등 데이터를 개방해 데이터 경제 시대를 활짝 열어야 한다. AI·빅데이터 벤처 붐을 조성하면 일자리 넘치는 대한민국을 만들 수 있다.

다섯째, 정책의 신뢰성이다. 여야 후보의 주요 공약에 소요되는 재정을 대충 계산해 봐도 200~500조에 달한다. 정부가 돈을 풀면 인플레이션이 발생하고 국가 재정이 악화한다. 국가 채무 증가는 고스란히 미래 세대 부담이다. 2030세대 60%가 기본소득에 반대하고 있다. 재원 조달과 기본 복지와의 충돌을 피하는 해법으로 블록체인 기술을 활용한 '디지털 화폐 AI 자동 환수 시스템'을 제시한다. 새로운 시대가 열릴 것처럼 유권자를 현혹하는 숫자만 발표하는 포퓰리즘은 더 이상 매력적인 득표 전략이 될 수 없다.

마지막으로 왜 집권해야 하는지 절박하게 설득해야 한다. 종로 민심이 대선 민심이다. 정치 1번지 종로는 한국 정치의 수준이다. 대선과 동시에 치러지는 종로 보궐선거에서 후보가 누구냐에 따라 민심이 향방이 변화된다. 또다시 여의도 구태 정치인이 나선다면 감흥이 없다. MZ세대는 그 나물에 그 밥이라고 외면할 것이다.

후보 선출에 대한 발상의 전환이 절실하다. 4차 산업혁명과 AI·빅데이터 시대에 맞는 상징적이고 참신한 인물을 후보로 발탁한다면 2030세대 표심을 자극할 수 있다. 정치는 미래를 제시할 때 국민의 지지를 받을 수 있기 때문이다. (2022.01.25.)

與 '종로 무공천', 정치개혁 경쟁 신호탄

송영길 더불어민주당 대표는 25일 당사에서 긴급 기자회견을 열어 "국민의 간절한 소망과 기대에 민주당이 제대로 부응하지 못했다"라며 "자기혁신과 기득권 내려놓기를 통해 정치의 본령, 정치의 기본으로 돌아가겠다"라고 밝혔다.

그는 3월 대선과 함께 치러지는 국회의원 재·보궐 선거에서 서울 종로와 경기 안성, 청주 상당 등 3개 지역구에 후보를 공천하지 않겠다고 했다. 이어 "국민의 상식과 원칙에 따르는 것이 공당의 책임"이라며 "공천 포기는 당장은 아픈 결정이지만, 우리 더불어민주당이 책임 정당으로 한 단계 더 성장하는 계기가 될 것"이라고 덧붙였다.

그러면서 "세 곳의 지역에 출마를 위해 준비해 오신 분들께는 미안하다"라면서 "시간이 좀 더 걸릴 뿐, 지금까지의 노력과 당을 위한 헌신이 반드시 여러분 정치 인생의 자양분으로 돌아가도록 뒷받침하겠다. 오직 4기 민주 정부 탄생을 위해 함께해주시기를 간곡히 부탁드린다"라고 밝혔다.

송영길 대표의 무공천·불출마 초강수 카드 노림수는 무엇일까.

첫째, 이재명 후보 지지율 상승의 모멘텀 조성이다. 박스권 갇힌 이 후보의 지지율 돌파를 위한 고육지책(苦肉之策)이지만 효과는 미지수다.

둘째, 2030세대 표심 공략이다. 정치 교체와 쇄신으로 정권 교체론을 대체하고 내로남불 정치권에 대한 불신이 강한 2030세대를 공략하는 의도가 숨어있다. 민주당은 인적 쇄신과 당의 체질 개혁을 표명해 2030세대 표심을 잡는 전술이다.

셋째, 선거용 프레임 만들기다. 개혁·쇄신 이미지와 꼰대·웰빙당 프레임을 조성하려는 것이다.

넷째, 국민의힘 자중지란(自中之亂)을 노린 것이다. 민주당 후보가 없으니 여의도 출신 중진 정치인들이 당선 욕심에 공천 전쟁이 펼쳐질 것이다. 만약 이전투구(泥田鬪狗)가 벌어진다면 민주당 전략에 말리는 것이다. 오히려 민주당보다 더 쇄신하고 참신한 후보를 내세워야 대선 후보 지지율에 긍정적 영향을 미친다.

다섯째, 진정성과 순수성이 보이지 않아 감흥이 없다. 만약 지난해 서울·부산 시장 보궐선거에 후보를 내지 않았다면 진정성이 있었다. 하지만 대선을 불과 43일 남겨놓고 이재명 후보의 지지율이 정체되니 부랴부랴 무공천을 발표한 것은 국민이 크게 칭찬이나 감동하지 않는다. 국민 마음 돌리기에는 늦어도 한참 늦었다.

마지막으로 논개 작전이다. 굽힘의 귀책 사유로 공석이 된 서울 서초갑, 대구 중남구 지역구에 무공천이라는 어려운 숙제를 던진 것이다.

그렇다면 해법은 무엇일까.

정치개혁 경쟁에서 우위를 확보해야 한다. 원칙대로 자당의 귀책 사유로 공석이 된 지역은 무공천을 해야 국민이 납득할 것이다. 상대방 무공천 지역은 국민이 원하고 시대에 맞는 새로운 인물을 내세워 정치혁신을 천명해야 한다.

설 민심이 대선 민심이다. 설을 앞두고 정치개혁 경쟁이 돌입한 형국이다. 누가 먼저 빨리 혁신하느냐에 따라 대선 향방이 결정될 것이다. (2022.01.25.)

無공천 vs 尹일화 vs 安일화

민족 최대의 명절 설이 다가왔다. 설 연휴 대선 민심이 3·9대선의 1차 승부처가 될 전망이다. 이번 설 연휴 동안 형성되는 민심 향방이 대선 판세를 결정해도 과언이 아니다. 설 밥상머리 대화의 메뉴가 중요한 이유다. 설을 앞두고 정치개혁 경쟁이 돌입한 상황이다. 누가 먼저 빨리 쇄신하느냐에 따라 대선 향방이 결정될 것이다.

먼저 선공을 친 것은 민주당 송영길 대표다. 대선과 함께 치러지는 서울 종로의 국회의원 재·보궐선거에 공천을 하지 않겠다며 징지 쇄신 경쟁 프레임을 내세웠다. 박스권 갇힌 이재명 후보의 지지율 돌파를 위해 쇄신 총력전에 나선 것이다. 하지만 무공천은 본질이 아니다. 무공천해야 할 때는 안 하고 공천해야 할 때는 무공천이란 쇄신 카드를 꺼냈다. 한마디로 자가당착(自家撞着)에 빠진 것이다.

소탐대실 안 하겠다며 배수진(背水陣)을 친 것이라고 항변하겠지만 전략적으로 실패한 것이다. 병법에서 배수진은 시기와 상황에 맞게 잘 선택해야 한다. 조조의 위나라 5대장(五大將)이라는 칭송을 받던 서황(徐晃) 장군은 유비(劉備)보다 강력한 전력에도 불구하고 반드시 이겨 큰 공을 세우려는 욕심과 승리에 목말라 마음이 급해져 생뚱맞게 배수진을 쳐 참패했다. 시기와 상황에 맞지 않는 전략과 전술은 오히려 죽음의 진(陣)이 된다는 것이 역사의 교훈이다.

승리의 배수진도 있다. 한신은 '정경전투'에서 조나라 군사에 대항해 배수진으로 승리했다. 당원들 2/3 반대에도 불구하고 정치 1번지 종로를 포기한 결정은 훗날 뼈아픈 실책으로 평가될 전망이다. 한 표가 아쉬운 상황에서 찬물을 끼얹는 자책골이라 볼 수 있다.

전체 판세를 읽을 책사가 없어 벌어진 일이다. 역사적으로 중원을 포기하고 천하를 얻는 경우는 없다.

여당의 자책골로만 야당이 이길 수는 없다. 삼국지 최대 연합작전인 적벽대전(赤壁大戰)에서 배워야 한다. 적벽대전은 중국 삼국시대인 서기 208년 겨울 지금의 후베이성(湖北省) 포기(蒲圻) 창장(長江) 적벽 일대에서 벌어진 전투다. 천하를 노리는 조조, 중원을 도모하는 유비, 강동의 패자를 노리는 손권, 세 영웅이 삼국의 패권을 두고 적벽에서 한판 붙었다. 조조 대군에 맞서 병력의 절대적 열세와 연합작전의 어려움을 극복하고 유비와 손권 연합군이 대승했다. 승리의 핵심은 연대(連帶)다. 작금의 대선과 유사한 삼족정립(三足鼎立) 구도와 유사하다.

민주당 서울시당이 최근 발간한 '서울시 유권자 정치 지형과 대선 전략 보고서'에 따르면 "이재명 후보의 자력 승리를 자신할 수 없는 상황이고, 야권이 단일화 시 필패 구도"라며 "서울에서 구도 전환이 필요하다"라며, 현재 상황에 대해 "지난해 보궐선거 때보다 나쁘다"라고 진단했다.

유권자 성향을 분석해보면 이재명 후보는 진보, 윤석열 후보는 보수의 결집으로 막판 40%는 넘을 것이다. 스윙보터는 중도층이다. 만약 안철수 후보가 15~20% 지지를 받는다면 상황이 복잡하다. 야권은 자강론(自强論)이든 단일화(單一化)든 정권교체가 최대 목표다. 尹 후보가 여론조사에서 앞선다고 승리를 거머쥘 수 있을까. 변수는 아직 많다. 막판까지 가봐야 한다.

손정의 회장은 제곱 병법 정정략칠투(頂情略七鬪) 리더가 갖추어야 할 지혜에서 7할의 승산이 있을 때 승부를 걸라고 했다.

선거는 과학이다. AI 빅데이터로 분석해보니 자강론의 승률은 예측불허로 나온다. 지지층 특성, 단일화 잡음, 상대방 고사 작전 등도 변수로 작용한다.

그렇다면 어떻게 해야 할까. 해법을 제시한다.

첫째, 명분과 사명(使命)이다. 1992년 대선에서 DJ는 승리를 위해 JP가 필요·충분조건이었다. 실세 총리를 내주더라도 DJP연합을 성사시켰다. 대중들에게 닭갈비는 인기다. 계륵(鷄肋)의 유래는 유비가 익주(益州)를 점령하고 한중(漢中)을 평정한 다음에 위나라 조조(曹操)와 생발선을 벌일 때에서 유래됐다. 닭의 갈비는 먹기에는 양이 너무 적고 번거로워 버리기에는 아깝다는 뜻이다. 완벽하고 마음 졸이지 않는 완전한 승리를 위해서는 반드시 계륵이 필요하다.

둘째, 바람을 일으켜야 한다. 선거는 바람이다. 동남풍과 북서풍이 어디서 불지 예측이 불가하다. 하지만 확실한 것은 종로 바람은 불게 만들 수 있다는 것이다. 종로를 선점하면 尹일화· 安일화든 대선 승리든 승기를 잡을 수 있다는 것이다.

셋째, 참신한 인물 경쟁이다. 국힘이든 국당이든 시대에 맞는 참신하고 전문성을 갖춘 여의도 정치인이 아닌 중량급 신인으로 민주당과 중도층을 흡수할 수 있는 스펙을 가진 후보를 발탁하면 승리한다. 경쟁력 있는 인물을 후보를 내야 대선 후보와 러닝메이트로서 시너지 효과를 낼 수 있다. MZ세대와 중도층이 선호하는 후보를 내면 단일화 협상에서 우위를 선점한다.

넷째, 꼼수는 더 이상 안 먹힌다. 위성정당과 무공천 약속을 깨버린 민주당이 김동연 후보와 연대해 밀 수 있다는 시나리오도 생각할 수 있다. 하지만 한국 개조를 외치고 나온 대선 후보로서 명분이 약하다. 미래 정치 인생을 위해서도 선택의 여지는 없을 것으로 본다.

마지막으로 진정성이다. 대선 한판 대결에서 민주당의 뜬금없는 카드는 진정성 부족으로 감흥이 없다는 게 민심이다. 이러다 정말 질 수도 있다가 아니라 이러다 정말 진다가 현실로 다가올 수 있다. 오롯이 민생을 위해 진실하고 간절하게 정권을 잡을 명분을 설득하는 진영이 유리한 고지를 점령할 것이다.

지난 5년 동안 뭐하고 선거가 코앞인데 책임정치 운운한다고 표심이 움직일까. 국민은 현명하다. 이번 정치쇄신 경쟁이 한국 정치의 혁신을 이끄는 마중물이 되기를 기대한다. (2022.01.26.)

정치교체 vs 정권교체

제20대 대선은 사상 최악의 비호감 대선이라는 말이 나온다. 대한민국 경제는 발전하는데 유독 정치만 후진성을 면치 못하고 있다. 우리는 산업화와 민주화, 정보화를 압축적으로 일궈 낸 세계 유일한 국가다. 1960년대 독일에 파견된 광부와 1970년대 월남 파병 군인의 피와 땀의 대가로 산업화 기반을 닦았다. 산업화 영광의 주인공들은 역사의 뒤안길로 사라졌다. 이제는 정치쇄신 혁명을 위해 민주화 세력 586 정치인들이 정치 혁명에 앞장서야 할 때다.

AI(인공지능)시대 세계는 빠르게 변화하고 있다. 하지만 한국은 대선을 코앞에 두고 미래에 대한 비전과 담론은 온데간데없고 오로지 상대방 후보 비방, 네거티브 선거에 몰두하고 있는 안타까운 현실이다. 해마다 뒷걸음질 중인 한국의 경제성장률은 잃어버린 20년의 대명사인 일본에도 밀릴 것이라니 암울하기 짝이 없다.

한국경제가 어쩌다 이렇게 날개 없는 추락을 했을까. 심각한 것은 경제성장률은 고사하고 잠재성장률이 0%를 향해 가고 있다는 것이다. OECD는 2030~2060년 한국경제 평균 성장률을 0%대로 전망했다. 38개 회원국 중 꼴찌를 기록할 것이란 충격적 진단이다. 한때 아시아 4룡으로 불린 오래된 경쟁자인 대만은 1인당 GDP에서 올해 한국을 추월할 것이란 예측이다.

왜 이렇게 한국경제가 망가져 가고 있을까. 본질은 정치의 후진성에 있다. 기업은 글로벌 경쟁력은 일류, 정치는 5류에서 벗어나지 못하고 있기 때문이다. 자고 나면 생긴다는 규제 때문에 기업하기 너무 힘들다는 게 현실이다. 친노조 편향과 신산업을 가로막는 규제를 생각하면 당연한 일이다.

25일 민주당 송영길 대표의 무공천 발표가 진정성이 없다는 반응이다. 지금까지 국민과 한 약속을 지키지 않았기 때문이다. 이번에도 꼼수를 쓰겠지. 정치인은 양치기 소년이 된 지 오래다. 이제는 정치인이 콩으로 메주를 쑨다고 해도 믿지 않는 상황이다.

그렇다면 어떻게 해야 뉴(New) 정치로 전환할 수 있을까.

첫째, 국민과 한 약속을 지켜야 한다. 민주당이 먼저 쏘아 올린 자당의 귀책 지역은 무공천해 정치쇄신에 동참해야 한다. 여든 야든 낡은 정치 구조를 혁파하고 미래세대를 위한 정치혁신에 나서야 한다.

둘째, 공천 혁명이다. 대선과 동시에 치러지는 국회의원 보궐선거 공천에서 기존의 정치인을 배제하고 참신하고 전문성을 갖춘 후보를 발탁해야 한다. 기득권 지키기에 머물러 있는 여의도 국회를 변화시키려면 새 인물을 수혈해야 한다.

셋째, 호감 대선으로 전환해야 한다. 욕설, 비방, 녹취록 공개가 판치는 혐오 대선을 국민은 원치 않는다. 조만간 있을 TV 토론에서 여야 대선주자들이 국민께 네거티브 선거는 하지 않겠다고 선언해야 한다. 국민은 코로나19 방역에 지쳐있고 최근 오미크론 대규모 확산에 불안하다. 역대급 비호감 대선을 더 이상 보고 싶지 않다. 미래를 위해 호감 대선으로 전환해야 한다.

넷째, 미래비전을 제시해야 한다. 역대 대선에서는 대한민국 미래를 위한 거대한 담론을 담은 국가 어젠다가 있었다. 행정수도 이전, 한반도 대운하와 747, 경제민주화와 줄푸세, 적폐 청산 등이 대표적이다. 하지만 이번 대선은 비전이나 국정운영 비전은 찾아볼 수 없다. 국민이 알기 쉽게 국정 목표를 '오징어 공약'으로 내세우길 바란다. 오(5% 성장, 5만 불, G5), 징(징벌적 규제 철폐), 어(어벤저스 팀, 위기 극복)이다.

다섯째, 포퓰리즘 공약(空約)은 인제 그만 발표해야 한다. 대선 후보가 입만 열면 몇조가 소요되는 공약들이 넘쳐나고 있다. 국가부채 1,000조 원은 전부 미래 세대가 갚아야 한다. 2055년이면 국민연금도 바닥난다. 2030세대는 미래가 불안하다. 미래를 보장 또는 케어(돌봄)하는 정책을 도입해야 한다.

마지막으로 AI를 국정운영의 최우선으로 둬야 한다. 미국과 중국은 디지털 경제를 선점하기 위해 치열하게 경쟁하고 있다. 중국은 지난 12일 6세대(6G) 이동통신과 AI·빅데이터 분야에 집중적으로 투자해 디지털 경제의 국내총생산(GDP) 비중을 높이는 것을 목표로 '디지털 경제 발전계획'을 발표했다. 구태의연한 정치로 머뭇거린다면 2030년에는 AI·BigData 분야에서 중국의 속국이 된다는 것을 잊어서는 안 된다.

정치교체냐 정권교체냐 진검승부가 시작됐다. 여든 야든 정치쇄신 경쟁에서 빠르게 변화하는 진영이 설 민심을 잡을 것이다. 당선이냐 낙선이냐 그것이 문제로다. (To Be or Not To Be). (2022.01.27.)

새바람 새 인물

민심의 대이동이 이뤄지는 설 연휴가 시작된다. 설 민심은 대선 민심이다. 설 연휴는 민심이 교차하며 새로운 여론이 형성되는 중요한 시기다. 연휴가 끝나면 대선이 30일밖에 남지 않는다. 이번 설 민심은 선거 승기를 가를 중요한 분수령이 된다. 설 민심을 잡아야 하는 이유다.

설 밥상머리 메뉴에 자신들의 정치 쇄신안을 올려놓기 위한 경쟁이 불붙었다. 민주당은 최근 불씨를 지핀 고강도 정치 쇄신안에 대한 긍정적 여론이 이재명 후보의 지지율을 끌어올리는데 마중물이 되기를 기대하고 있다. 반면 윤석열 후보는 정권교체 여론이 더욱 확산하기를 기대하며 연일 정치 쇄신안을 발표하고 있다. 유력한 후보를 둘러싼 각종 의혹과 도덕성 시비에서 자유로운 안철수 후보는 과학기술 미래 한국을 비전으로 중도층을 공략하고 있는 형국이다.

설 연휴 기간 TV 토론이 설 민심을 가르는 주요 변수가 될 전망이다. 대선 후보의 참모습을 파악할 수 있는 기회가 되기 때문이다. 미래 대한민국을 이끌 선장이 누가 적임인지를 진지하고 차

분하게 따지게 될 것이다. 설 연휴가 제20대 대통령선거의 승기를 가를 분수령이다.

제20대 대선의 정치판은 요지경 속이다. 상대방 후보에 대한 무차별적 공세가 주를 이루는 역대급 비호감 대선의 타이틀이 붙었다. 유력한 대선 후보들을 둘러싼 가족 관련 의혹에 서로를 향한 네거티브 전략은 극에 달하고 있다. AI(인공지능)시대 대한민국의 미래비전과 담론은 온데간데없다.

유력 대선 후보들의 비호감도가 워낙 높아 부동층의 비율이 높기 때문에 도덕성 검증이라는 비방전에 정책 대결은 설 자리를 잃었다. 각종 여론조사를 분석해 본 결과 30대와 60대 초가 스윙보터가 될 것이다. 향후 여론의 향방은 TV 토론, 쇄신 경쟁, 후보 리스크, 돌발변수 대체 능력, 새 인물 새바람에 따라 결정될 것이다. 중도층을 잡기 위한 정책 경쟁이 본격적으로 시작된다.

그렇다면 어떻게 해야 민심을 잡을 수 있을까. 국민이 원하는 정치개혁은 무엇일까.

첫째, 중간평가를 약속하기 바란다. 대다수 국민은 찍을 후보가 없다고 불평을 호소한다. 비방전으로 각 후보에 대한 국정운영 능력도 알 수 없다. 검증과 준비가 덜 된 대선 후보에게 5년을 맡길 수 없다. 2024년 국회의원 선거에 맞춰 중간평가를 받아야 한다. 2년 동안 국정운영에 성과가 없다면 리더를 새로 선출하면 된다. 이미 진 게임을 계속한다는 것은 어리석은 일이다.

둘째, 개헌을 해야 한다. 4년 중임제를 제안한다. 국회의원 3선 이상은 금지해야 한다. 왜냐하면 함량 미달의 의원들이 민생 현장과 기업 현실을 모르고 마구 규제와 법률을 쏟아내기 때문이다. 4년마다 리셋하는 새로운 정치를 해야 지속적 경제 성장 5%, 국민

소득 5만 불, G5 강국으로 도약할 수 있다.

셋째, 정치 혁명이 필요하다. 정치가 경제의 발목을 잡아서는 안 된다. AI시대는 4년이면 세상이 완전히 변한다. 공부하고 혁신하지 않으며 뒤처진다. 5년 단임제는 이제 수명을 다했다. AI시대 5년 동안 실정(失政)하는 동안 중국은 저만치 앞서 달려가고 있다. 정치 혁명이 일어나지 않으면 미래 한국경제는 희망이 없다. 더 이상 머뭇거릴 시간이 없다.

넷째, 퍼주기 경쟁은 멈춰야 한다. 일자리도 집도 300만 개 만들겠다는 공약(空約)이 난무한다. 전국을 공사판으로 만들 생각인가. 미래 세대에게 국가부채와 콘크리트 폐기물만 남겨줄 것인가. 폴리페서가 현장을 모르고 만드는 정책은 인제 그만 발표하자. 유권자들은 그 나물에 그 밥인 정책을 외면한 지 오래다. 포퓰리즘 경쟁은 망국으로 가는 지름길이다. 포스트 코로나 시대 경제를 성장시키고, 민생을 살리며, AI시대 미래를 어떻게 헤쳐 나아갈 것인지 비전을 밝히는 것이 먼저다.

마지막으로 새 인물 새바람을 일으켜야 한다. 이번 국회의원 보궐선거는 단순한 여야 간 승패의 문제를 넘어서 정치 새바람을 일으키는 모멘텀이 돼야 한다. 지역주의와 줄 세우기, 계파정치, 당리당략을 앞세운 구태 정치로는 AI 한국경제의 미래 먹거리는 확보하기 어려운 구조다. 정치쇄신을 해야 한다. 그 첫걸음이 보궐선거에서 시대에 맞는 새 인물을 내세우는 것이다.

정치인들은 부동산가격 폭락, 개인부채, 국가부채, 북핵 등과 같은 눈에 뻔히 보이는 거대 위험을 외면하고 있다. 방심하고 있다가 한순간 회색 코뿔소(gray rhino, 거대 위험요인))가 달려온다면 대한민국의 미래는 장담할 수 없다. 정치쇄신 경쟁에서 우위

를 차지하는 진영이 대권을 거머쥘 것이다. 세계에서 가장 역동적
인 한국 정치가 되기를 기대한다. (2022.01.28.)

다윗과 골리앗의 싸움

골리앗(Goliath)은 구약성경의 사무엘상(17:24)에 등장한다. 이스라엘과 블레셋이 엘라 골짜기를 사이에 두고 싸움을 벌인다. 골리앗 장군은 이스라엘 가운데 누구든지 나와서 자신과 1대1로 겨루어 전쟁의 승패를 결정하자고 제안한다. 골리앗은 블레셋의 거인 장군으로 키는 거의 3m에 육박했다.

이스라엘 군인들은 모두 납작 엎드려 전의를 상실하고 있었다. 하지만 그때 마침 형을 면회하러 온 다윗은 골리앗의 모습에 전혀 위축되지 않았다. 다윗은 골리앗의 외침을 듣고 의분을 느껴 싸우겠다고 나섰다.

골리앗 장군은 갑옷을 입었고 기둥과 같은 창을 들고 방패로 중무장했다. 민간 소년 다윗은 비무장으로 돌멩이 몇 개로 골리앗 장군을 상대했다. 드디어 어린 양치기 소년 다윗과 장군 골리앗의 결전이 시작됐다.

골리앗이 다윗을 향해 정면으로 돌진하자 다윗도 달려가며 돌 하나를 그에게 세차게 던졌다. 돌은 골리앗의 이마에 정통으로 맞아 꽂히고 그는 땅바닥에 꼬꾸라졌다. 다윗은 달려가 골리앗의 칼을 뽑아 목을 베었다.

다윗은 기적 같은 승리를 거뒀다. 골리앗은 오만과 고집 때문에 돌에 맞아 죽음을 맞이한 것이다. 골리앗이 패전한 이유는 골리앗 장군의 부관들이 맹종과 충성심은 뛰어났지만, 상대인 다윗에 대한 정보가 전혀 없었고 너무 얕잡아 봤다는 것이다. 한마디로 싸움에 임하는 데 전략과 전술이 준비되지 않았다.

선거는 골리앗과 다윗의 싸움으로 비유될 수 있다. 다윗과 골리앗과의 경쟁에서 과연 누가 승리할 수 있을까.

첫째, 빠른 스피드로 선제 타격해야 한다. 막강한 군대와 갑옷으로 무장한 골리앗을 정면 상대하기는 무리다. 골리앗의 약점은 의사결정 과정이 복잡하고 속도가 느린 것이다. 반면 다윗은 작은 몸집을 최대한 활용해 빠르고 민첩하게 행동할 수 있다. 선거에 참신하고 시대에 맞는 전문성을 갖춘 후보를 먼저 공천하는 진영이 승기(勝機)를 선점할 수 있다.

둘째, 골리앗의 힘을 역이용해야 한다. 골리앗은 몸집이 크고 힘이 세다. 이는 유연성과 창의성이 떨어진다는 해석이 가능하다. 또한 군대가 많아 다양한 이해관계가 복잡하며 장수들 간 역학관계가 얽혀있다. 하지만 다윗은 소수 정예로 치고 빠지는 전술로 적진을 흔들어 놓을 수 있다. AI·BigData라는 돌멩이를 던진다면 표심을 자극할 수 있다.

셋째, 정치쇄신 경쟁에서 앞서야 한다. 골리앗은 강자다. 강자는 헤게모니를 이미 점령하고 있다. 또한 조직이 견고하다는 장점이 있다. 역으로 변화하기 어렵다고 해석할 수 있다. 자기 밥그릇만 챙기는 조직은 관습과 관성에 취해 있어서 쇄신 경쟁에서 뒤처지기 마련이다. 정치혁신을 먼저 유권자에게 보여준다면 승산은 충분하다.

마지막으로 약자가 강자를 이길 수 있다. 역사 속에서 약자는 생각보다 강자를 자주 이겼다. 이순신 장군이 단 13척의 배로 133 척의 왜군을 이긴 명량해전(鳴梁海戰)을 보면 알 수 있다. 약자는 철저하게 1대1 구도로 승부를 가려야 한다. 참신한 인물을 내세워 가능한 1대1 국지전 상황을 만들어야 한다. 개별 인물 경쟁력 마케팅에 선택과 집중하면 유리하다.

선거에서 창의적인 아이디어와 전략으로 이기는 승리의 방정식을 만들 수 있다. 항상 강자가 이기는 세상이면 무슨 재미가 있을까. 이번 대선에서 언더독(under dog) 반란이 일어날 수 있을까. (2022.01.28.)

대선 TV 토론이 승패를 가른다

제20대 대통령선거는 코로나19 위기를 극복하고 AI(인공지능)·빅데이터 경제를 이끌 리더를 선택해야 한다. 대선을 34일 앞둔 3일 대선 후보 4자 TV 토론회가 본격적으로 막을 올린다. 3월 9일 치러질 대선이 '역대급 비호감 대선'으로 평가받고, 여야 후보 간 한 달 넘게 오차범위 안팎에서 초접전을 벌이는 가운데 TV 토론이 승패를 가릴 분기점이 될 것이다.

TV 토론이 '스윙보터'인 부동층의 표심을 크게 움직일 가능성이 크다. 이에 각 당 후보는 TV 토론 준비에 사활을 걸고 있다. TV 토론도 결과를 예측하기는 쉽지 않다. 역대 TV 토론 여론조사에서 당일은 적극적인 태도를 취한 후보의 지지율이 높지만, 다음날이 되면 그 상황이 역전됐다. 많은 유권자는 다음날 각종 미디어의 TV 토론 평가를 본 뒤에 후보를 선택하는 경향이 높게 나타냈기 때문이다.

TV 토론에서 누가 대한민국 미래를 안정적으로 끌고 갈 수 있는지 역량을 보여주는 후보가 승기(勝機)를 잡을 것이다. 그렇다면 어떤 모습을 보여줘야 민심을 잡을 수 있을까.

첫째, 뉴(New) 코로나19 방역이다. 오미크론 변이가 급속히 확산하면서 첫 2만 명대를 뚫었다. 설 연휴에 덮친 오미크론 폭풍이다. 감염 제로를 목표로 국민과 의료기관을 통제만 하려는 정부의 방역은 실패했다. 정부가 비과학적으로 무조건 통제만 하고, 위드 코로나에 철저한 대비를 못 해 민심의 비판에 직면한 상황이다. 민생과 자영업자를 살리는 새로운 방역지침을 발표하는 후보에게 민심이 이동할 것이다.

둘째, '포스트 문재인' 미래비전을 밝혀야 한다. 문 정부의 정책 실패로 인한 부작용은 차기 정부의 과제이며 부담은 고스란히 국민께 전가된다. 국가채무, 부동산, 일자리, 양극화, 저출생, 고령화, 기후 위기, 에너지, 북핵 등 당장 해결해야 할 문제가 산더미다. 미·중 패권 다툼 속에 낀 대한민국의 미래를 어떻게 이끌어 갈 것인가. 국가 비전과 국정운영 방향을 소상히 밝혀야 캐스팅보트의 표심을 잡을 수 있다.

셋째, 네거티브는 더 이상 먹히지 않는다. 이미 마음속으로 후보를 결정한 지지층은 굳어지기 시작했다. 그야말로 부동층과 스윙보터들만 남아 있는 상태다. 네거티브 전략은 더 이상 확장성이 없다는 의미다. TV 토론에서 자신의 장점을 살린 특화된 정책 한 방이 필요한 시점이다. 특히 유동성이 큰 2030세대의 표심을 사로잡으려면 계층 이동 사다리 복원을 통한 공정과 균등한 기회 제공을 담고 있는 정책이 필요하다.

넷째, 선심성 공약은 안 된다. 공약은 신뢰성과 효율성이 핵심이다. 대한민국의 미래 과제를 풀어내는 대선공약은 그리 간단하지도 쉽지도 않다. 현장을 모르는 폴리페서들이 몇 달 만에 뚝딱 만들어 낸 재원 조달 방법도 허술한 탁상공론(卓上空論) 정책으로는 유권자의 표심을 움직일 수 없다. 후보를 둘러싼 측근들은 미사여구의 화려한 문구로 수놓은 정책을 내놓고 홍보에 열을 올린다. 역대 정부가 실패한 원인은 당선된 후 우격다짐으로 행정부에 그 추진을 떠넘겨서다. 또다시 실패를 답습하면 안 된다.

다섯째, 국토개발 공약은 더 이상 안 된다. 지난 60여 년간 선거에 나서는 후보들은 국토개발 공약에 주력했다. 당선되면 그들만을 위한 각종 개발 사업을 추진하기 위해 전국을 공사판으로 만들어 놓았다. 막대한 세금이 들어가는 건설 포퓰리즘은 민생에 아무런 도움이 못 되는 경우가 대다수다. 성급한 개발에 앞서 미래 세대를 생각하고 배려하는 마음이 우선되는 공약을 내는 후보가 유리하다.

마지막으로 미래 지향적인 태도다. 다양한 주제들이 등장하는 토론에서는 너무 공격적이기보다는 상대방에 대한 존중과 경청하는 자세, 논리적인 반박이 중요하다. 선거의 꽃이라고 불리는 TV 토론은 유권자의 주목도를 높이는 효과가 있다. 현재 지지율 판세가 혼전을 거듭하고 있기에 TV 토론 향방을 두고 관심이 집중된 상태다.

지금까지 TV 토론은 판세를 결정질 정도는 아니지만, 지지율 변곡점으로 작용했다. 하지만 유동성이 강한 이번 대선에선 결정적 역할을 할 수 있을 것이다. TV 토론에서 왜 대통령이 돼야 하는지 절박하게 설득하는 후보가 승리에 한 걸음 다가설 수 있다. (2022.02.02.)

첫 대선 TV 토론
승기를 잡으려면

우여곡절 끝에 제20대 대통령선거를 34일 앞두고 4자 후보 간 첫 TV 토론이 시작된다. 요즘 대선 판세는 1주면 판이 뒤집힐 정도로 급하게 요동치고 있다. 앞으로 어떤 변수가 지지율을 흔들지 모른다. 현재 상황은 여든 야든 결코 한쪽으로 치우쳐 있지 않다.

여당은 선거 측면에선 겉으로 보기엔 일사불란하다. 선거에 지면 다 죽는다는 공감대가 형성되었기에 그만큼 절박하다. 하지만 야당은 한층 한가로운 분위기다. 정권교체에 대한 높은 지지율을 바탕으로 승리한다는 막연한 기대감에 도취해 있기 때문이다.

TV 토론은 후보들 자신의 비전과 정책에 대해 유권자에게 알릴 수 있는 절호의 기회다. 하지만 상대 후보의 각종 의혹을 헐뜯기 위한 입씨름 장으로 전락한다면 안 하느니만 못하다. 비호감 대선에서 분명한 것은 네거티브 공세 전략은 마이너스다.

코로나19 오미크론 재택 치료자가 10만 명에 육박하고 있다. 오미크론에 효과적으로 대응하기 위해 방역 체계가 3일부터 전면 전환된다. 오미크론 변이가 급속히 확산하고 있는 위중한 시기에 열리는 TV 토론이다. 상대의 약점을 공격하는 전략보다 당장 국민의 마음을 얻는 오미크론 방역 대책을 제시하는 데 집중해야 한다.

　그렇다면 어떻게 해야 할까.

　첫째, 방역 패스 정책의 전환이다. 출입제한 조치의 하나인 방역 패스 정책은 이제 수명을 다했다. 유럽에서 확진자가 급증하는 가운데 노르웨이·핀란드·덴마크·오스트리아 등 국가들이 오히려 방역을 해제하고 있다. 기하급수적인 확진자 증가세와는 딴판으로 중환자 수가 큰 변화 없이 잠잠해지자 위드 코로나를 선택하고 있다.

　둘째, 방역 목표를 바꿔야 한다. 백신 접종만으로 집단 면역을 달성될 수 없다는 것이 외국 사례에서 증명되고 있다. 백신이 꼭 필요하지만, 충분조건은 아니라는 것이다. 무리하게 부작용을 감수하면서까지 백신 접종을 더 이상 강요할 수 없다. 최대한 백신 접종률을 높이면서 동시에 오미크론 확산을 방지하는 새로운 방역 체계를 세워야 한다.

　셋째, 과학적 근거에 의한 방역이다. 실외에서까지 마스크 착용 의무는 과학적이지 않다. 10시까지 영업 제한과 모임 수 규제도 마찬가지다. 집단적 사고에 의한 공포감은 백해무익하다. 오미크론 변이는 마스크 착용과 관계없이 전염되고 있는 실정이다.

　넷째, 의료시스템 효율화다. 감염되더라도 종합병원으로 갈 것이 아니라 가까운 동네 호흡기 전문 병원의 지시·처방에 따라 격리하면서 자가 치료에 만전을 기해야 한다. 오미크론 확진 속도에 못 따라가는 의료시스템 붕괴가 우려되기 때문이다. 보건소의 업무량이 폭증해 재택 치료키트 배달이 지연되는 경우가 비일비재하다. 세계 최고의 의료시스템과 우수한 의료진을 효율적으로 활용해야 한다.

다섯째, 국민 개개인의 방역 수칙 지킴이다. 습관적으로 손 씻기와 운동을 통해 각자 면역을 높여야 한다. 설사 감염이 되었더라도 감기나 독감처럼 누구나 걸린다는 것을 인정하고 사회에서도 낙인찍기를 하지 말아야 한다. 언제든지 자신도 감염자가 될 수 있기 때문이다.

마지막으로 진단·검사 체계 전환에 대한 홍보다. 국민은 호흡기 진료 지정 동네 병·의원이 어디인지 잘 모르고 있다. 참여하는 모든 병·의원이 먹는 치료제(경구용 치료제)를 처방하지 않고 있다. 일부는 치료를 제외한 진단까지만 한다. 호흡기 클리닉에서 진찰 상담 시 5천 원은 자가 부담이고 신속 항원 검사는 무료다. 코로나19 진단·검사 체계와 우리 동네 병·의원을 알기 쉽게 백신 앱을 통해 알려줘야 한다.

유권자는 시급한 코로나19 뉴 방역에 대한 구체적 해법을 누가 설득력 있게 내놓는지 예리한 시각으로 꼼꼼히 지켜볼 것이다. 이번 첫 토론에서 국민에게 지도자로서 면모를 보여주는 후보가 승기(勝機)를 잡을 것이다. (2022.02.03.)

예측불허 대선,
TV 토론이 승부수

제20대 대통령선거가 딱 한 달 앞으로 다가왔다. 역대 대선은 한 달 전 1위 후보가 거의 대부분 승자가 됐다. 하지만 '비호감 대선'인 이번은 1위 후보가 엎치락뒤치락하는 안갯속 상황이다. 그런 만큼 남은 한 달, 표심에 변화를 줄 많은 일이 벌어질 수 있다. 본격적인 선거는 이제부터 진짜 시작인 셈이다.

지난 3일 지상파 3사가 생중계한 여야 대선 후보 4인의 첫 TV 토론 시청률 합계는 39%로 집계됐다. 1997년 김대중·이인제·이회창 후보가 맞붙은 TV 토론 55.7%에 이어 역대 두 번째로 높은 대선 TV 토론 시청률을 기록했다. 유튜브 시청자가 300만 명, 스마트 폰, 컴퓨터를 이용한 이들까지 합산하면 실제 토론 시청률은 훨씬 더 높을 것으로 추산된다.

첫 TV 토론이 열린 전후로 진행된 한국사회여론연구소(KSOI)가 6일 발표한 대선 후보 4자 대결 지지율 조사에서 국민의힘 윤석열 후보가 37.2%, 더불어민주당 이재명 후보가 35.1%, 국민의당 안철수 후보가 8.4%로 나타났다. 리얼미터가 의뢰한 조사에서는 이 후보가 41.8%, 윤 후보가 43.3%, 안 후보가 7.5%의 지지율을 각각 얻었다. 양강 후보가 오차범위 내 접전을 벌이고 있는 형국이다.

역대 대선은 늘 대세론이 형성됐다. 하지만 이번 대선은 전혀 다르다. 양강 후보의 혼전 구도가 지속되고 있다. 후보들 간의 백중세를 가를 최대 변수로 TV 토론이 대두되고 있다.

그렇다면 어떻게 TV 토론에서 유권자의 마음을 사로잡을 수 있을까.

첫째, 철저한 준비. 코로나19를 극복하는 위기관리 능력, 국정 전반을 장악하는 뛰어난 역량, 경제 대통령으로서의 자질을 강조해야 한다. 각종 현안에 대해 꼼꼼한 준비에서 뿜어 나온 품격 있는 모습을 보여준다면 표심을 움직일 수 있다.

둘째, 잔상효과(Residual Effect). 토론이 끝난 후 유권자 사이에 회자하는 말 한마디가 있어야 한다. 'RE100, EU 텍소노미'는 공감대를 형성하기에는 좀 부족하다. 오히려 연금개혁 합의가 돋보였다. 다음 토론에서 구체적인 개혁 목표치와 연금 고갈 해법을 공약으로 담아 제시하는 후보가 유권자의 표심을 자극한다.

셋째, 등 따습고 배부르게. 대다수 유권자가 원하는 것은 물가와 부동산이 안정되고, 장사가 잘되며 취직 걱정 없는 세상을 만들어 달라는 것이지 퍼주기 경쟁으로 공짜를 달라는 것이 아니다. '묻고 더블로 가' 숫자 놀이 공약(空約)을 멈추고 국가부채 감소, 미래 먹거리 확보, 양질의 일자리 창출, 코로나19 위기 극복에 대한 비전을 밝혀야 한다.

넷째, 미래 삶 보장. 유권자는 정권 재창출·교체 보다 나의 삶에 어떤 도움이 되는지가 판단 기준이다. 내가 듣고 싶은 말을 어떤 후보가 하느냐에 표심이 갈 것이다. 자영업자·소상공인이라면 손실보상금, 청년은 좋은 일자리, 중년은 교육 및 부동산, 노년은 복지와 헬스케어다.

다섯째, 선거는 과학. 2016년 미국 대선 당시 CNN은 민주당 힐러리 후보가 당선확률 91%, 트럼프 9%로 보도했다. 하지만 결과는 정반대로 나왔다. 트럼프가 힐러리를 꺾고 당선됐다.

모든 언론이 힐러리 당선을 예측했지만, 결과는 보기 좋게 빗나갔다. 승리 요인으로 민주당 정권 동안 무엇이 나아졌느냐에 대한 회의감, 미국인들이 듣고 싶어 하는 말을 일상 언어로 표현, 힐러리가 오바마 정책을 계승한다면 현상 유지만 하고 변화를 기대할 수 없다는 것을 미국인들은 알고 있었기 때문이다. 여론조사에서는 잡히지 않은 숨은 트럼프 지지층이 많았다. 트럼프가 당선을 확신하고 있었던 것은 빅데이터를 분석한 자료에 근거했다. 이번 대선에서 AI와 빅데이터를 활용한 진영이 효율적으로 표심을 공략할 수 있다.

마지막으로 대통령감. 상대 후보를 향한 네거티브 공격에 열을 올린다고 표심을 파고들 수 없다. 향후 TV 토론으로 판세를 뒤집거나 비호감을 호감으로 바꾸려면 예의와 품격을 갖춘 모습으로 AI시대에 맞는 리더 모습을 보여줘야 한다. 유권자는 'TV 토론을 통해 '대통령감인가'를 살피기 때문이다. (2022.02.06.)

D-30, 부동층을 잡아라

제20대 대통령선거가 딱 한 달 앞으로 다가왔지만, 살얼음판 초박빙 혼전 양상이다. 이번 대선의 가장 큰 특징은 여야 후보 비호감도가 높다는 것과 역대 공식이 통하지 않는 선거라는 점이다. 역대 대선과 비교하면 대부분 선거서 나타났던 공통점이 보이지 않고 있어 예측불허인 상황이다.

연일 쏟아지는 네거티브 싸움에 눈살이 찌푸려진다. 유력 후보들을 둘러싼 본·부·장(본인, 부인, 장모, 장남) 리스크가 불거지면서 바라보는 시선이 곱지 않은 탓이다. 이에 피로감은 더욱 쌓여만 가고 정치혐오가 늘어가는 데 그들만의 리그는 최악이다. 남은 대선 기간 호감 대선으로 바꿔야 한다.

각종 여론조사마다 지지율 선두 자리를 놓고 엎치락뒤치락하는 혼전 상황에서 부동층 표심은 사활을 거는 승부처다. 4당 후보들은 향후 TV 토론에서 아직 마음을 확정하지 못하거나 지지 후보를 바꿀 의향이 있는 유권자를 집중적으로 공략할 것으로 보인다.

여야 4당 대선후보들이 첫 TV 토론에서 연금개혁에 한목소리로 동의한 것처럼 국정 현안 과제 해결에 힘을 모았으면 한다. 비호감 대선을 호감 대선으로 바꾸는 후보가 부동층 표심을 자극할 것이기 때문이다. 그렇다면 어떻게 해야 할까.

첫째, 북한 미사일 도발 규탄 성명. 북한의 중거리탄도미사일(IRBM) 도발에 대응하기 위한 안보리 대응이 무산된 뒤 미·일 등 9개국은 공동성명을 내고 북한의 불법행위를 강력하게 규탄했다. 대선 후보들은 선제타격·사드 배치를 두고 한가하게 논쟁을 벌일 때가 아니다. 북한의 미사일 도발에 대선주자가 공동으로 규탄 성명을 내는 것이 우선이 아닐까.

둘째, 원격의료 전면 시행 합의. 코로나19 누진 확진자 수가 두 달 만에 50만에서 100만 명을 넘었다. 경증 자택 치료 환자 수가 13만 명에 육박해 정부의 방역 관리체계에도 빨간불이 켜졌다. '깜깜이 재택 치료'에 가장 필요한 것은 원격의료 도입이다. 10년 넘게 국회 문턱을 넘지 못하고 있는 의사·환자 간 원격의료 허용을 담은 의료법 개정안을 처리하겠다고 합의를 해야 한다. 일본은 2015년 원격의료를 전면 허용한 데 이어 건강보험까지 적용해주고 있다. 중국은 1억 명이 서비스를 받고 있고, 미국에선 이미 전체 치료 중 20%가 원격으로 이뤄지고 있다. 원격의료가 시행되면 AI·빅데이터 의료 관련 산업에서 좋은 일자리 50~100만 개를 창출할 수 있다.

셋째, 퍼주기 공약(空約)은 인제 그만. 나랏빚이 걱정이다. 국가부채는 5년 동안 410조가 늘어나 1,074조 원에 이를 전망이다. 이런데도 여야 대선 후보들은 수백조 원이 투입되는 돈 풀기 포퓰리즘 경쟁을 벌이고 있다. 중장기 재정관리가 필요한 시점이다. 국가부채를 더 이상 늘리지 않겠다고 선언해야 한다.

넷째, 민생 최우선. 가계부채는 5년간 500조 원이나 늘어나

1,800조 원을 넘어섰다. 서울 집값은 5년간 78% 올랐고 전셋값도 43% 뛰었다. 5년간 소득과 물가가 똑같이 17.6%씩 오른 반면 각종 세금·준조세 부담은 두 배가 넘는 39.4%가 늘었다. 반면 가처분 소득은 크게 줄어 갈수록 살림살이가 팍팍해지고 있다. 국제 유가도 7년 만에 최고치를 찍었다. 게다가 정부가 뿌린 돈이 인플레이션을 유발해 물가는 안 오른 게 없다. 물가 상승을 멈추지 않는다면 결코 민심을 얻지 못할 것이다.

다섯째, 미래 먹거리 확보. 남은 기간 다른 후보보다 우위를 뽐낼 수 있는 정책 한방에 집중해야 한다. 제조업에서 디지털로 대전환하는 시기에 일자리 경제를 위해 국가 경쟁력을 어떻게 제고시킬 수 있을지를 놓고 한판 대결을 펼쳐야 한다. 한국경제 미래 먹거리 확보를 위해 어떻게 해야 할 것인지 소상하게 밝히는 후보가 부동층의 표심을 자극할 수 있다.

마지막으로, 국정운영 역량. 대선은 현 정부를 심판하는 총선과 지방선거와는 달리 미래에 투표하는 것이다. 대한민국 미래를 어떻게 이끌 것인가 비전을 밝히는 후보를 선택한다는 것이다. 이번 대선은 대한민국 미래 5년에 초점이 우선 맞춰져야 한다. 포스트 코로나 시대를 대비해 정상적인 경제활동이 가능하도록 빈틈없이 국정을 운영할 수 있는 역량을 보여줘야 한다.

양극화 해소, 일자리, 부동산 등 현안에 대한 진지한 고민이 필요하다. 한국경제 미래 먹거리 확보와 민생 과제를 하나하나 해결해나감은 물론 미·중 패권 다툼 속 틈바구니에 끼어있는 대한민국의 국익을 위해 어떻게 하겠다고 부동층을 설득하는 후보가 대권에 한 걸음 다가설 것이다. (2022.02.07.)

정책교체 vs 정권교체

제20대 대통령선거 후보 등록일이 5일 앞으로 다가왔다. 대권 경쟁은 국민의힘 윤석열 후보와 더불어민주당 이재명 후보가 엎치락뒤치락 선두 다툼하는 가운데 국민의당 안철수 후보, 정의당 심상정 후보가 추격하는 상황으로 전개되고 있다.

지금까지 선거 구도는 정권 재창출과 정권교체 프레임이 형성돼 여당에 불리했다. 민주당은 이재명 후보가 당선되더라도 새로운 정권으로 정권교체가 되는 것이라고 주장했지만 유권자 반응은 시큰둥하다.

이번 대선의 최대 화두는 단언컨대 '정권교체(政權交替)'다. 변화를 갈망하는 국민 정서에 정권교체 프레임은 매우 설득력이 있기 때문이다. 각종 여론조사에서 정권교체 여론이 지속해서 50%를 상회하자 국민의 힘은 정권교체 프레임을 내세웠다.

언론의 앞다툰 보도로 정권교체 프레임이 고착됐다. 국민의힘은 대선 승리를 기정사실화하고 김칫국을 너무 일찍 마셨다. 선대위 구성을 놓고 벌어진 자리싸움과 갈등이 폭발한 것은 우연이 아니었다.

민주당은 이재명 정부 탄생 역시 정권교체라는 프레임을 버리고 정치교체를 선언했다. 이 후보가 여의도 정치를 확 바꿀 것이라면서 정치혁신을 주장했다. 기존 정치가 국민의 삶과 유리됐고 국민이 생활에서 부딪히고 있는 사회·경제적인 문제에 대해 정치권이 소홀히 했다는 자기반성과 쇄신의 의미도 담았다.

쇄신의 칼을 뽑아 들었지만, 정치교체 프레임도 먹히지 않고 있다. 이제 마지막 남은 히든카드는 정책교체 프레임뿐이다.

최근 지지율은 윤 후보가 이 후보를 오차범위 밖에서 앞서고 안 후보는 지난해 두 자릿수 지지율을 돌파했지만, 좀처럼 반등하진 못하고 있다. 국민의힘은 다소 고무된 분위기인 반면 민주당과 국민의당은 위기감이 감돌고 있다.

안철수 국민의당 후보와의 단일화가 대선 막판의 최대 변수로 떠올랐다. 안 후보가 어느 특정 후보와 단일화 협상에 돌입한다면 대선 판세가 크게 요동칠 수 있어서다. 정권교체든 정책교체든 궁극적으로 내 삶의 변화를 요구하는 것이 국민의 바람이다. AI(인공지대)시대 대한민국 미래 발전을 위한 단일화가 돼야지 정치공학적 이해관계를 따져서는 안 된다.

단일화가 정권교체로 되면 정책 보완이 필요하고, 정책교체로 되면 문 정부와 어떤 정책으로 차별화되는지 분명히 밝혀야 한다.

공동정부든 연합정부든 새로운 정부는 미·중 과학기술 패권 다툼과 포스트 코로나 시대를 넘어 AI 혁명을 이뤄나가야 한다. 파산 직전인 자영업자·소상공인을 되살리기 위해 상권을 활성화해야 한다. 부동산을 안정화하고 사회 양극화 격차를 해소해야 한다. 청년 일자리 해결과 저출생·고령화, 기후변화 대응은 발등에 떨어진 불이다.

국정 현안은 산더미 같이 쌓여 있다. 선거 후가 더 문제라는 말은 공연한 걱정이 아니다. 코로나19 민생 회복과 국정운영을 더 잘할 수 있는 진영으로 단일화가 돼야 한다. 대선은 대한민국 미래 궤적을 결정짓는 선거다. 2030년 AI 산업 분야에서 중국의 속국으로 전락할 것인지 'AI 강국'으로 도약할 것인지 가늠할 수 있는 중요한 시점이다.

1960년대 세계 최고의 빈민국인 우리는 세계에서도 유례가 없는 '한강의 기적'으로 '산업화 신화'를 만들었다. 1997년 외환위기를 극복하고 'IT 강국'으로 우뚝 선 대한민국 아니던가. 하지만 한국경제는 선진국 반열에 올랐지만, AI 혁명과 디지털 대전환 시대의 미래 먹거리를 확보하지 못하고 있다.

지난 10년간 '창조경제'와 '소득주도성장' 등 담론에 빠져 4차 산업혁명과 AI시대 중국보다 뒤쳐진 안타까운 상황에 직면해 있다. 단일화는 잃어버린 10년을 끝내고 대한민국의 미래 10년을 결정 짓는 대 전환기적인 사건이 될 수 있을까. (2022.02.08.)

2차 TV 토론, 표심 가를 한 방

여야 대선후보들이 오는 11일 2차 TV 토론에 나선다. 1차 TV 토론의 시청률은 예상을 뛰어넘는 39%로 역대 2위를 기록했다. 유권자들의 관심이 그만큼 높았다는 의미로 해석된다. 각 당은 서로 잘했다고 자평했지만, 여론은 싸늘했다. 유권자의 이목을 집중시켜 열린 첫 토론치고는 '반전의 한 방'이 없었다는 게 이유에서다. 이번 토론이 '캐스팅 보트'로 꼽히는 중도층을 움직일 결정적 분수령이 될지 주목된다.

오차범위 내에서 치열한 선두다툼을 벌이고 있는 양강 후보와 반전의 기회를 엿보는 3지대 후보들은 회심의 한 방을 노리고 있다. 상대방의 정책 약점을 예리하게 파고들며 대안을 제시하면 치명타를 안길 수 있기 때문이다. 1차 토론에서 후보 간 차별성이 부각되지 못했기에 이번 토론이 대선 판세의 중요한 변수로 꼽힌다.

각 당 후보들은 이번 TV 토론에서 실수하지 않는 동시에 강점을 부각해 확실한 존재감을 드러내겠다는 전략을 펼칠 것이다. 또한 각자의 공약을 적극적으로 강조하며 본격적인 대결을 벌일 것으로 예상된다. 4당 후보들의 지지를 끌어냈던 연금개혁과 같은 국정 과제를 꺼내 또다시 합의를 이뤄내는지 주요 관심사다.

그렇다면 2차 TV 토론에서 한 방은 무엇일까.

첫째, 미래비전. 새 시대 새로운 지도자는 'Old Korea'를 'New Korea', 'Jobs Korea', 'Happy Korea', 'Justice Korea', 'Dynamics Korea', 'Safety Korea', 'Speed Korea', 'Young Korea', 'Success Korea'로 만들겠다는 사명감이 있어야 한다. 'New Korea'로 변혁하기 위해서는 기존의 관습과 낡은 체제를 버리고 새로운 패러다임으로 변화해야 한다.

둘째, 당당한 대중 외교. 2030세대의 반중 정서가 들끓고 있다. 이제 중국에 대한 '전략적 모호성'은 수명을 다했다. 대중 수출액은 전체의 31.1%(홍콩 5.8%를 포함)로 미국 14.9%의 두 배를 넘으며 수입액도 선두를 지키고 있다. 경제적으로 떼려야 뗄 수 없는 관계다. 사드(THAAD)로 인한 한한령(限韓令) 등 중국의 태도는 달라진 게 없다. 국익을 위한 당당한 대중국 외교를 후보 간 합의할 시점이다.

셋째, 과학적 방역. 정부는 국민 여론을 보고 그때그때 상황에 맞게 주먹구구식으로 방역지침을 내는 게 현실이다. 전문가에게 결정권을 주는 과학적 방역으로 바꿔야 한다. 현장 전문가의 의견에 바탕을 두는 방역 체계 전환이 시급하다. 백신주권 국가의 비전을 보여주는 공약은 표심을 자극할 수 있다.

넷째, 포스트 문재인. 대선 이후가 더 걱정이다. AI시대 미래비전은 안 보이고 적폐 청산·정치보복 등 정치 공방만 난무하면서 네거티브 진흙탕 싸움을 이어가는 모양새다. 경제 활성화, 정부 개혁, 사회 불평등 및 양극화 해소, 일자리 창출, 부동산 안정, 저출생·고령화, 코로나 극복, 노동 및 연금개혁, 국가부채 감소 등 차기 정부 과제가 산더미다. AI시대 글로벌 선도국가로 도약하기 위해선 국민의 마음을 하나로 모으는 통합의 리더가 필요하다.

다섯째, 재원 조달 해법. 코로나19 직격탄을 맞은 자영업자·소상공인을 살려야 한다. 그렇다고 현재의 국가 재정 상태로는 손실보상금을 전액 지급할 수도 없다. 디지털 화폐 시대에 국가 빚을 늘리지 않는 해법은 블록체인 기술에 있다. 디지털 화폐로 '선지급 후 환수'하는 '자동 환수 알고리즘'은 게임체인저다. 선점하는 후보는 대선 판세를 뒤집을 수 있다.

여섯째, 좋은 일자리. MZ세대가 원하는 양질의 일자리는 어디에 있나. 2050년을 내다보는 미래 신산업과 신기술 분야에 있다. 한국경제 미래 먹거리가 AIX 산업에 있다는 얘기다. 기업이 글로벌 경쟁력을 갖추도록 과감히 규제를 혁파하고 정부가 보유하고 있는 데이터를 오픈해야 한다. AI·빅데이터 벤처 창업 붐이 확산하고 데이터 경제를 선도하는 지도자를 기대한다.

일곱째, 깔끔한 대권 레이스. 베이징동계올림픽 쇼트트랙 경기 오심 논란 와중에 쇼트트랙 남자 1,500m 결승에서 황대현 선수가 첫 금메달을 목에 걸었다. 황 선수는 소감에서 "저에게 손을 못 대는 것. 제일 깔끔한 레이스로 전략을 짰다."라고 밝혔다. TV 토론에서 승기를 잡으려면 상대 후보보다 깔끔한 경쟁을 펼치면 좋은 결과로 이어질 수 있다.

마지막으로 AI 리더. 지난 10년간 '창조경제'와 '소득주도성장' 등 담론에 빠져 AI시대 중국보다 한 참 뒤져진 현실이 안타깝다. 잃어버린 10년을 벗어나 2030년 'AI 강국' 도약을 위해서 어떤 지도자가 나와야 할까. AI시대 첫 대통령은 과학기술과 ICT 산업

의 핵심인 AI를 이끌 역량을 갖춰야 AI시대 글로벌 선도국가를
이끌 수 있지 않을까. (2022.02.10.)

단일화가 대선 승패 가른다

제20대 대통령선거를 위한 공식 선거운동이 막이 올랐다. 대선 후보 등록을 마친 4당 후보는 오늘부터 선거 전날인 3월 8일까지 22일간 선거운동에 돌입했다. 후보자들은 홍보에 필요한 사항을 신문광고에 게재하고 확성장치를 사용해 본격적인 거리 유세와 연설·대담을 할 수 있다.

이번 대선은 포스트 코로나 이후 대한민국 운명을 좌우하는 중요한 전환점이다. 누가 대통령이 되느냐에 따라 국가 운영이 달라진다. 정책에 따라 국민 삶에 미치는 영향 또한 지대하다.

6월 실시되는 지방선거 결과 향방을 가늠할 공산이 크다. 하지만 '역대급 비호감 대선'으로 미래비전 제시는 고사하고 후보와 그 가족을 둘러싼 각종 의혹 공방에 사과(謝過) 대선이 되고 있다.

현재 우리는 코로나19 극복과 대한민국 미래 먹거리 확보, 급변하는 세계정세에 대응해야 하는 중대한 시기다. 자칫 머뭇거린다면 선진국 문턱에서 탈락해 중진국 함정에 빠질 수 있다. 이런 절체절명의 시기에 치러지는 대선의 선택에 따라 대한민국 운명이 결정된다.

전례를 찾기 어려운 혼전 양상 속에 안·윤 단일화가 대선 정국 최대 변수로 급부상했다. 국민의당 안철수 후보가 지난 13일 국민의힘 윤석열 후보에게 여론조사 방식의 단일화를 선제적으로 제안했기 때문이다.

두 후보 중 한 사람이 통 큰 양보를 하지 않을 경우 통 큰 승부를 가려야 한다. 죽느냐 사느냐(To Be or Not to Be) 한판 승부 국면에 접어들었다. 단일화 이슈는 루비콘강을 건넜다. 주사위는 던져졌다(The die is cast)는 의미다. 이제부터 단일화 진검승부가 시작됐다.

각종 여론조사 결과를 보면 양강 후보가 오차범위 내에서 치열한 각축을 벌이는 중이다. 초박빙 국면에서 단일화 여부에 따라 승패가 갈릴 수 있다. 과연 성사될 수 있을까. 아니면 결렬될까. 정치권과 유권자의 초미의 관심사로 등극한 형국이 됐다.

단일화의 진정한 의미는 무엇일까. 불리한 선거 국면에 던지는 떼쓰기일까 아니면 보다 나은 미래를 위해 국정운영 파트너로 함께하자는 의미일까. 결과는 어떻게 될까. 그것이 문제로다.

두 후보는 한 사람은 이기고 다른 사람은 지는 치킨게임을 할까 아니면 각자도생의 길을 선택할까. 얽히고설킨 실타래를 푸는 방식은 의외로 간단하다.

옛날 장터에 가면 눈깔사탕 사달라고 떼쓰는 경우를 흔히 볼 수 있다. 사탕을 먹을 것인가, 못 먹을 것인가. 전략적으로 대처하면 승자가 될 수 있다. 잘 달래서 집에 데리고 갈 것인가, 주변 구경꾼의 도움으로 사탕을 먹을 것인가. 결과를 떠나 그 과정은 흥미진진하다.

자기 마음대로 되지 않을 경우 심하게 울거나 버둥거리는 것을 때라고 한다. 자신의 힘을 과시하고 주위의 관심을 끌려는 욕구의 표현이다. 떼를 부리는 원인은 무엇인가. 새로운 일을 해보려고 하는데 막힐 때와 부추기는 때도 있다.

떼가 시작되면 설득도 대화도 힘도 소용없다. 더욱이 힘으로 뭉개는 것은 좋지 않다. 주위의 동정심을 유발하기 때문이다. 달래보려는 속셈에 먹을 것을 주면 관심을 끌어낸다는 것을 알고 떼를 멈추지 않게 된다.

떼쓰기에도 단계가 있다. 1단계는 심한 울음과 짜증으로 시작해 몸을 뒤로 젖히고 바다에 눕거나 구른다. 2단계는 머리를 흔들거나 쥐어뜯고 심하면 땅에 박는다. 3단계는 토하거나 혀를 눌러 토하게 만든다. 마지막으로 잠시 숨을 멈춘다.

가장 좋은 대처 방식은 무시하기다. 무시함으로써 떼가 통하지 않는다는 사실을 간접적으로 깨닫게 만드는 것이다. 만약 떼를 심하게 부리면 힘으로 누르고 단호한 태도를 보여야 한다. 가장 좋은 대처는 물끄러미 쳐다보며 스스로 감정이 가라앉기를 기다리는 게 최선이다.

사탕을 먹으려면 주위의 관심을 끌면 된다. 구경꾼을 많이 모이게 하는 전술을 구사해야 한다. 명분을 만들어 동정심을 유발해야 한다. 장터의 재미난 구경거리로 만들면 승기를 잡을 수 있다. 되도록 사람이 많이 모이는 뱀 장사 또는 약장사 주변에서 하면 더욱더 효과적이다.

구경꾼은 굿이나 보고 떡이나 먹는 게 상책이다. 사탕을 사주라고 부추기고 한편으로 다음에 먹으라고 이간질하면서 더 큰 왕눈깔사탕을 주겠다고 유혹하면 된다. 약자를 부추기고 도와주면 판이 커진다. 판을 최대한 키우고 막판에 판을 엎으면 최선이다.

누가 전략과 전술을 상황에 맞게 잘 구사하는지에 승패가 달렸다. 선거는 과학이다. 빅데이터는 이미 단일화 결과를 알고 있다. 단일화 게임은 후보의 구국적 결단과 절박함이 승패를 결정 짓는다. 결국 시간과의 싸움이다. 단일화와 상관없이 유권자의 현명한 선택만이 대한민국 미래를 만든다. (2022.02.15.)

안철수 살길

한국 정치에서 후보 단일화는 선거 때마다 단골 메뉴다. 안철수 후보가 쏘아 올린 단일화 이슈가 대선 정국의 최대 변수로 급부상했다. 대선판을 뒤흔드는 단일화가 꼭 승리의 보증수표는 아니다. 박빙인 대선에서는 단일화가 거론되기 일쑤다. 다만 권력 나눠먹기식으로 후보 간 담판으로 단일화를 한다면 국민적 지지를 받기 어렵다. 시너지도 적고 오히려 후폭풍이 불 수도 있다.

단일화가 성사될까 아니면 각자도생할까. 지금은 이마저도 예측불허다. 겹악재를 마주한 안 후보의 지지율이 하락세로 단일화 입지도 위협받는 형국이다. 이유야 어찌 됐든 안 후보의 과거 정치 행태인 양보·철수(撤收)가 마이너스로 작용하고 있다. 트리플 악재의 늪에서 어떻게 빠져나올 수 있을까. 안 후보의 고민은 깊어만 간다. 이를 어떻게 돌파할 것인지 국민의 궁금증은 더해가고 있다.

그렇다면 안철수 후보는 단일화에 있어서 어떤 명분을 정립해야 할까.

첫째, 미래가 전제돼야 한다. 역대 단일화는 권력 심판을 위한 정권교체에 있었다. 겉 포장은 단일화였지만 속내는 권력을 나눠 먹는 구태의연한 정치형태였다. AI시대 첫 대선의 안철수표 단일화는 '여소야대' 정부나 '국정 독주'를 극복하는 대안으로 결과를 도출해야 한다. 새 시대 새 정치를 실현하는 후보에게 힘을 보태야 한다.

둘째, 포스트 코로나 이후를 대비해야 한다. 단순한 정권교체가 아니라 포스트 코로나 이후 위기를 극복하는 리더와 함께해야 한다. 민생과 AI시대 데이터 경제를 활성화할 수 있는 역량을 갖추고 준비된 후보와 연합한다는 의미다. 위기 극복을 위해서 진영 논리가 적용돼서는 안 되기 때문이다.

셋째, 새로운 시작이어야 한다. 단순히 권력욕에 눈이 멀어 단일화를 도구로 활용하면 안 된다. 어떤 정치인은 대권욕이 앞서 여야를 넘나들며 대표를 했지만 결국 정치무대에서 쓸쓸한 퇴장을 맞이한 교훈을 잊어서는 안 된다. 멀리 보고 안철수만의 정치 파트너를 찾아야 한다. 민주화 386시대는 끝났고 새로운 정치 세력을 기다리고 있기 때문이다.

넷째, 국민만 바라봐야 한다. 국민이 원하는 것이 진정 무엇일까 고민해야 한다. 과연 단일화만이 정권교체를 바라는 국민의 절체절명 명령일까. 국민 사이에 대선 이후를 걱정하는 목소리가 커지고 있다. 코로나19 위기 극복과 경제 활성화 등 해결해야 할 국정 과제가 산더미다. 진영을 대표하는 대통령 혼자만이 해결할 수 없다. 여야가 사사건건 국회에서 상대 발목을 잡는 정치로는 선도국가로 나아갈 수 없다. 타협하고 함께 가지 않으면 뒤처질 뿐이다.

그렇다면 단일화 정국에서 안철수 후보의 살길은 무엇일까.

첫째, 정정략칠투(頂情略七鬪). 손정의 회장은 제곱병법에서

70% 승산이 있을 때 승부를 걸라고 강조했다. 국힘 윤 후보는 압도적 지지율 우위 속에서 여론조사를 받을 확률은 거의 없다. 여론이 갑자기 긍정적으로 돌변하면 여론조사에서 이길 수 있다는 것은 과학적 사고가 아니다. 데이터는 과학이다. 여론조사에서 승률이 아주 낮은 것으로 집계되고 있다.

둘째, 필사즉생(必死卽生). 무릇 정치인은 위기 상황에서 희생할 때 빛을 발한다. 위대한 대통령이 그랬듯이 안 후보도 자신의 희생을 감수하고라도 가시덤불 같은 난국을 헤쳐 나가는 길은 과단성 있는 결단과 용기뿐이다. 일부에서 거론되는 총리+α 거래 밀약을 '통 큰 합의'로 포장한다면 차기는 없을 것이다. 대한민국 정치혁신을 위해 희생을 하는 것이 바로 미래에 살아날 수 있는 씨앗을 뿌리는 것이다.

셋째, 수도거성(水道渠成). 물이 흐르는 곳에 자연이 도랑에 생기듯 조건이 마련되면 일은 자연히 이루어진다. 새 정치의 물꼬를 터놓으면 나중에 뜻을 이룰 수 있다. 대선은 미래의 선택이다. 구태정치의 패러다임에서 벗어나 대한민국을 미래로 이끌 담론을 제시하면 기회는 반드시 찾아온다.

넷째, 정통인화(政通人和). 좋은 정치로 경제·민생에 온기와 화합을 불어넣어야 한다. 안 후보는 정치에 입문하면서 새 정치를 내세웠지만 공허했다. 10년이란 세월이 흘렀으니 새 정치를 완성하고 실현해야 한다. 새 정치 실현이란 나 자신이 희생해 새롭게 정치혁신을 이루는 것이다.

마지막으로 양자택일(兩者擇一). 안 후보가 제시하는 분야별 10대 국정 혁신 과제를 양당 후보 중 누가 더 성과를 낼 수 있는지 꼼꼼히 따져봐야 한다. '과학경제 AI 강국' 도약을 현실적으로 실현할 수 있는 후보와 연합하는 방식이라면 국민도 납득할 수 있을 것이다. 안 후보의 결단은 오롯이 대한민국 미래를 위한 것이며 차기 대선 기반을 닦는 새 정치의 출발점이 돼야 한다. (2022.02.20.)

안철수 결단

제20대 대통령선거가 13일 앞으로 다가왔다. 최대 변수는 역시 야권 후보 단일화다. 지난 20일 안 후보는 "단일화 시간이 다 지나갔다"라고 결렬 선언을 했다. 이제는 두 후보가 단일화 방식을 놓고 신경전을 벌이는 것은 현실적으로 불가능한 지경에 이르렀다. 시간도 촉박하거니와 정치공학에 몰두한다는 비판과 양보만 강요한다는 여론의 뭇매를 받아 역풍이 불 수 있기 때문이다.

야권의 '단일화 협상'이 결렬된 이후 양측의 다툼이 갈수록 격화되고 있다. 국민의힘 이준석 대표와 국민의당 간 단일화 막후 협상에 대한 거침없는 폭로로 감정싸움의 골이 깊어지고 있는 형국이다. 정치권은 양당 후보가 25일 TV 토론을 끝내고 28일 투표용지 인쇄일 전 단일화 문제에 대해 극적 담판을 벌일 가능성에 주목하는 모양새다.

윤 후보가 안 후보를 전격 회동을 통해 마지막 담판할지 아니면 각자도생을 선택할지 관심이 집중되고 있다. 민주당도 마찬가지다. 민주당의 이번 정치개혁안 제안은 사실상 안 후보를 염두에 둔 것으로 풀이된다. 만약 이재명 후보가 다당제를 포함하는 정치개혁안을 전격 제안하면 안 후보는 누구의 손을 잡을까.

그렇다면 안철수 후보는 어떤 결단을 해야 할까.

첫째, 원칙을 지켜야 한다. 원칙이란 어떤 행동이나 이론 따위에서 일관되게 지켜야 하는 기본적인 법칙이다. 원칙의 핵심은 본질과 일관성이다. 단일화의 본질은 무엇인가. 정권교체인가 아니면 더 나은 대한민국을 만드는 것일까. 일관성은 무엇인가. 단일화를 제안하고 철회했다가 다시 하는 것인가. 원칙 있는 승리가 최선이고 원칙 있는 패배는 차선이다. 최악은 원칙 없는 패배다.

둘째, 정치는 협상과 타협이다. 정치는 이해관계를 조절하고 사회적 공존을 구현하는 과정이다. 협상과 타협의 궁극적인 목표는 국민과 함께 더불어 잘사는 사회를 만드는 것이다. 타협의 결과는 오롯이 국민을 위한 것이어야 한다. 협상 당사자들 간의 권력 나눠 먹기에 그쳐서는 국민의 지지와 공감을 불러일으킬 수 없다. 정치적 뒷거래를 통한 타협에 만족하고 현실에 안주한다면 미래는 없을 것이다. 포스트 코로나 시대 위기 극복을 위한 진영 간 대타협이 시급한 시점이다.

셋째, 위대한 결단을 해야 한다. 지도자 주변엔 용기와 정직으로 진언할 수 있는 참모가 반드시 있어야 한다. 리더는 싫은 소리를 하는 인재를 모아야 하고 소통의 분위기를 조성해야 한다. 국정 현안에 있어서 참모보다 더 공부하고 고민해야 한다. 그래야만 위기 상황에 가장 뛰어난 참모보다 더 위대한 결정을 내릴 수 있기 때문이다. 역사에 남는 단일화 그 이상의 결단을 기대한다.

넷째, 정치개혁에 몸을 던져야 한다. 훌륭한 지도자는 솔선수범하며 자신이 현장에서 국민과 함께하는 사람이다. 참모만 내세워 자신은 뒤에서 숨어서 지시만 하며 모습을 드러내 놓지 않는다면 실패한 리더다. 반대로 참모를 이끌고 지도하고 그들과 함께 어울려 궂은일을 마다하지 않는다면 위대한 지도자다. 성공하려면 과감하게 전면에 나서 대의를 갖고 결단을 해야 한다.

다섯째, 정책 능력을 보여줘야 한다. 정책 대결을 펼치면서 다른 후보보다 정책 능력을 갖춘 후보로 자리매김한다면 한국 정치를 한 단계 업그레이드 시키는 영향력 있는 정치 지도자로 자리매김할 것이다. '과학기술 AI 경제 대국'으로 도약시킬 수 있는 후보는 과연 누구인가.

여섯째, 새 정치 실현이다. 안 후보 가야 할 길은 비방전이나 네거티브 정치가 아니라 국민에게 희망과 신선함을 줄 수 있는 정도를 걷는 것이다. AI시대를 맞아 교육격차를 줄이기 위한 에듀테크 혁명의 물결에 올라타 미래비전을 제시해야 한다.

마지막으로 멀리 보는 정치를 해야 한다. 눈앞의 이익이 아닌 미래 세대를 생각하며 멀리 보는 정치를 해야 희망이 있다. 당장은 20% 전후 지지율을 확보해야 하는 것이 중요하다. 그러기 위해서는 여타 후보와 차별화를 모색해야 한다. 현재는 비록 밀리고 있는 상황이지만 이번 대선 과정에서 어떤 모습을 보이느냐에 따라 향후에 확고한 정치적 기반과 입지를 마련할 수 있다.

설사 이번 대선에 패배하더라도 안 후보에겐 희망이 없는 것은 아니다. 분명히 희망은 있다. 더욱더 멀리 본다면 기회는 반드시 찾아온다. 안철수 후보의 현명한 결단이 한국 정치 발전을 위한 한 획을 긋는 계기가 되기를 기대한다. (2022.02.25.)

정치개혁만이 살길

지난 21일 1차 법정 TV 토론의 주제는 경제였다. 포스트 코로나 시대의 위기 극복과 차기 정부 경제 정책에 대해 대선 후보들에게서 듣고 싶었다. 하지만 지지율 선두를 다투는 양당 후보는 지엽적인 논쟁과 말싸움만 이어갔다. 이런 낯 뜨거운 수준이라면 진흙탕 싸움 대선에 뭘 기대하며 왜 토론을 지켜봐야 하나.

25일 2차 법정 토론의 주제는 정치개혁을 놓고 네 후보가 맞붙는다. 제왕적 대통령제라는 권력구조 개편할 수 있는 절호의 기회다. 정치교체든 정권교체든 모두 과거에 묶여 있다. 잘못했다고 사과와 적폐를 정산한다고 말할 뿐 미래 성치를 그려주지 못하고 있는 실정이다.

정치개혁 얘기는 어제오늘 일이 아니다. 지금까지 민생과 경제 현안을 외면한 채 소모적 정쟁에 몰두해 경제와 기업에 주름살만 늘렸다. 정당의 목적이 정권 쟁취이지만 권력 잡기만을 위한 정치는 존재 의미가 없다.

무엇보다도 대선 후보는 왜 정치에 대한 국민의 불신과 혐오는 날이 갈수록 깊어지는지 성찰할 필요가 있다. 한국 정치가 새롭게 태어나지 않고서는 한국경제의 재도약은 있을 수 없기 때문이다. 그렇다면 정치개혁을 어떻게 해야 할 것인가.

첫째, 국회개혁이다. 국회가 곧 정치다. 국회 개혁이야말로 정치개혁의 본질이다. 정치는 시스템이다. 국회 운영에 대한 투명한 시스템 구축이 정치개혁의 핵심이다. 수박 겉핥기와 짜고 치는 상임위원회 제도부터 개혁해야 한다. 메타버스 공간을 통해 시민과 국회, 정부 간 질의응답이 공개리에 이뤄져야 한다. 입법 추적이력제도를 도입하고 국회의원 활동이 투명하게 공개되도록 국회법도 개정돼야 진정 시민 국회가 될 수 있다.

둘째, 제왕적 대통령제 개혁이다. 네 후보 공약을 짚어보면 4년 중임제, 청와대 조직 축소, 실무형 청와대, 대통령 중간평가 등 대통령 권한을 분산하는 한편 국무총리 권한을 실질적으로 보장하겠다고 약속했다. 통합정부, 책임 연정, 통합내각 구상을 내놨지만 대선 때마다 등장하는 단골 메뉴이기에 왠지 귀에 익숙하다. 약속을 어길 시 국민의 심판을 받겠다는 서약 정도는 최소한 내놓기를 바란다.

셋째, 승자독식 제도를 개혁해야 한다. 대통령 결선투표제와 4년 중임제를 도입해야 한다. 양당제의 전횡을 극복하기 위해 다양한 민심이 반영되는 다당제가 뿌리내려야 한다. 다당제 연합정치가 정착되면 진영 정치와 대결 정치의 악순환을 끊어 낼 수 있다. 선거제도를 근본적으로 개혁해 위성정당 방지, 연동형 비례대표제와 권역별 비례대표제를 시행해야 한다.

넷째, 정치 생산성을 높여야 한다. 정치개혁의 목적은 정치의 생산성을 높이는데 두어야만 한다. 정치란 국가 미래에 대한 비전을 제시하는 것이다. 국정운영이란 비전을 기반으로 목표와 전략을 정하고 이를 효과적으로 추진해 성과를 낼 수 있는 정책 수립과 집행 능력을 말한다. 국정 현안에 대한 고민 없이는 국가를 이끌 수 없다. AI(인공지능)시대는 아무나 국가 지도자가 될 수 있는 시대가 결코 아니다.

다섯째, 정책 경쟁과 정당개혁이다. 보수와 진보로 양분된 이념 정당을 비전정당, 정책정당으로 변혁해야 한다. 정당을 오롯이 정책정당으로 개편해야 정치개혁이 이루어진다. 정책 경쟁을 위해서 내 편 네 편 가르지 않고 현장 중심의 정책 능력을 갖춘 각계 각층의 유능한 인재와 함께해야 한다. 폴리페서가 만든 재원 조달 방안도 제대로 없는 어설픈 공약(空約)은 폐기하고 당선 후 새롭게 만들어야 한다. 국가 비전과 정책 능력을 갖춘 새로운 전문가 세력이 정책의 중심에 서야 한다. 그래야만 성과 내는 정책, 유능하고 일하는 정치가 실현될 수 있다.

여섯째, 국가경영의 패러다임 변화다. 역대 정치는 권력투쟁 정치였다. 정치의 목적이 선거와 권력투쟁 승리에 있었다. 그 결과 비전 없는 정치와 정책 없는 정치가 주류를 이루었다. 이제는 AI 시대에 맞는 AI 국가경영 정치로 바꿔야 한다. 지도자는 국민에게 다가가는 대중성과 국정운영의 전문성을 조화롭게 갖춰야 한다. 퍼주기만 강조되면 포퓰리즘(populism)에 빠지고, 공정만 강조하면 엘리트주의(elitism)에 빠진다.

일곱째, 국민 통합 정치가 돼야 한다. 지지층만 바라보는 편협한 정치로 인해 이념·세대·계층·지역 간 대립과 갈등이 심각한 상황이다. 설득과 소통, 공감 대신 대결이 정치판의 언어가 됐다. 협치와 협력은 말도 꺼내지 못할 판이다. 이런 퇴행적 정치가 공정의 가치와 말의 질서를 훼손해 내로남불에 이르렀다. 통합정부란 정파에 상관없이 정책을 위해 꼭 필요한 인재라면 넓게 등용하는 것이다. 새 시대 새 정치는 국민 통합을 위한 정치를 해야 한다.

마지막으로 말뿐이 아닌 실천이다. 국민이 정치개혁을 바라보는 가장 큰 불신은 바로 말로만 하는 정치개혁이다. 말이 아닌 구체적인 방안을 내놓고 실천해야 한다. 제도적, 법률적 개혁은 의회와 행정부를 장악하고 있는 기성 정치 세력의 동의와 실천이 없으면 불가능하다. 법을 만드는 국회의원이 자신을 개혁하고 권력을 잡은 정치 세력이 자기 개혁을 하는 것이 정치개혁이다. 상당히 어렵고 힘들겠지만 이를 실현해야 대한민국의 미래가 열린다.

네거티브 공방은 할 만큼 했다. 이제는 코로나19 사태로 지치고 힘든 국민에게 희망을 주는 격전 높은 토론이 되기를 기대한다. (2022.02.25.)

Chapter 2.
국민통합정부 출범

국민통합정부 성공의 조건(1)

20대 대통령선거가 고작 8일 남짓 남았다. 새 대통령이 누가 되는 것도 중요하지만 사실 그것보다 더 중요한 것은 대통령의 성공이다. 지난 35년간 7명의 5년 단임 대통령 중 실패하고 말로가 불행하게 물러난 대통령이 많았다.

역대 대통령들은 왜 실패의 길을 걸었을까. 그들의 공통점은 진영의 패거리 속에 갇혀 국민 전체를 통합하지 못했다는 점이 가장 크다. 지금까지 잘못된 정치 구조로는 AI시대도 성공한 대통령이 나올 수 없다. 정치가 경제의 발목을 잡고 사회발전의 방해 요인이 돼서는 선도국가가 될 수 없다.

통합정치의 걸림돌은 무엇일까. 진영을 막론하고 정당은 통합 없이 단독으로 승리하기를 가장 선호한다. 그래야 대선 이후 자기네들끼리만 권력을 나눠가질 수 있고 핵심 지지층이 원하는 노선에 맞게 국정운영을 할 수 있어서다. 지지층 관리보다 더 큰 과제가 있다. 야당이 통합에 참여할 이유와 명분이 충분하지 않다는 것이다. 통합의 파트너에 나눠준 권력은 언제든지 대통령 결심에 따라 회수할 수 있다는 것도 문제다.

하지만 이제는 통합의 정치로 가야 한다. 통합정치란 본질적으로 국정운영에 있어서 협치(協治)다. 통합정부 구성이든 정책 사안별 연대든 어떤 형태로든 통합정치가 절실하다. 문제는 제왕적 대통령제에서 통합정치가 과연 작동 가능할까 여부다.

그렇다면 통합정부가 성공하려면 대선후보들은 어떻게 해야 할까.

첫째, 발상 전환이다. 단독 정부가 아니라 통합정부를 구성해야 한다. 이대로라면 누가 대통령이 되든 코로나19 극복과 경제를 살리기는 힘들다. 정권을 잡아도 민생을 살릴 수 없다는 의미다. 자영업자·소상공인은 파탄 지경이다. 개헌은 국민적 합의가 필요하고 시간이 걸려 쉽지 않다. 권력은 독식하면 체한다.

둘째, 정책연대다. 역대 정부가 정책에 실패하는 가장 큰 이유는 야당을 무시하고 단독으로 우격다짐으로 정책을 추진해서다. 야당의 맹목적 반대라는 타성도 문제다. 정권이 바뀌어도 여야가 공수 교대만 있을 뿐 근본적으로 퇴행적 구조가 바뀌지 않기에 어떤 정부가 새로 들어서도 성공하기 어렵다. 개헌하지 않고 할 수 있는 방안은 대선후보 간 정책 합의가 유일하다.

셋째, 실천이다. 통합정치의 목표는 정권교체를 넘어 정치교체, 기득권 패거리 교체를 통해 제왕적 대통령제를 완화하여 오롯이 국민을 위한 통합정부를 만드는 것이다. 오늘날의 정치는 말로만 하는 경향이 되어가고 있다. 정치는 말보다는 실행이 앞서야 한다. 정치개혁을 하겠다고 선언하기 보다는 구체적으로 언제 법안을 통과시키고 어떻게 개혁하겠다는 것을 국민께 약속해야 한다. 진정한 통합정치 실현을 위해 대통령 인수위원회 참여를 유도해야 한다.

넷째, 긴밀한 신뢰다. 대선후보와 정당 간 연합에 있어서 긴밀한 신뢰가 바탕이 돼야 한다. 정책연대든 입법연대든 협조하는 체제를 구축해야 한다. 서로가 잘할 수 있는 분야를 나누어 맡고 책임도 함께 진다는 자세라면 국회에서 협력은 당연하다고 할 수 있다. 특정 인물만 입각시켜 놓는 것은 통합정부가 아니다. 진정한 통합정치는 권력을 나눌 때 담보된다. 통합정치의 성공은 신뢰정치에 달려있다.

다섯째, 기존의 틀을 버려야 한다. 통합 정치가 성공하기 위해선 진영 논리와 이념의 틀에서 벗어나야 한다. 선거 유세 과정에서 내걸었던 비현실적이고 포퓰리즘적 공약은 과감하게 폐기해야 한다. 진영 패거리에 기댄 정치에서 탈피하지 못하면 당선되고도 그 패거리의 올무가 짐이 된다.

여섯째, 사회갈등 해소. 정치적 문제로 인한 사회갈등은 주요 17개국 중 최악이다. 종교적 갈등도 극심하다. 한국인의 61%가 다른 종교를 믿는 사람들 간의 갈등이 심하다고 밝히고 있다. 대선 과정에서 세대·지역·이념에 의해 사분오열된 국민을 한데 묶는 것이 통합정치다.

일곱째, 포용이다. 누가 되든 새 대통령의 통합정부의 첫 번째 성공조건은 이번 대선에서 패배한 후보와 정당을 국정의 파트너로 인정하고 모든 국민을 포용하는 연합·협치로 통합정부를 완성하는 것이다.

마지막으로 메타싱킹이다. 포스트 코로나 시대는 급격한 디지털 대전환을 통해 AI 혁명이 메타버스 중심으로 전환되고 있다. 미래 정치에서 가상과 현실을 초월한 메타버스를 빼놓고 논할 수 없다. 메타버스가 정치를 포함한 모든 분야에 변혁을 불러오고 있어서다. 이전에 겪어보지 못한 통합정치를 성공시키기 위해선 창의적 사고인 메타싱킹이 필요하다.

통합의 정치를 펼치고 한국경제 미래 먹거리를 확보해 미래 세대에게 꿈과 희망을 듬뿍 주는 대통령을 뽑아야 한다. 이번 대선이 통합정치를 실현을 위한 통합정부 출범이라는 출발점이 되기를 기대한다. (2022.02.28.)

국민통합정부의 국정운영

20대 대선 결과 국민의힘 윤석열 후보가 승리하면서 향후 정국이나 정치 지형에도 적지 않은 변화가 예상된다. 국회는 여소야대 정국이 불가피할 전망이다. 새 집권 정부의 최대 과제도 협치와 국민 통합이 최우선 과제다.

국제정세가 극도로 불안정하다. 국제유가가 치솟아 3차 오일쇼크가 현실화할 수 있다는 경고가 나온다. 원자재 가격도 덩달아 폭등해 실물경기가 위축되고 있는 가운데 오미크론 폭증까지 겹쳤다. 연일 주가가 폭락하고 원화 환율이 급등하는 등 금융시장도 휘청거리고 있다. 한국경제는 물가 상승과 경기 불황이 동시에 일어나는 스태그플레이션 문턱에 이미 발을 들여놨다는 분석도 있다.

러시아의 우크라이나 침공 여파 쓰나미가 한국경제에 밀려들고 있다. 현재 우리가 직면한 위기 상황은 앞서 겪었던 외환위기와 글로벌 금융위기 때와는 결이 다르다. 코로나19 팬데믹에 따른 총체적 위기와 망국적 국민 갈등이라는 내우외환(內憂外患)에 처해있다. 지금 필요한 건 고유가·고금리·고환율의 신(新) 3고(高)에 대응할 처방전이다.

이러한 경제 위기 상황에서 당선인이 성공한 대통령을 바란다면 승리의 의식은 오늘 밤으로 짧고 굵게 끝내야 한다. 네거티브만 남은 최악의 대선을 겪은 만큼 당선 직후부터 국민통합정부 구성으로 국정운영을 준비해야 한다.

지난 35년간 7명의 5년 단임 대통령 중 말로가 불행하게 물러난 대통령이 많았다. 역대 대통령들은 왜 실패의 길을 걸었을까. 그들의 공통점은 진영의 패거리 속에 갇혀 국민 전체를 통합하지 못했다는 점이 가장 크다. 퇴행적 정치 구조로는 AI시대도 성공한 대통령이 나올 수 없다.

국민통합정부의 걸림돌은 무엇일까. 진영을 막론하고 승리한 정당은 통합 없이 단독 정부를 선호한다. 그래야 자기네들끼리만 권력을 나눠가질 수 있고 핵심 지지층이 원하는 노선에 맞게 국정운영을 할 수 있어서다.

그렇다면 국민통합정부는 어떻게 국정운영을 해야 할까.

첫째, 협치(協治)다. 국민통합정부란 본질적으로 국정운영에 있어서 협조다. 국민 통합 없이는 코로나19 극복과 경제 위기를 극복하기 힘들다. 정권을 잡았지만, 민생을 살릴 수 없다는 의미다. 자영업자·소상공인은 파탄 지경이다. 권력은 독식하면 체한다.

둘째, 개혁(改革)이다. 역대 정부가 실패하는 가장 큰 이유는 상대를 무시하고 단독으로 우격다짐으로 정책을 추진해서다. 반대 진영의 맹목적 반대라는 타성도 문제다. 정권이 바뀌어도 여야가 공수 교대만 있을 뿐 근본적으로 퇴행적 정치 구조가 바뀌지 않는다. 이래서는 새로운 정부가 들어서도 성공하기 어렵다. 새롭게 개혁해야 한다.

셋째, 실천(實踐)이다. 새로운 정부는 정권교체를 넘어 기득권 패거리 교체를 통해 제왕적 대통령제를 완화하여 오롯이 국민통합정부를 구성해야 한다. 최근 정치는 점점 말로만 하는 경향이 되어가고 있다. 정치는 말보다는 실행이 앞서야 한다. 진정한 실현을 위해선 대통령 인수위원회 구성부터 통합을 실천해야 한다.

넷째, 신뢰(信賴)다. 정당 간 연합에 있어서 긴밀한 신뢰가 바탕이 돼야 한다. 서로가 잘할 수 있는 분야를 나누어 맡고 책임도 함께 진다는 자세라면 국회에서 협력은 당연하다고 할 수 있다. 특정 인물만 입각시켜 놓는 것은 국민통합정부가 아니다. 진정한 국민통합정부는 권력을 나눌 때 담보된다. 성공은 신뢰 정치에 달려 있다.

다섯째, 탈피(脫皮)다. 진영 논리와 이념의 틀에서 벗어나야 한다. 선거 유세 과정에서 내걸었던 재원 조달도 엉성한 포퓰리즘적 공약은 과감하게 보강해야 한다. 진영 패거리에 기댄 정치에서 탈피하지 못하면 그 패거리의 올무가 짐이 된다.

여섯째, 해소(解消)다. 정치적 문제로 인한 사회갈등은 주요 17개국 중 최악이다. 종교적 갈등도 극심하다. 한국인의 61%가 다른 종교를 믿는 사람들 간의 갈등이 심하다고 밝히고 있다. 대선 과정에서 세대·지역·이념에 의해 사분오열된 사회갈등을 해소해야 한다.

일곱째, 포용(包容)이다. 정치에는 옳고 그름이 없다. 오직 찬반이 있을 뿐이다. 정치를 옳고 그름의 이분법적으로 바라본다면 상대방을 적으로 규정하고 타도해야 하는 갈등과 배제만 불러 온다. 포용의 정치를 가능케 하는 것은 다름 아닌 대화와 타협이다. 이것을 가능하게 하려면 패배한 후보와 정당을 국정의 파트너로 인정하는 포용의 정치를 해야 한다.

마지막으로 메타싱킹(Meta Thinking)이다. 포스트 코로나 시대는 급격한 디지털 대전환을 통해 AI 혁명이 메타버스 중심으로 전환되고 있다. 미래 정치에서 가상과 현실을 초월한 메타버스를 빼놓고 논할 수 없다. 메타버스가 정치를 포함한 모든 분야에 변혁을 불러오고 있어서다. 이전에 겪어보지 못한 국민통합정부를 성공시키기 위해선 창의적 사고인 메타싱킹이 반드시 필요하다.

한국경제 미래 먹거리를 확보하고 미래 세대에게 꿈과 희망을 듬뿍 주며 대한민국을 AI 강국으로 도약시키는 윤석열의 국민통합정부 출범을 기대한다. (2022.03.09.)

국민통합정부 성공의 조건(2)

국민의 삶을 보장하고 사회의 발전을 이루며 국가의 흥망성쇠를 좌우하는 중요한 요인 중의 하나가 바로 국민 통합이다. 국민 통합이 되지 않으면 국가적 목표가 있다고 하더라도 국민의 협조를 구할 수 없다. 한 마디로 국민 통합의 정도가 국가 위기 극복이나 발전을 좌우한다.

국민통합이란 소통과 공감 등 국민 통합 문화의 기반 위에 지속 가능하고 상생적인 국가발전을 향해 국민 모두의 역량을 모아 국민 개개인의 행복으로 이어지는 선순환의 사회시스템을 만들기 위한 범국민·범정부 차원의 다각적 노력과 그 과정이다. 기본적으로 시민사회 영역을 중심으로 경제발전과 사회자본이 충만한 사회를 지향한다.

한국 사회의 갈등은 이념·계층·노사·지역·세대·환경·다문화·남녀 등 다양한 차원에서 동시에 발생하고 있는 심각한 상황이다. 국민 통합을 목청껏 외친다고 해서 가능해지는 것은 아니다. 경제 성장 동력이 꺼져가고 미래 먹거리를 확보하지 못한 상황에서 국민 분열을 치유하지 못한다면 천문학적 갈등 비용으로 국가가 위기에 처할 수 있다.

제20대 대통령 윤석열 당선인의 가장 시급한 국정 과제는 그동안 쌓인 분노의 에너지를 하나로 모을 수 있는 국민 통합이다. 그렇다면 국민통합정부가 성공하려면 어떻게 해야 할까.

첫째, 목표제시다. 국민 통합이 가능하려면 무엇보다 국민이 평등한 관계에서 심리적 동질감을 느끼며 공동의 이해관계에 기초한 목표를 제시돼야 한다. 목표는 통합가치 정립과 상생 추구, 소통과 공감을 통한 신뢰 구축 및 사회갈등의 실효적 예방·조정이다. 동시에 국민의 폭넓은 지지를 받는 비전·정책을 제시해야 한다.

둘째, 공정사회다. 공정 없이 통합 없다. 새 대통령은 공정하게 통치해야 통합을 이룰 수 있다. 국민의 이해관계를 원천적으로 일치시켜 누구나 기회가 균등하고 공정한 사회로 만들어야 한다. 궁극적으로 사회를 개혁해야만 국민 통합이 가능하다. 국민 통합의 진정성이란 국가 정의를 반듯하게 세우는 것이다. 사회 정의의 기준과 공통의 원칙을 바르게 세우는 것이 국민을 실질적으로 통합하는 것이다.

셋째, 탕평인사다. 역대 정부의 인사는 '코드'를 벗어나지 못했다. 전문가를 등한시하고 탁상공론에 능한 폴리페서만 등용해 정책 실패를 자초했다. 정권 만들기의 산파역을 맡았던 핵심 관계자가 자리를 독점하는 측근 정치를 넘어서지 못했다. 성공한 대통령이 되려면 인연으로 인사한다든지, 선거캠프 보상 차원의 인사는 끝내야 한다. 계파와 지역, 노선을 아우르고 현장 전문가를 기용해야 난국을 돌파할 수 있다.

넷째, 통합정치다. 통합정치란 본질적으로 국정운영에 있어서 협치(協治)다. 임기 5년 중 3년을 21대 국회와 함께해야 한다. 임기 후반 권련 누수 현상까지 고려하면 국회가 핵심 파트너인 셈이다. 여소야대인 국회와 사사건건 소모적인 극한 대립이 발생할 게 뻔하다. 국무총리는 국회의 동의가 필요하고 장관은 인사청문회를 거쳐야 한다. 국회의 협조를 구해야 하는 내각 구성에서부터 파열음이 날 수 있다.

다섯째, 포용 정치다. 정치에는 옳고 그름이 없다. 오직 찬반이 있을 뿐이다. 정치를 옳고 그름의 이분법적으로 바라본다면 상대방을 적으로 규정하고 타도해야 하는 갈등과 배제만 불러온다. 포용의 정치를 가능케 하는 것은 다름 아닌 대화와 타협이다. 이것이 가능하려면 패배한 후보와 정당을 국정의 파트너로 인정하는 포용의 정치를 해야 한다.

여섯째, 진영탈피다. 진영 논리와 이념의 틀에서 벗어나야 한다. 선거 유세 과정에서 내걸었던 재원 조달도 엉성한 포퓰리즘적 공약은 과감하게 새로 보강해야 한다. 진영 패거리에 기댄 정치에서 탈피하지 못하면 그 패거리의 올무가 짐이 된다.

일곱째, 갈등 해소다. 한국 사회에 내재해 있는 갈등의 요인들은 구체적인 사회적 사건이나 정부의 공공정책을 둘러싸고 실질적인 사회갈등으로 표출되어 반목과 분열을 초래한다. 사회갈등을 해소하기 위해선 구체적 사례에 대한 적절한 관리 체제를 적용하는 사회적 배경과 요인에 대처하는 구조적인 접근이 필요하다.

여덟째, 노사개혁이다. 노동시장 개혁의 핵심은 노조와 단체협약에 따라야 하는 해고 조건을 완화하여 단체협약 없이도 저성과자에 대한 근로계약 해지를 통한 해고가 가능해야 한다. 노동자에게 효율성을 요구하는 만큼 기업 경영의 효율성을 추구하는 개혁이 동시에 필요하다. 기업 경영의 투명성과 효율성의 개혁이 노동 개혁과 함께 진행되는 것이 올바른 접근법이다.

아홉째, 양극화 해소다. 사회적 양극화로 인한 경제적 불안정·불평등 그리고 인구구조와 가족구조의 변화로 인한 돌봄과 사회복지 수용에 대한 불만족 등과 같은 문제에 대해 적절하고 효과적인 대처가 있어야 한다. 소득 양극화를 해소하는 최선책은 경제성장과 경제체질의 강화다.

열 번째, 국가 정상화다. 자유민주주의에 기초한 시장경제·법치 등 헌법 가치를 바로 세워야 한다. 이전 정부가 실패한 정책은 과감히 폐기하고 잘못된 것은 고쳐야 한다. 규제 혁파로 기업 하기 좋은 환경을 만들어 잠재성장률을 끌어올려야 한다. 4대 연금 개혁을 통해 미래 세대에게 부담을 넘겨줘서는 안 된다.

열한 번째, 메타싱킹(Meta Thinking)이다. 포스트 코로나 시대는 급격한 디지털 대전환을 통해 AI 혁명이 메타버스 중심으로 전환되고 있다. 미래 정치에서 가상과 현실을 초월한 메타버스를 빼놓고 논할 수 없다. 메타버스가 정치를 포함한 모든 분야에 변혁을 불러오고 있어서다. 이전에 겪어보지 못한 국민통합정부를 성공시키기 위해선 창의적 사고인 메타싱킹이 반드시 필요하다.

열두 번째, AI 리더 역량이다. 전 세계가 디지털 대전환을 위해 분주히 움직이고 있다. 윤석열 대통령 당선인은 디지털 전환기와 AI 혁명의 시대적 흐름 성공적으로 이끌어야 한다. 대한민국을 이끌 AI 기대 지도자의 국민 통합 역량이 시험대에 올랐다.

마지막으로 새로운 국민통합정부의 국정운영 키워드는 외(外)·통(統)·통(通)하며 혁(革)·기(企)·탈(脫) 해야 한다. 시야를 외국으로 넓힐 것, 국민을 통합하고 소통할 것 그리고 규제를 혁파하고 기업 하기 좋은 환경을 만들 것, 정책은 진영 논리에서 탈피해야 성공한 국민통합정부가 될 수 있다.

한국경제 미래 먹거리를 확보하고 미래 세대에게 꿈과 희망을 듬뿍 주며 국민 통합의 시대를 주도하는 윤석열 대통령의 국민통합정부 성공을 기대한다. (2022.03.10.)

국민통합정부
국정 과제 성공의 조건

정권교체가 되면 정부의 업무를 인수하는 과정에서 대선 당시 내 걸었던 공약을 새 정부의 중점과제로 선정하는 작업을 거친다. 이러한 과정을 거쳐 선정되는 과제를 광의(廣義)의 의미에서 국정 과제라고 말한다.

국정 과제는 대선공약을 체계화·가시화한 것이다. 정부가 임기 중에 중점적으로 추진하려는 정책을 구체화한 것이다. 국정 과제는 행정부가 수행하게 되고 과제를 추진하기 위한 입법 절차가 필요하다. 국정 기조를 보면 새 정부의 정책 방향을 가늠할 수 있다.

국성 과제의 수립 체계는 국가 비전을 먼저 세우는 것부터 출발한다. 이를 토대로 미래비전을 달성하기 위한 국정운영 방향으로서 국정지표가 제시된다. 국정지표의 실현을 뒷받침하기 위해 국정전략이 수립된다.

국정전략의 수행을 위한 구체적인 정책으로 국정 과제가 제시된다. 국정 과제를 실현하기 위한 실질적 세부 실천 과제는 국내외 정세변화에 따라 매년 새롭게 제시한다.

역대 정부는 온갖 미사여구를 담은 국정 과제를 제시하며 출범

했지만 대부분 용두사미(龍頭蛇尾)로 끝났다. 우리는 왜 국정 과제를 성공적으로 수행하지 못했을까.

첫째, 국정철학의 부재(不在)다. 역대 대통령의 대부분은 정치 현안에 급급하다 보니 국가운영에 대한 심층적 준비가 부족했다. 국가 미래를 위해 무엇을 준비해야 하는지에 대한 고민이 적었다. 국정철학 없는 국가의 장래는 어둡다.

둘째, 국정운영의 일관성(一貫性) 부족이다. 민주화 이후 정권 별 국정운영 패러다임은 정책의 일관성과 효과성이 낮았다. 빈부 격차 증가와 세대 간 갈등 증폭에 효과적으로 대처하지 못했다. 비정규직 양산에 따른 양극화 심화 등 정책적 수용에 효과적으로 대응하지 못했다.

셋째, 측근 정치의 폐단(弊端)이다. 선거 및 공약 작업에 깊숙이 참여한 탁상공론에 능한 폴리페서와 정치인을 국정의 중심에 전진 배치했다. 국정운영에 대한 진지한 고민과 현장 경험이 없는 무능한 자리 사냥꾼들이 정책을 망쳤다. 처세술에 능하지만, 정책적으로 무능·무책임한 측근 정치인 때문에 정권이 실패를 반복했다. 캠프 출신 인사들은 선심성 공약을 만드는데 유능할 뿐 국가운영의 참모로서 검증된 전문가는 아니다.

넷째, 즉흥적(卽興的), 순발력 의존이다. 표심을 얻기 위한 선거 공약을 급조한 능력은 집권 후 국가경영의 발목을 잡게 된다. 재원 조달 해법도 없이 약속한 공약은 마땅히 재고해야 한다. 우격다짐으로 추진하면 정책 실패로 이어져 결국 국정운영의 동력이 떨어진다.

다섯째, 인치(人治) 문제다. 용인술 실패는 정부수립 후 계속된 현상이다. 정치인과 관료는 물론이고 대통령 측근의 도덕성이 함량 부족의 문제가 늘 제기됐다. 정권마다 계속되는 새로운 인물의 요청에도 불구하고 역대 정부는 인물난에 허덕였다. 왜냐하면 진영 논리에 빠져 자기 사람만 요직에 등용했기 때문이다. 정책은 이념정치를 배제한 해당 분야 최고의 전문가를 발탁해 맡겨야 한다. 결국 용인술이 성공을 결정짓는다.

여섯째, 비효율(非效率) 정부 조직 개편이다. 역대 정부 조직 개편은 실질적인 효과를 불러오지 못했다. 정치적으로 즉흥적인 결정에 의한 경우가 많았고 폐쇄적이고 일방적 추진방식을 나타냈다. 하드웨어 중심의 부처 이전이나 개편에 집중해 업무의 효율성이 떨어졌다. 정부 조직의 통폐합 및 폐지 과정에서의 정치적 수사와 상징의 만연, 관료들의 혼선, 개편의 사회적 비용 과다 등 문제점을 드러냈다.

그렇다면, 국정 과제를 성공적 수행하기 위해선 어떻게 해야 할까.

첫째, 명확한 국정철학이다. 국정운영 철학은 우선 대통령의 취임사를 보면 짐작할 수 있다. 취임사에는 임기를 시작하는 시기에 당선인이 가졌던 국가운영 방향에 대한 철학이 담겨 있어서다. 전임 정부의 문제점이 무엇인지, 어떻게 개선하겠다는 건지, 현안에 대한 해결책이 무엇인지를 짐작할 수 있다. 대체로 제1공화국을 건국의 시기로, 제3공화국을 경제발전의 시기로, 제5공화국을 민주화의 시기로 본다. 제7공화국의 시기는 4차 산업혁명 시대의 경제 재도약을 국정운영의 목표로 삼고 명확한 국정 과제를 설정해야 한다.

둘째, 미래 지향적 과제다. 민주화 이후 역대 대통령들은 자신들의 국정 과제가 있었다. 노태우 정부는 한중수교·북방정책, 김영삼 정부는 금융실명제·군정 종식, 김대중 정부는 외환위기 극복과·복지체계 확립·남북대화, 노무현 정부는 행정수도 이전·4대 개혁·한미 FTA 체결, 이명박 정부는 녹색성장·글로벌 금융위기 극복, 박근혜 정부는 창조경제, 문재인 정부는 소득주도성장·남북대화 과제를 중심에 놓았다. 국정 과제 설정은 우선 과제의 목표가 뚜렷하고 실질적인 효과를 발휘할 수 있게 잡아야 한다. 국정운영에 대한 구체적인 계획과 전략을 세워야 한다. 과제에 대한 집중력을 제대로 발휘할 수 있도록 국민 에너지를 한곳으로 모아 민심의 지지를 끌어내야 한다.

셋째, 능력 위주의 인선이다. 전문성, 개방성, 공정상, 책임성, 도덕성, 투명성 등을 인선 행정의 원칙을 지켜야 한다. 공직의 연공 서열과 계급제의 관행은 공직자의 책임성을 약화하는 주요 요인이다. 업무 중심의 능력주의 인사로 공직의 책임성을 강화해 업무의 효율을 높여야 한다. 인사행정의 핵심 가치를 전환하기 위한 능력 직위 분류제로의 전환해야 한다.

넷째, 실질적 규제개혁이다. 규제개혁 정책은 다양한 집단 간 이해관계의 상충, 추진체계·과정·성과의 복잡성과 다양성이라는 특징을 갖고 있다. 규제개혁을 위한 민관협력 파트너십 제도가 원활히 추진에 있어 민관협력 파트너십 구조를 개선해야 한다. 규제개혁의 과정, 규제 권한의 소유, 피 규제자의 복잡한 이해관계 등을 고려해야 한다. 역대 정부의 실패 원인을 반면교사로 삼아 면밀한 제도 개선이 필요하다.

다섯째, 정책 추진 보장제 도입이다. 정권교체 시 기존에 추진한 국가시책에 대한 직업관료와 선출된 정치권력의 충돌을 조정할 제도가 필요하다. 기본적으로 부처가 추진하는 정책에 대해선 연속성과 지속성이 있어야 한다. 장기적 프로젝트에 있어서는 관료의 의견을 존중하고 수렴하는 제도가 필요하다. 청와대의 실·국장급에 대한 인사개입 통로를 막아야 한다. 매번 정부 출범마다 새로 시작해서는 축적된 성과를 낼 수 없다.

여섯째, 정부 조직 개편의 효율성이다. 시대변화에 따른 적절한 대응과 정권 초기의 강력한 리더십에 의한 개혁, 관료사회의 혁신 도모로 정부조직 효율화가 돼야 한다. 업무 효율화 측면에서 전문적이고 합리적으로 정부 조직을 개편해야 한다. 민주성, 형평성, 연속성, 효율성 등 헌법의 기본원칙에 입각한 정부 조직 개편을 추진해야 한다. 정부 조직 개편의 성공을 위해선 부처 간 수평적 협업체계를 구축하고 행정 내부 계층구조를 단순화해야 한다. 국민을 위한 거버넌스 체계로 개편해야 한다.

일곱째, 국민 통합과 협치. 새 정부는 종합적이고 동태적으로 분석해 국민 통합과 협치를 통해 국민 통합에 나서야 한다. 국민 통합이 정부 성공의 과반을 좌우한다고 해도 과언이 아니다.

마지막으로 집권 1년 차가 중요하다. 집권 5년 성공의 열쇠는 임기 1년 차 국정개혁 실행에 있다. YS는 기획에 있어서 DJ는 주어진 여건에 의해서 각각 1년 차에 의미 있는 변화를 시도했다. MH는 집권 초기 준비 부족과 방향 오류로, MB는 초기 경험 부족, 과다한 자신감과 광우병 사태로, GH는 비전 부재와 모호한 국정 과제로, 문재인 정부는 인수위 없이 출범해 집권 1년 차를 허비했다.

국민통합정부는 집권 1년 차에 디지털 대전환과 AI 혁명 시대에 대응할 수 있는 전 분야의 개혁과제를 발굴해 체계적으로 준비해야 한다. 윤석열 대통령 당선인은 "새 정부 국정 과제 수립에 있어 국가의 안보, 국민의 민생에 한 치의 빈틈이 없어야 한다."라고 밝혔다.

국민에게 감동을 주고 열광할 수 있는 국정 과제를 정하고 추진해야 역대 대통령 아무도 해내지 못한 성공한 대통령의 성공한 정부를 만든다. 새 정부의 성공을 기대한다. (2022.03.22.)

Chapter 3.
대통령직인수위원회

대통령직인수위원회
성공의 조건

성공한 대통령을 만들기 위해선 대통령직인수위원회 역할이 대단히 중요하다. 인수위가 60일 동안 준비한 국정운영 방향이 국민통합정부의 성공을 좌우하기 때문이다. 인수위가 준비한 국정목표를 대통령 취임 직후 100일간 어떻게 결정하느냐가 남은 임기 전부가 된다.

대통령직 인수인계 제도는 정권교체기에 수반되는 국정의 공백과 혼란을 최소화하기 위함이다. 급격한 정권교체 변화로 인한 국정 실패의 부담은 오롯이 국민의 몫으로 전환된다. 대통령직 인수위 성공을 위해선 당선자는 인수위원회를 통해 전임 정부의 업무 파악에 충실해야 하며 이를 바탕으로 더 발전시킬 방안과 해법을 도출해야 한다. 국정운영의 지속성을 위한 당선자와 전임 정부의 협조는 필수다.

정권 인수기의 법적 정의는 대통령선거 이후부터 취임식까지의 기간을 의미한다. 새 정부가 출범하면 통례적으로 국민과 국회는 새로 당선된 대통령에 대해 호의적인 태도와 기대를 하는 밀월 시기(heonymoon period)를 갖는다. 이 허니문 기간은 취임

후 6개월에서 1년 정도 지속되며 대통령은 높은 지지도를 기반으로 국정운영을 할 수 있는 절호의 기회다.

정권 인수기에 새로운 대통령이 직면하는 문제는 미숙함(Newness), 순진함(Naivete), 서두름(Haste), 오만(Hubris)이다. 그중에서 가장 경계해야 할 요소는 오만함이다. 대통령은 승리감에 도취하여 오만·교만해질 수 있으며 자신의 행정부만이 가장 잘 대응할 수 있다는 자신감을 가지게 된다. 결국 이것이 순진함의 문제로 연계된다.

대통령직인수위원회에 관한 법률에 따르면 업무는 첫째, 정부의 조직·기능 및 예산 현황의 파악. 둘째, 새 정부의 정책 기조를 설정하기 위한 준비. 셋째, 대통령의 취임 행사 등 관련 업무 준비. 넷째, 그 밖의 대통령직 인수에 필요한 사항이라고 정해져 있다.

법령에 기초해 조직된 인수위원회 활동은 대부분 분과별로 나누어 중앙정부 조직에 대하여 인수업무를 추진한다. 그 내용은 주로 정부의 조직과 예산 등 현황 파악에 집중된다. 정책진단 및 국정 과제 설정은 미흡하다는 문제점을 갖고 있다. 체계적인 분석 및 계획에 의한 정책 및 공약의 설정보다는 국민 여론 및 각종 이익 집단의 압력에 영향을 많이 받는다.

정권교체가 이루어지면 전임 정부에서 주요하게 다루었던 대표 정책이나 대형 국책사업 등이 중단되어 국가적 예산이 낭비되는 사례와 경험이 많이 있었다. 정책 단절로 인한 매몰 비용과 이해 집단 간 충돌 등 그 피해는 국민의 몫으로 전환된다.

역대 대통령의 인수위 활동을 살펴보면 다음과 같다. 14대 김영삼 대통령은 위원 15명, 전문위원 30명, 담당관 19명, 행정요원 27명 등 총 91명으로 구성됐다. 학자와 관료는 배제하고 위원은 중진 정치인 중심이었다. 정책에 대한 기초 작업은 전문위원이 수행했다. 형식적으로 운영되어 정부 업무 현황 및 예산 파악만 수행하고 정책 입안과 인선 업무에서 인수위는 배제되었다. 국정 과제는 사조직을 중심으로 선정됐다. 인사는 실무능력을 중심으로 전문가 집단과 개혁인사를 발탁하려고 노력했다.

15대 김대중 대통령은 위원 25명, 전문위원 63명 등 총 208명으로 구성했다. 정치인 중심과 전문위원, 관료를 중심으로 3분의 1은 자민련에 할당했다. 정책 실패 원인 파악과 100대 과제 선정에 몰입했으나 실제로 정책추진 계획은 이루지 못했다. IMF 상황에서 당선자 1인의 의사결정과 상황 판단이 중요했다. 인수위원과 관료들 간 갈등이 매우 컸다. IMF 체제하의 경제 위기 극복 등을 중심으로 22개 과제를 긴급 현안으로 선정했다. 국정 과제는 공약의 재정리에 집중했다.

16대 노무현 대통령은 위원 26명, 실장 1명, 부본부장 1명, 전문위원 97명 행정관 91명, 실무 요원 등 총 247명으로 구성했다. '국민참여형 열린 인수', '토론 설득형 정책인수'를 지향했다.

지방 순회 국정토론회, 국민제안 접수 등을 통해 일반시민·시민단체·외부전문가 등 사회 각계각층의 현안을 광범위하게 수렴하려 했다. 당선자가 매주 회의를 주재해 참여 가치를 실천하려 했다. 소장 학자와 교수 중심, 전문위원은 386 세대가 대거 투입됐다. 대통령과 이념이 맞고 이를 충실히 수행할 수 있는 이들로 구성됐다. 인수위 조직에서 선거캠프 정치인들이 배제되어 인수위와 당과의 갈등이 발생했다. 인수위 내부 갈등과 계파 갈등도 있었다. 공약과 국정 과제를 바탕으로 기존 정부의 정책을 평가하는 기준을 마련해 업무보고를 받았다. 국정 과제 선정 및 로드맵

작성에 중점을 두어 일관성 있는 정책계획을 수립하고자 했다.

17대 이명박 대통령은 위원 28명, TF팀장과 센터장 4명, 전문 위원 70명, 실무위원 81명 총 183명으로 구성했다. '일하는 인수위', '섬기는 인수위', '작은 인수위'를 추구했다. 외양보다 내실을 기하는 데 초점을 둔다며 휴일 없이 활동을 이어갔다. 교수, 국회 의원, 관료 출신, NGO 출신 등 비슷한 수준으로 구성했다. 선거 본부팀과 인수위팀 간의 갈등이 존재했다. 인수위 자문위원이 개인 영리를 취하는 불상사가 발생해 엄중하게 조치했다. 갑작스러운 영어교육 문제 등이 이슈화돼 많은 시간을 낭비하는 등 적절한 통제가 부족했다. 정부 조직 개편 갈등으로 노 대통령의 기자회견이 있었다. 고소영 인사에 대한 논란이 있었다.

18대 박근혜 대통령은 위원 포함 150여 명으로 구성했다. 전임 때를 반면교사 삼아 '성실하고 조용한 인수위'. '점령군이 아닌 낮은 자세의 겸손 인수위'를 지향했다. 하지만 '철통 보안'을 너무 강조해 언론 창구 일원화로 '불통 인수위'라는 지적을 받았다. 업무 보고를 따로 받지 않고 진행 상황만 측근을 통해 전달받은 것이 나중에 국정농단 사태를 부르게 된 원인이 됐다. 자신의 싱크 탱크인 '국가미래연구원' 출신과 대선 선거공약을 총괄한 '국민행복추진위원회' 소속 위원들이 대거 인수위에 참가했다. 작지만 빠른 '실무형 인수위' 구성에 노력했다. 성시경 인사가 논란이 됐다.

19대 문재인 대통령은 인수위가 없이 출범했다. 캠코더 인사, 회전문 인사, 내로남불 인사가 궁극적으로 정책 실패로 이어졌다.

안타깝게도 역대 정부의 인수위원회는 대부분 실패했다 그렇다면 국민통합정부의 대통령직인수위원회가 성공하려면 어떻게 해야 할까.

첫째, 인선(人選)이다. 인사(人事)가 만사(萬事)이기 때문이다. 선거와 통치는 다르다. 대통령직인수위원회의 구성은 현장 정책 전문가를 중심으로 이뤄져야 한다는 의미다. 위원의 인선도 중요하지만, 전문위원의 인선 방식과 기준이 매우 중요하다. 비선을 통해 비공식적으로 이루어지던 인사는 여러 문제를 야기한다.

능력 위주의 인선이 돼야 한다. 인수위의 업무는 정치보다는 실무에 관한 내용이 많다. 실무 전문가 중심으로 위원을 구성해야 한다. 현장 경험을 지닌 전문가 중심 자문위원을 확보해 수시로 고견을 경청하는 노력도 필요하다. 새 정부에 대한 국민의 기대에 부응하도록 개혁성이 있어야 한다. 국민의 신뢰를 얻을 수 있는 청렴하고 도덕적 인물을 선정해야 한다.

탕평의 인선이 돼야 한다. 선거캠프에서 활동한 인사들을 중심으로 구성된 경우 대부분 실패했다. 왜냐하면 실제 정책 및 공약의 우선순위를 결정하는데 전문성이 미흡했기 때문이다. 진영 정치에 매몰된 정치인 출신은 전임 정부의 성과를 부정하는 것이 새 정부의 성공에 기여한다는 생각이 강해서다.

둘째, 국정 과제 선정이다. 전임 정부가 우선순위에 두었던 정책을 폐기할 것인지 지속할 것인지 빨리 결정해야 한다. 성공을 위해선 밀월 시기에 추진할 국정 어젠다를 만들고 계획하는 것이 필요하다. 취임 후 100일간의 국정운영 계획을 작성하고 구체적 로드맵을 제시해야 한다. 국정 과제는 국가 차원에서 중요성, 현안 등 우선순위에 따라 합리적으로 반영되어 선정해야 한다.

새 정부의 국정 과제는 선거 과정에서 나타난 민의가 중요하다. 구체적으로 실현 가능한 국정 과제를 제시해야 한다. 선거 과정에서 제시된 모든 공약을 실천하겠다는 생각은 버려야 한다. 백화점

식으로 나열된 국정 과제로는 성공한 대통령이 되기 어렵기 때문이다. 국정운영은 중장기적 측면에서 현장을 중심으로 투명성을 높인 과제 설정이 핵심이다. 국민에게 희망을 주는 국정 비전 정립과 실현 가능한 정책을 수립해 국정 과제를 설정해야 한다.

셋째, 의사결정 과정의 합리성이다. 당선인 주변의 소수 핵심 인사들에 의한 자의적 결정 방식을 지양해야 한다. 합리적 의사결정 과정을 확립해 절차상 민주성을 확립해야 한다. 소위원회, 분과위원회 회의, 부위원장·위원장, 당선인 보고 등 합리적 절차를 규정하는 것도 중요하다. 또한 의사결정 과정에 위원, 전문위원, 간사 등 모든 구성원의 참여를 보장해 의견을 피력하고 토론할 수 있는 기회를 부여해야 한다.

넷째, 보안성이다. 사회적 관심이나 언론의 취재가 지나쳐 정보와 문건이 새어나가는 경우가 있다. 위원들과 기자들의 접촉으로 인한 정보 유출이 빈번해 이에 대한 체계적인 보안대책이 필요하다. 독립된 시설물로 보안성을 강화하고 외부인의 접근을 원천적으로 차단해야 한다. 보안요원의 배치 및 소지품 차단(카메라, 녹음기) 등이 필요하다. 인수위원회 활동 종료 후 해당 컴퓨터의 하드디스크 삭제 및 파기 처분도 필요하다. 외부 불순 세력의 해킹을 차단하기 위해 인수위 서버의 보안성을 강화하고 인터넷 연결을 차단해야 한다.

다섯째 정부 조직 개편이다. 새 정부가 매번 정부 조직을 개편하는 것은 바람직하지 않다. 하지만 세상의 변화에 맞춰 조직을 바꾸는 것은 필요불가결하다. 조직 개편은 인수위가 다룰 사안이 아니다. 따로 정부 조직만 중점적으로 연구하고 개편안을 제시할 전문위원회를 설치할 필요가 있다. 부처 간의 권한 다툼이 아닌, 기능의 효율화를 위한 조직 개편을 추구해야 한다. 인적 구성이나 조직 중심이 아니라 업무 중심의 조직 개편이 필요하다. 하드웨어보다 소프트웨어를 통한 효율적인 업무 수행에 방점을 찍어야 한다.

마지막으로 성공한 인수위여야 한다. 국민통합정부의 인수위는 '국민의 소리를 경청하는 인수위'. '낮은 자세와 겸손한 인수위'. '국민과 함께하는 인수위'가 되기를 기대한다. (2022.03.12.)

안철수가 이끄는 인수위
성공할까

윤석열 대통령 당선인이 대통령직인수위원회 구성안을 발표했다. 국민의당 안철수 대표가 인수위원장, 국민의힘 권영세 의원이 부위원장, 선대본부 정책본부장을 맡았던 원희룡 전 제주지사가 기획본부장을 맡는 구조다.

국민통합정부의 인수위원회 삼각편대가 결정되면서 국정운영의 밑그림을 그리는 작업이 본격화할 것이다. 인수 기간 어떻게 활동을 하느냐에 따라 향후 5년의 성적표가 결정된다. 안철수 인수위원장은 "겸손과 소통, 책임을 원칙"으로 국정 청사진을 준비해나가고 반드시 성공한 정부를 만들겠다고 밝혔다.

안 위원장은 공정과 법치, 미래 먹거리, 지역 균형 발전, 지속가능성, 국민 통합을 5대 국정 과제로 정했다. 그렇다면 어떻게 해야 대통령직인수위원회는 성공할 수 있을까.

첫째, 공정(公正)과 법치(法治) 사회 실현이다. 한국 사회에 던져진 가장 큰 화두는 공정이다. 공정은 기본적으로 모든 사람에게 균등한 기회를 주고 누구나 규칙을 지키는 것이다. 공정은 기회균등 원칙과 차등의 원칙을 지켜야 한다. 공정의 본질은 사회갈등 해소이며 모든 국민이 온전하게 사는 데 필수적 요소다. 문제는 내로남불 공정이다.

법치는 인치(人治)가 아닌 법이 지배하는 국가 원리다. 법에 의해 국가권력을 통제하고 자의적인 지배를 배격한다. 법의 지배(rule of law)는 법에 의한 지배(rule by law)와는 명백히 구별된다. 법의 지배는 최고 통치자도 법 위에 서지 못한다는 점에서 최고 권력자가 법을 도구로 사용하는 법에 의한 지배와는 전혀 다르다. 민주국가에서 법치는 흔들림 없는 원칙이다. 차별 없이 법이 집행되고 적용되는 사회가 공정한 법치 사회다. 법의 집행과 적용과정에서 부정부패나 인연주의로 오염되지 않는 판결이 지배하는 사회가 공정한 법치 사회다.

문재인 정부는 공정과 법치에 대한 여러 정책을 추진했지만, 국민은 불공정이라는 평가를 내렸다. 공정에 대한 사회적 합의가 이뤄지지 않은 상태에서 진영의 생각과 기준을 보편타당한 공정의 정의라고 밀어붙였기 때문이다.

인수위가 해야 할 일은 윤석열 정부의 '공정이란 무엇인가?', '법치란 무엇인가?'에 대한 사회적 합의를 도출하는 일이다. 그래야만 대학입시나 취업에서의 불공정이 사라진다. 사회갈등을 해소하기 위한 공정한 사회를 만들겠다는 구체적 실행 계획을 제시해야 한다.

둘째, 미래 먹거리 확보다. 미래 먹거리는 양질의 일자리 확보와 직결된다. 청년들은 취업난에 시달리고 있다. 일자리는 산업구조가 변화하면서 새로 생기기도 하고 사라지기도 한다. 기술이 발전하면 산업도 따라서 번창하고 일자리도 변화한다. 이제는 IT 시대를 넘어 AI와 빅데이터 산업에 새로운 일자리가 있다. 미래 일자린 60%는 아직 나타나지도 않았다.

디지털 트랜스포메이션(Digital Transformation) 시대의 산업 구조는 물론이고 고용구조에도 많은 변화를 가져온다. 청년들이 원하는 양질의 일자리 창출은 바로 AI+X 산업에 있다. 디지털은 빅데이터 AI와 같은 소프트웨어부터 반도체 같은 하드웨어 분야까지 양질의 일자리를 창출한다.

2030년은 데이터 경제, 2040년은 바이오 경제, 2050년은 우주 경제 시대다. 미래 일자리는 바로 여기에서 창출된다.

인수위가 해야 할 일은 AI 혁명을 선도하며 새로운 미래 먹거리, 미래 일자리 기반을 만드는 것이다. 대한민국 청년에게 꿈과 희망을 줄 수 있는 'ABCDE' 산업 육성 정책을 만들어야 한다. 대한민국이 'AI 강국'으로 도약하기 위한 ABCDE 산업이란 항공우주(Aerospace), 바이오(BioTech), 문화(Culture), 디지털(Digital), 에너지(Energy) 산업이다.

셋째, 지역 균형 발전이다. 국가균형발전이란 지역 간 발전의 기회균등을 촉진하고 지역의 자립적 발전 역량을 증진함으로써 삶의 질을 향상하고 지속 가능한 발전을 도모하여 전국이 개성 있게 골고루 잘사는 사회를 구현하는 것이다.

수도권의 집중 폐해는 재론할 필요도 없다. 우리나라 인구의 도시 집중화는 세계에서 가장 높은 90% 이상이다. 전체 국토 면적의 11.8%에 불과한 수도권에 인구 50%, 전국 소득 55.6%를 차지하고 있다. 국토 면적의 0.6%인 서울에 18.8%의 인구가 살고 있고, 전국 339개 대학 중 34.2% 116개 대학이 수도권에 몰려 있으니 서울의 주택은 항상 부족하고 가격은 상승한다. 지역 균형 발전만이 살길이다.

인수위가 해야 할 일은 수도권과 비수도권의 상생발전, 중앙 행정부와 지방 행정부 간 협력 시스템 구축, 전국 5개 메가시티와 2개 특별자치제로 개편, 지방분권제 확립, 세종시 행정수도 지정 등 지역 균형 발전을 위한 구체적 정책 제시다. 또한 지역 균형 발전의 실패가 저출생 현상을 더욱 심화시킨 근본적인 원인을 파악해 대안을 마련해야 한다.

넷째, 지속가능성이다. 지속가능성(sustainability)이란 어떠한 과정이나 상태를 지속해서 유지할 수 있는 능력을 말한다. 지속가능성은 여러 분야에서 활용되는 용어다. 생태학적, 환경학적, 경제학적, 사회학적, 국가운영 등 다양한 분야에서 대두되고 있다.

구체적으로 지속가능성은 미래 세대의 필요를 충족시킬 가능성을 보존하면서 현세대의 필요를 충족시키는 개발로 정의한다.

지속 가능한 발전이란 자원을 이용할 때 환경적으로 책임을 지고 사회적으로는 공정하며 지역사회에는 경제적 이익을 주는 방법으로 발전시킨다는 말이다. 또한 미래 세대의 이용 가능성을 훼손시키지 않는다는 것을 의미한다.

중요한 이유는 우리가 사용하는 환경과 생태계 또는 공공으로 이용하는 자원을 미래도 계속해서 사용할 수 있게 하려는 노력의 일환이다. 기업도 경제적, 환경적, 사회적 이슈들을 고루 살펴 경영의 지속가능성을 추구해야 한다.

인수위가 해야 할 일은 우리가 누리고 있는 자연을 미래 세대에게 건강한 상태로 물려줄 수 있도록 탄소중립 2050을 실현할 수 있게 수정해야 한다. 기업이 지속 경영이 가능하도록 사회 책임 경영, 윤리 경영 등을 포함하는 규범을 만들어야 한다. 우리나라는 OECD 국가 중 부채증가 속도가 1위로 재정건전성이 급격히 악화하고 연금개혁도 지연되고 있다. 재정건전성 확보와 국가 부채, 공공 개혁에 대한 추진 계획을 내놔야 한다.

마지막으로 국민 통합이다. 국민 통합이란 하나가 되자는 것이 아니라 다양성이 민주적으로 공존하는 상태로 존재한다는 것을 인정하는 것이다. 국민 통합이란 고정된 상태가 아니라 끊임없이 새로운 밸런스를 찾아가는 상태라 할 수 있다. 핵심은 갈등 해소에 대한 제도 마련이다. 다양한 가치와 의견을 수렴하는 소통창구가 필요하다. 청와대, 국회, 정당 등 정치개혁 없이는 국민 통합이 불가능하다.

민주화 이후 김영삼, 김대중에 이어 노무현 대통령은 '국민대통합연석회의'를 만들어 노사갈등 해소를 포함한 폭넓은 분야의 과제를 다뤘다. 이명박 대통령은 '사회통합위원회'를 구성해 당면한 사회갈등 문제와 국가 비전을 담당했다. 박근혜 대통령은 '국민대통합위원회'를 대통령 자문기구로 출범시켰다. 문재인 대통령은 국민 통합을 다루는 전문위원회는 두지 않았으나 사회갈등 해소와 국민 통합 의제를 다양한 조직에 맡겼다.

역대 대통령은 모두 국민 통합을 외쳤다. 하지만 모두 국민 통합은 성공하시 못했다. 그 이유는 위원회 구성과 활동에 정치적 의도가 숨어있지 않느냐는 의구심이 많아서다. 상대방 세력을 흡수하려는 정치적 조직이 아닌가 하는 경계심도 높아 성과를 제대로 낼 수 없었다.

국민 통합을 성공하기 위해선 협치(協治), 개혁(改革), 실천(實踐), 신뢰(信賴), 이념 탈피(脫皮), 갈등 해소(解消), 포용(包容), 메타싱킹(Meta Thinking)이 중요하다. 역대 정부 모두 제대로 성과를 내지 못했던 국민 통합이란 국정 과제를 새 정부는 성공해야 한다.

인수위가 해야 할 일은 국민 통합 개념이 무엇인가를 정립하는 것이다. 국민 통합이란 도대체 어떤 상황을 말하는 것인지 통합의 목표와 대상, 이슈 등을 명확히 정의하고 거기에 맞춰 국민 통합 추진 계획을 세우는 것이다. 또한 미·러, 미·중의 패권전쟁 틈바구니에서 어떻게 생존할 것인지 국가운영 비전을 만들어야 한다.

한국경제 미래 먹거리를 확보하고 미래 세대에게 꿈과 희망을 듬뿍 주며 대한민국을 AI 강국으로 도약시키는 초석을 다지는 대통령직인수위원회가 되기를 기대한다. (2022.03.14.)

디지털 대전환 시대의
일자리 창출

헌법 32조 국민은 근로의 권리와 의무를 가진다. 일할 자유, 일하고 싶은 의사와 능력이 있지만, 일자리를 구하지 못한 모든 사람에게 일자리를 제공해야 한다는 의미다. 일자리는 경제의 근간이고 생산의 핵심이며 소비의 원천이다. 일자리 제공은 정부의 책무이며 시대적 사명이다. 일자리는 국민의 권리다. 국민이 행복해지려면 일자리가 넘쳐야 한다.

청년실업은 사회에 기여할 수 있는 기회가 없다는 것을 뜻한다. 이는 미래의 국가경쟁력과 직결된다. 청년 일자리를 많이 만들어야 국가 경쟁력이 향상된다. 일할 의사와 능력이 있는 청년에게 일자리를 제공하는 것이 디지털 사회안전망 구축이다.

일자리 정책에서 성공한 역대 정부는 없다. 이유는 명확하다. 첫째, 과거에 실패한 정책을 그때 경제 상황에 맞게 조금씩 변경해 일자리 정책을 추진했다. 둘째, 청년이 원하는 일자리가 아니라 세금으로 만드는 일시적 파트타임에 몰두했다. 셋째, 단기 노인 일자리 양산에 집중했다.

넷째, 중소기업 취직 지원에 예산을 투입하고 시간에 쫓겨 급조

된 정책을 강압적으로 추진했다. 다섯째, 정책 발표만 중점을 뒀다. 아무리 좋은 정책도 지속적으로 추진해야 성과를 낼 수 있다.

여섯째, 통계 수치와 숫자 챙기기에 급급했다.

일곱째, 복지 일자리 만들기에 매달렸다. 신산업 육성을 통한 일자리 창출보다는 기존 방식대로 손쉽고 정책 리스크가 적은 복지 일자리 만들기에 치중했다.

마지막으로 5년마다 바뀌는 정권의 한계다. 경제 상황 변화에 따라 달라지는 고용정책, 임기 내 가시적 성과를 내기 위한 조급성과 일관성 부족 등으로 일자리 정책의 실효성이 떨어졌다.

그렇다면 양질의 일자리 창출을 어떻게 해야 할까.

첫째, 정책 방향이다. 일자리 예산을 늘린다고 양질의 일자리가 만들어지지 않는다. 신산업에 의한 일자리 창출 정책을 추진해야 한다. 일자리 창출의 목표 달성을 위해선 숫자 제시가 아니라 방향이 중요하다. 미래 산업에 선택과 집중해야 한다. 성과를 내기 위해선 지속적인 투자와 노동정책이 맞물려 추진해야 한다.

둘째, 정부의 역할이다. 중앙정부는 재정적 부담과 시장의 노동력 수급에 대한 일종의 조정자다. 정부는 기업 하기 좋은 환경을 구축하는 데 주력해야 한다. 신산업을 시작할 수 있도록 과감히 규제를 걷어내고 M&A 시장도 개방해야 선순환 프로세스가 작동된다.

셋째, 일거리 정책이다. 세대별 맞춤형 일거리 정책을 추진해야 한다. 청년, 중장년, 은퇴자, 노인 등으로 구분해 그에 맞는 일거리를 발주해야 한다. 그 일거리를 중심으로 일자리를 만들어야 지속 가능한 일자리를 창출할 수 있다.

그 중심에 중장년 일자리가 있다. 이들이 자리를 잡으면 아래로 청년, 중간에 중장년층이 지탱해주고, 위로는 노인 일자리를 견인하는 역할을 한다.

넷째, 직업·평생교육 활성화다. 기술 트렌드 변화에 따른 신산업 출현에 맞는 재교육을 통해 기업이 원하는 인재를 육성해야 한다. 미래 직업에 맞춰 사전 교육을 통해 재취업을 알선하면 고용에 대한 불안을 없앨 수 있다.

AI시대는 에듀테크(EduTech) 시장의 급성장과 함께 직업교육의 디지털 노마드 시대에 접어들었다. AI시대의 일자리 형태에 맞춰 직업훈련도 혁신해야 한다. 정부와 민간, 학교가 협업 시스템을 구축하면 직업교육을 효율적으로 할 수 있다

기술발전이 빠르게 진행되면 산업 간, 기업 간 구조 조정은 더 활발해진다. 이에 대비하기 위해 평생교육이 필요하다. 평생교육은 신시장 개척, 근로 인구 확대뿐 아니라 디지털 대전환 시대에 대응할 수 있다. 평생 교육은 디지털 사회에 생존하기 위한 선택이 아니라 필수다.

다섯째, 기업의 역할이다. 일자리 창출의 주체는 기업이다. 기업도 시대의 변화에 맞춰 필요한 인재를 육성하는 것이 중요하다. 기업은 일자리 창출능력(job creation capacity)을 높여야 한다. 양질의 일자리는 어디에 있나. 한국경제의 미래 일자리는 AI+X 산업에 있다.

글로벌 경쟁력이 있어야 살아남는 시대다. 글로벌 기업과 경쟁할 수 있는 기업은 대기업이다. 글로벌 거대 기업과 경쟁할 수 있는 대기업이 앞장서 일자리를 만들어야 한다. 투자와 생산, 고용 시스템이 선순환돼야 양질의 일자리가 창출된다.

벤처와 대기업이 유기적 관계를 구축해 글로벌 시장으로 진출

해야 한다. 대기업은 국내외 투자연계와 마케팅 네트워킹을 지원하고 벤처는 창의적인 아이디어로 사업화 모델을 제공하면 된다. 대기업의 플랫폼에 벤처의 아이템을 올리면 글로벌 경쟁력을 갖게 된다.

마지막으로 일자리 넘치는 대한민국을 만들어야 한다. 목표는 '일자리 넘치는 Jobs Korea'다. 우리는 서구 열강보다 100년 늦게 산업화에 뛰어들었지만 '한강의 기적'을 일궈냈고, 인터넷 시대는 'IT 강국'으로 우뚝 선 경험이 있다.

AI시대 세계는 빠르게 변한다. 지금 세계는 AI 기술 패권 다툼 중이다. AI 혁명의 물결에 올라타야 'AI 강국' 도약이 가능하다. 지속 가능한 양질의 일자리 창출에 성공한 최초의 정부가 되길 기대한다. (2022.03.17.)

300만 개 일자리 창출 해법

지속 가능한 좋은 일자리 창출에 성공하는 최초의 정부가 되려면 당연히 이전 정부와는 다른 길을 걸어야 한다. 청년이 원하는 좋은 일자리를 늘리는 데 집중하고 경직된 고용 환경 등 구조적 문제를 혁신해야 성과를 낼 수 있다.

산업화 시대는 '한강의 기적'으로 제조업 일자리, 인터넷 시대는 IT 강국으로 ICT 일자리가 넘쳐났다. 바야흐로 AI 혁명 시대의 좋은 일자리는 어디에 있을까. 제조업을 비롯한 모든 산업과 융합하는 AI+X 산업에 있다.

산업화 시대는 산업공단, IT 시대는 테크노밸리가 일자리 창출을 견인했다. AI시대는 AI 생태계 허브가 일자리 창출 바통을 이어받아야 한다. 강력한 AI 산업 생태계 없이는 일자리 창출은 불가능하다.

현재 우리는 AI 선진국에 비해 AI 산업 생태계가 구축되어 있지 않은 상황이다. 글로벌 거대 기업(GAMAM. 구글·아마존·메타·애플·MS)은 강력한 AI 산업 생태계가 있기에 좋은 일자리 생산기지로서 역할을 수행하고 있다.

대기업을 중심으로 AI 사업이 추진되고 있으나 AI 산업을 견인할 AI 생태계 조성은 정부가 나서야 한다. 좋은 일자리 300만 개 창출을 할 수 있는 해법은 무엇일까.

첫째, 1단계 100만 개 창출(2022년)이다. '180일 100만 개 일자리 창출' 프로젝트 첫 단추를 잘 끼어야 한다. 새 정부의 일자리 정책은 집권 후 6개월 이내에 어떻게 추진하느냐에 따라 성공 여부가 결정된다. 예산 조정과 프로젝트 선정 및 발주 2달, 3달은 추진, 마지막 1달은 성과 내기다.

현실적으로 실현 가능한 방안은 기존 국가사업 추진에 청년 의무고용제 시행으로 40만 개, 인지 재활지도자 양성 40만 개, AI 창업·창직으로 20만 개 창출이 실현 가능하다.

청년에게 신산업과 신기술에 참여할 기회를 주는 일거리 프로젝트 선정이 무엇보다 중요하다. 프로젝트 수행 경험을 바탕으로 다른 일자리로 전환할 수 있는 '청년 AI 일자리 매칭 시스템'을 만들어야 한다.

둘째, 2단계 100만 개 창출(2023년~2024년)이다. AI 관련 정부의 R&D 지원사업의 목표를 일자리 창출로 정해야 한다. 정부가 과제 및 프로젝트를 발주할 때 금액에 따라 몇 명 고용할 것인지 평가 항목에 넣어야 한다.

350개의 공공기관과 1,227개의 유관 단체 전부를 '범국가 일거리 만들기' 종합 프로젝트 추진에 적극 활용해야 한다. 공공기관이 프로젝트의 최종 목표는 창업이다.

학교는 담당 교수와 조교, 학생 5명이 한 팀으로 구성하고, 공공기관 연구소 박사 인력이 지원한다. 해당 분야에서 퇴직한 시니어는 시장 분석과 마케팅 전략, 자금 계획 등을 세워 지원하는 협력 시스템 구성이 시급하다.

대략 2~3년의 과제 수행 기간 투입된 인원을 차기 프로젝트에 연계되면 4~5년 정도 수행 경험을 쌓게 된다. 5년 경험이면 해당 직종에서 창직할 수 있는 최소 여건인 기술과 인맥을 쌓을 수 있다.

이렇게 프로젝트가 끝나고 나면 창업을 할 수 있다. 정부가 펀드를 통해 자금을 지원하거나 투자 회사와 연계해주면 성공 확률은 높아진다. 'K-AI 창직 지원 시스템' 구축으로 100만 개 일자리 창출이 가능하다.

셋째, 3단계 100만 개 창출(2025년~2026년)이다. 집권 3년 동안 성장 한계에 직면한 하드웨어 제조업 중심 산업을 소프트웨어의 AI+X 산업으로 전환하는 과정에서 성과가 나오는 첫해다. 디지털 대전환 과정에서 새로운 일자리가 수없이 창출된다.

플랫폼 협동조합 일자리 창출 시스템을 만드는 과정에서 좋은 일자리 창출이 가능하다. 협동 고용은 주로 간호 분야, 청소, 스마트 시티, 그리고 최근에는 농업 분야를 중심으로 활발하게 일어나고 있다. 장애인 취업 지원사업, 보육, 물류 등 다양한 분야에서 일자리를 창출된다.

2030세대가 원하는 지속 가능한 좋은 일자리 창출 해법은 협동 노동에 있다. 협동 노동이 청년 세대에게 퍼져나갈 때 새로운 좋은 일자리가 폭발적으로 늘어난다. 지난 3년간 직업 전환 훈련 성과를 낼 수 있기에 분야별 산업에서 100만 개의 좋은 일자리 창출이 실현가능하다.

마지막으로 '일자리 제공 AI 시스템' 구축이다. 개개인의 직업 교육 이수와 커리어를 관리하고 빅데이터 분석으로 맞춤형 일자리를 매칭하는 서비스를 제공해야 한다. 중소기업이 일자리 창출의 핵심이고 미래 기술을 리드할 수 있도록 정책을 수립하고 실현하는 것이 중요하다.

한국의 직업 종류는 총 1만 6,891개로 지난 8년간 5,236개 늘었다. 새로이 생긴 직종은 4차 산업혁명 등 기술의 발전, 고령화와 인구 변화에 따라 다양한 직종이 탄생했다. 하지만 서비스업과 첨단 산업이 발달한 미국의 1/3 수준이고 일본보다 대략 5,000개나 적다.

AI는 모든 분야와 융합이 가능하다. AI+X 시대에 무한히 많은 새로운 직종을 만들어 낼 수 있다는 의미다. 새로운 직종이 생기면 수많은 일자리가 창출된다. 미래는 AI와 디지털을 융합한 역량이 새로운 직업을 만들어 낸다. 미래 직업은 현재 60%도 나타나지 않았다.

새 정부가 300만 개 지속 가능한 일자리 창출로 청년에게 꿈과 희망을 주는 최초의 정부가 되길 기대한다. 한국경제의 재도약을 위해선 'AI 강국'만이 유일한 해법이다. (2022.03.18.)

청와대 이전에 대한 해법

2022년 3월 국제정세는 혼돈 속으로 빠져들고 있다. 러시아의 우크라이나 침공으로 유가·광물·곡물 같은 모든 원자재 가격이 폭등하고 있다. 미·중의 기술 패권 다툼 경쟁 심화로 세계 경제 질서가 크게 흔들리고 있는 형국이다.

오미크론 확진자 세계 1위, 북한의 미사일 도발, 국제 공급망 개편, 자국 중심주의 등 대응할 현안이 차고 넘친다. 윤석열 대통령 당선인 앞에 켜켜이 쌓인 현안은 절대 만만치 않다는 얘기다.

대내외 상황이 그 어느 때보다 엄중하다. 디지털 대전환과 AI 혁명의 쓰나미가 몰려오고 있다. 대한민국호(號) 5년의 운명을 좌우할 대통령선거가 끝나자마자 국정 현안은 온데간데없고 청와대 이전 문제가 엄청난 갑론을박 대상이다.

세계에서 대통령 집무실 이전에 대해 이렇게 전 국민의 관심을 끄는 예는 없다. 한국경제는 전 세계 191개국 가운데 10위에 해당하는 규모다. 전 세계가 지켜보고 있다. 경제 위기 상황에서 국정 현안 1순위가 청와대 이전인가.

더 이상 머뭇거릴 시간이 없다. 인수위는 한국경제 미래 먹거리 확보에 초점을 맞춰 향후 5년의 국정운영 로드맵을 세워야 한다. 청와대 이전은 급히 서두르지 말고 시간을 갖고 치밀한 계획을 세워 추진해야 한다.

그렇다면 청와대 이전에 대한 해법은 무엇일까.

첫째, 명분(名分)이다. 이전의 명분으로 국민과 소통(疏通)을 내세웠다. 대통령의 진정한 소통이란 변화하는 국제정세와 여론을 제대로 파악하고 이를 적절히 수용해 국가발전의 에너지로 활용하는 것이다. 성공하는 대통령은 참신한 인사와 정책으로 국민과 소통한다.

미래비전과 시대에 맞는 올바른 국정운영 방향을 제시해 국민을 설득하고 국민 통합을 이루는 것이 진정한 소통이다. 간간이 시장을 방문해 밥을 먹고 길가에서 마주친 시민과 사진 찍으며 SNS를 통해 시민들과 소소한 일상을 공유한다고 소통되는 것은 아니다.

소통의 달인 오바마 전 미국 대통령은 야당 의원과 직접 소통했다. 적대감을 보이는 공화당 의원들과 수시로 식사를 함께하며 자신의 정책에 관해 설명하고 협조와 도움을 요청했다. 수시로 기자회견을 통해 국민께 국가 비전과 미국의 나아갈 방향을 제시했다.

둘째, 풍수(風水)다. 풍수는 장풍득수(藏風得水)의 줄인 말로 바람을 감추고 물을 얻는다는 뜻이다. 사람이 땅에서 살면서 좋은 기운이 느껴지는 곳을 찾는 데서 유래했다. 생기가 감도는 터는 개인이나 사회의 발전에 도움이 된다는 믿음에 명당을 구하고자 하는 것이 풍수의 기원이다.

예전부터 많은 풍수가 사이에서 청와대의 터가 좋지 않다는 말이 많았다. 대통령 관저가 풍수상 불길해 옮겨야 한다는 주장이 있었던 것도 사실이다.

"경복궁 북쪽은 신령의 강림지이고 남쪽은 사람들의 거주처다. 북악산이 바위가 많아 살기(殺氣)가 강해 이를 청와대가 온몸으로 맞고 있어 좋지 않다. 조선시대 후궁들의 거처로 한(恨)이 서려 있다. 역대 대통령의 말로가 순탄치 않았다."

청와대 풍수가 좋지 않다는 얘기는 국민도 한 번쯤은 다 들은 얘기다. 이참에 공식적으로 풍수 전문가들에게 공개적으로 조언을 구하는 것은 어떨까. 정말로 터가 좋지 않다면 집무실과 관저를 옮겨야 한다. 청와대 터는 국민에게 돌려주면 외국인이 찾는 서울의 관광명소가 된다.

조선의 설계자 정도전은 한양이 3가지 풍수 위험에 노출돼 비보(보완, 補完)를 썼다. 관악산의 화기(火氣)를 누르려고 겹겹이 풍수적으로 보충했다. 문제는 이전 시기다. 취임식까지 얼마 남지 않은 기간에 가장 효율적인 대안을 찾아야 한다.

풍수 전문가의 컨설팅을 받아 우선 비보를 써보는 것은 어떨까. 청와대 터에도 명당이 있다는 소문이 있다. 우선 명당으로 옮기고 청와대 이전은 시간을 갖고 촘촘히 준비하는 것이 효율적이지 않을까.

셋째, 안보(安保)다. 지난 16일 북한이 4년 만에 대륙간탄도미사일(ICBM)을 발사했다. 1월에만 탄도미사일 6차례, 순항미사일 1차례 등 총 7차례의 미사일 발사를 감행한 바 있다. 올해 들어 10번째 미사일 도발이다.

다가오는 4월 15일 태양절과 5월 새 정부 출범 전후로 미국 전역을 사정권으로 하는 ICBM 발사와 핵실험까지 동시 도발에 대해 국방부는 대응책을 세우고 있을까. 아니면 이전 준비를 하고 있을까.

이런 엄중한 시기에 국방부를 이전시키고 청와대가 들어가겠다는 것은 시기상으로 적절하지 않다. 대통령 취임 선서에 "나는 헌법을 준수하고 국가를 보위하며 조국의 평화적 통일과 국민의 자유와 복리의 증진 및 민족문화의 창달에 노력하여 대통령으로서의 직책을 성실히 수행할 것을 국민 앞에 엄숙히 선서합니다."에도 어긋난다.

대통령의 가장 중요한 책무는 국민의 생명과 재산을 지키는 것이다. 국방부 이전은 다각적 복합적 요인을 전부 검토한 후 결정해야 국민이 동의할 것이다. 서두르면 일을 그르치기 쉽다.

우리는 미국이 아니다. 대통령 집무실을 볼 수 있는 한국의 백악관은 현실과 동떨어진 얘기다. 백악관 담장 넘어서 대통령 집무실을 볼 수 없다. 설사 추진해도 몇 년 걸린다. 정권교체를 염원한 민의를 곱씹어봐야 한다.

마지막으로 국정 과제다. 국정 현안의 우선순위 선정이 중요하다. 대통령 집무실 이전은 졸속으로 추진돼서는 안 된다. 일반 서민도 이사하려면 몇 달에 걸쳐 집을 보고 학교, 직장, 교통, 상권 등을 검토한 뒤 결정한다. 하다못해 집 인테리어를 바꿔도 2달 이상 걸린다. 하물며 이전 용지, 비용 확보를 위한 국가재정법도 검토 없이 추진하면 곤란하다. 모든 일에 있어서 조급히 결정해서는 탈이 난다.

지금이 어떠한 시기인가. 오미크론 감염자가 세계 1위이고 위중증 환자와 사망자가 폭증하고 있다. 코로나19가 언제 끝날 것인지 알 수도 없다. 국내외 경제위기가 심화하고 있다. 코로나 대책 등 민생을 살리고 안보가 국정 과제 1순위가 돼야 한다.

세계 경제는 인플레이션을 넘어 스태그플레이션 국면에 접어들었다. 엄중한 상황에 대통령 집무실 이전의 이슈가 모든 국정 현안을 삼켜버린 형국이다. 청와대 이전이 가장 첫 번째 국정 과제로 삼는 점에 대해 우려하지 않을 수 없다.

　청와대의 하드웨어 이전이 중요한 것이 아니라 그동안 청와대에 집중된 권력을 일선 부처에 돌려주는 '시스템 개혁'이 먼저다. 한국식 '일하는 대통령실' 실현은 현장 경험 있는 전문가를 적재적소에 배치해 성과를 낼 때 실현된다.

　문 정부의 '소득주도성장', 부동산 정책 실패는 탁상공론에 능한 폴리페서 교수가 입안한 것을 반면교사로 삼아야 한다.

　지금은 청와대 이전보다 민생문제 해결이 더 시급하다. 청와대를 이전하더라도 꼼꼼하게 검토 후 추진해야 성공할 수 있다. 장소만 옮긴다고 제왕적 대통령의 불통이 없어지지 않는다.

　지금 필요한 것은 '일방통행', '졸속 추진' 등의 비판을 잠재우고 절차적 정당성을 확보하는 것이다. 광화문 집무실의 취지를 최대한 살리는 현실적 방안을 선택하길 기대한다. (2022.03.18.)

50조 손실보상금 지급 해법

윤석열 당선인은 오늘 5월 취임 후 100일간 '코로나 긴급 구조 프로그램'을 시행해 소상공인·자영업자 등에 대한 지원에 나서겠다고 약속했다. 대통령이 되면 즉시 기존 정부안인 방역지원금 300만 원과는 별개로 600만 원을 추가에 최대 1,000만 원을 지원하겠다고 공약집에 담았다.

또 50조 이상의 재정 자금을 확보해 정당하고 온전한 손실 보상을 하겠다고 공약했다. 소상공인·자영업자·중소기업의 기존 대출금 만기를 연장하고. 세금 공과금·임대료·인건비 등에 관한 세제 지원에도 나서겠다고 했다.

소액 채무 원금을 90%까지 감면해주는 방식의 긴급 구제식 채무 재조정도 공약했다. 규제 강도와 피해를 정도를 따져 소상공인에게 최대 5,000만 원을 지원하고, 국세청·지방자치단체가 보유한 행정자료를 근거로 지원액의 절반을 먼저 보장하겠다고 약속했다.

50조 원의 재정지원으로 코로나19 피해 소상공인·자영업자를 살리겠다는 공약이 곧 시험대에 선다. 우선 50조 원 재정 확보의 걸림돌을 풀어야 한다.

첫째, 고(高)물가·고(高)금리다. 3월 소비자 물가 상승률이 4%라는 전망이 심심치 않게 나오고 있다. 2차 추경에 따른 대규모 유동성이 풀리면 물가 상승 압력은 더욱 커질 수밖에 없다. 인플레이션은 소비를 위축하고 경기 침체를 유발해 스태그플레이션으로 악화할 가능성이 크다.

한은은 올 1월에도 기준금리를 0.25% 올린 바 있다. 물가 급등세를 이유로 이미 추가 금리 인상을 예고한 상태다. 시중에 풀린 돈을 회수하려는 한국은행의 통화정책과 상반된 조치로 통화·재정이 상충하면서 물가는 오르고 대출이자 부담도 커지는 최악의 상황이 벌어지는 것은 막아야 한다.

둘째, 재정 악화다. 재원 마련 방법과 방향에 대해 재정 건전성의 급격한 악화를 지양해야 한다고 강조했다. 사상 처음으로 연초에 11조 3,000억 원의 적자국채를 발행했다. 2차 추경으로 50조 원을 편성한다면 국채를 추가 발행해야 한다. 이 경우 국가채무는 1,075조 7,000억 원보다 더 증가해 국가 신용도에 악영향을 미친다.

셋째, 지출 구조조정이다. 국채를 발행하지 않고 올해 예산을 구조조정하고 재난지원금, 소비 쿠폰·캐시백 같은 무리한 경기부양, 한국형 뉴딜의 비효율적 예산 지출을 줄여 마련하겠다고 여러 차례 공언했다.

정부의 올해 예산은 607조 7,000억 원이다. 이 가운데 절반이 의무지출과 복지 분야에 지출된다. 나머지 300조 원의 17%에 달하는 재원을 구조조정만으로 마련해야 하는데 지출이 이미 정해져 부작용이 우려된다.

상반기가 끝나면 남은 300조 원에서 이미 60%가 지출된다.

남은 예산 120조 원에서 41%를 지출구조조정한다는 것은 현실성이 떨어진다. 진행 중인 국가사업에 예산이 지원되지 않으면 그동안 투자한 금액이 모두 허사가 된다. 문 정부에서 신한울 3.4기 공사 중단으로 막대한 손실을 본 경험을 반면교사로 삼아야 한다.

넷째, 법리적 결함이다. 손실보상제는 구체적인 보상의 방법과 기준에 관련된 많은 쟁점이 잠재되어 있다. 기본 틀 정도만 법제화가 이루어지고 세부 시행지침에는 어떤 내용을 담아야 하는지 명확하지 않다.

법조문에 '방역 조치 준수로 인한 경영상 심각한 손실'에서 발생 여부와 손실 규모를 어떻게 판단할 것인지, '부담을 완화하기 위한 손실보상'에서 지급액을 어떻게 결정할 것인지에 대한 적정한 지표와 기준이 없다. 매출액 감소율을 1차 지표로, 영업이익 감소율을 2차 지표로 해야 한다. 업종단위별 영업이익 완전 잠식 매출 감소율 지표가 준비되어 있지 않다.

취임 100일 안에 그 많은 문제점을 해결하고 50조 손실보상금을 국가부채 증가 없이 신속하게 지급할 수 있을까.

디지털 화폐 시대는 AI와 블록체 기술을 활용해 손실보상금을 디지털화폐로 지급하면 재원 조달 문제를 해결할 수 있다. 국가부채 증가 없이 50조 손실보상금 문제를 해결할 수 있는 'AI와 블록체인 활용 자동 환수 시스템'을 제안한다.

첫째, 전제(前提)·역발상(逆發想)이다. 손실보상금을 가치저장, 투기 기능을 못 하게 하고 교환 기능만 작동하게 한다. 블록체인 기술을 활용한 디지털 화폐로 손실보상금을 지급하고 회전시켜 몇 배의 거래 시장을 만들어 경제를 활성화한다. 재원 문제를 풀기 위해서는 역발상이 필요하다. 선지급(先支給)하고 나중에 과세를 통해 후(後) 환수(還收)하면 된다.

둘째, 환수(還收) 이론(理論)이다. 그레고리 맨큐(Gregory Mankiw) 하버드대 교수는 일정 액수를 지급하고 모든 사람에게 소득세를 부과하면 된다고 주장한다. 일정 액수를 지급하면서 적절한 세율로 소득세를 걷을 수 있다는 논리에 근거하고 있다.

'화폐 수요이론' 활용이다. 예일대 교수 어빙 피셔(Irving Fisher)의 교환 방정식 소득 모형(MV=PT)은 종이돈 시대의 화폐 수량설(Quantity Theory of Money)이다. M은 통화량, V는 화폐 유통 속도, P는 물가, T는 거래 총량이다. 지폐 시대는 V를 조절할 수 없었다. 하지만 디지털 화폐 시대는 AI와 블록체인 기술을 활용해 화폐 유통 속도 V를 조절할 수 있다.

블록체인 기술을 이용해 'K-Coin'을 발행하면 코인 추적이 가능해 환수가 가능하다. 코인이 시장에서 5번 돌면 소득이 5배 증가하고 경제를 5배 활성화할 수 있다. 사전에 재원 마련 없이 손실 보상금을 지급할 수 있다는 뜻이다.

셋째, 추진(推進)이다. 조직은 '소상공인·자영업자 손실보상금 추진본부'(가칭)을 신설한다. 본부장은 장관급이 맡고 부단장, 총괄 관리자, 모바일, 금융, 세무, 홍보, 정부팀장 등으로 소수 정예 30명 이내로 구성한다.

금융팀장은 은행의 가장 계좌 개설, 모바일 팀장은 모바일 경제 방식과 연계, 조세팀장은 세금 정산, 홍보팀장은 대국민 홍보, 정무팀장은 당·정·청 협력이다.

마지막으로 지급(支給)이다. 일본은 코로나19 불황에도 문을 닫는 점포들이 되레 감소하고 있다는 지표가 발표돼 이목을 사로잡고 있다. 정부에서 지급한 보조금과 협력 지원금의 효과가 나타난 것으로 해석된다. 일본 정부는 2020년부터 총 3번에 걸쳐 코로나 경기대책과 추가경정예산 1,000조 원이 넘는 본예산을 매년 편성했다.

음식업 자영업자 기준으로 지난 2년간 받은 협력 지원금은 4억 5천만 원 정도다. 코로나 긴급사태 선언 기간 하루 6만 엔(62만 원)씩 한 달간 180만 엔(1,870만 원)을 수개월 간 받았고, 점포 월세 지원금을 별도로 받았다. 엔화의 힘, 재정의 힘을 발휘한 것이다.

이에 비해 한국의 소상공인·자영업자들은 죽을 지경이다. 파산으로 내몰리고 있는 실정이다. 국가부채 증가 없이 50조 원 손실보상금을 소상공인·자영업자에게 조속한 시일 내에 지급하길 바란다. 문제의 답은 현장에 있다. (2022.03.19.)

대선공약 이행에 쏟아부을 돈

대선공약(大選公約)이란 대통령선거 때 정당이나 입후보자가 유권자를 향해 제시하는 공적(公的) 약속이다. 유권자들은 공약을 보고 선택하기보다는 정당과 지역에 얽매여 투표하는 경향이 많다.

공약이란 후보로서는 자신의 비전과 정책 목표를 제시하는 중요한 수단이다. 후보의 역량을 객관적으로 평가할 수 있는 것이 공약이다. 대선공약은 한국경제를 발전시키기는커녕 오히려 갈등만 조장하는 경우가 많다.

지금까지 대선공약의 문제점은 무엇일까.

첫째, 후진성(後進性)이다. 경제·사회 전반에 대한 미치는 영향이나 재원 마련을 고려하지 않고 표만 된다면 무조건 남발하는 경향이 많았다. 복지 확대를 얘기하면서 세금을 줄이겠다는 앞뒤가 맞지 않는 공약, 실현 가능성이 없는 허황한 공약, 시장의 역효과를 생각하지 않는 부실 공약 등이 한국 대선판을 요란하게 장식했다.

둘째, 국민적 부담(負擔)이다. 민주화 이후 대선공약은 국토개발에 집착해 그것이 초래할 또 다른 국민적 부담을 경시했다. 당선되면 후보 때 제시한 공약 이행 관련해 막대한 사업 예산을 집행할 수 있는 명분을 확보했다고 보는 것이 문제다.

셋째, 막대한 비용(費用)이다. 대선공약은 엄청난 예산이 필요한 경우가 대부분이다. 하지만 많은 선거공약의 경우 국민의 삶을 개선하고 민생을 해결하는 것으로 보기가 어렵다. 세금이 막대하게 들어가는 선심성 공약의 경우는 국민의 입장에서 보면 민생에 아무 도움이 안 되는 경우가 허다하다.

넷째, 일방적(一方的)이다. 당선되면 공약에 대한 사전 동의를 얻었다고 우격다짐으로 밀어붙인다. 하지만 국민 다수가 그 공약에 대해 동의한 것은 아니다. 엄밀히 따지면 공약에 대한 예산 집행권까지 동의한 것은 아니다. 이러한 문제점을 바로 잡으려면 국회는 예산 심의를 제대로 하고 국민은 눈을 부릅뜨고 지켜봐야 한다.

다섯째, 초법적(超法的)이다. 공약 추진에 있어 헌법과 법률을 초월한 막강한 제왕적 영향력을 행사하는 것은 바람직하지 않다. 공약을 실행하기 위해서 기존의 법과 제도를 손질해야 한다. 그러한 경우는 반드시 국민 공감을 얻기 위한 공청회 등 제도적 절차를 지켜야만 한다.

여섯째, 집행(執行)이다. 공약 발표보다 추진이 더 어렵다. 공약이 성공하려면 실행 조직인 행정부의 역량을 제대로 활용해야 한다. 하지만 역대 대통령은 공약 실행의 손발이 될 행정부를 불신하고 뭐든지 지시만 내렸다. 이 와중에 청와대 입김은 점점 더 세지고 공무원들은 자리를 보전하려 눈치 보기에 바빴다.

그렇다면 어떻게 공약을 이행해야 성공할 수 있을까.

첫째. 국익(國益)이다. 후보 때는 국민의 표심을 잡기 위해 선심성 공약을 제시할 수 있지만, 당선 후에는 경제발전과 국민의 삶 개선을 위해 현실에 맞지 않는 공약을 바꿀 수 있는 용기와 결단이 필요하다. 실리가 우선이다.

둘째, 협치(協治)다. 공약 추진은 정부의 역량 수준에 맞춰 입안돼야 한다. 하지만 선거 유세 때는 미사여구의 화려한 문구로 홍보에 열을 올린다. 당선되면 야당을 무시하고 독단적으로 추진한다. 역대 정부에서 국회와 야당의 협력 없이 독단적으로 추진해서 성과를 낸 공약은 없다.

셋째, 미래(未來)다. 대선 공약은 대한민국의 미래 과제를 풀어내는 데 초점이 맞춰져야 한다. 공약은 현실의 다양한 현안과 미래 과제를 풀어내야 한다. 아무리 좋은 의도로 입안 되어도 예기치 못한 난관에 부딪히기도 하고 전혀 엉뚱한 결과가 나오기도 한다. 완벽하게 점검했어도 시시각각 변화하는 상황에 따라 치명적인 손실이 되기도 한다. 미래가 기준이 돼야 한다.

넷째, 현실성(現實性)이다. 윤석열 당선인이 내세운 주요 공약은 코로나 손실보상금 50조 원, 기초연금 인상 35조 4,000억원, 병사 월급 인상 25조 5,000억 원, 주택난 완화·주거복지 12조 1,000억 원, 농업직불금 확대 7조 7,000억 원, 부모 급여 7조 2,000억 원, 수도권광역급행철도(GTX) 5조 원, 국민안심지원제도 4조 원 등이다. 추진 가능한 공약을 선별해야 한다.

다섯째, 이행(履行)이다. 지역별 공약 119개는 제외하고도 국정 공약 200개 기준으로 266조 원 재원이 필요하다. 현실적 이행 가능한 공약을 선택해야 한다. 역대 정부 중 공약 이행률이 50%를 넘은 정부는 단 한 곳도 없다. 제대로 된 공약을 실행하는 능력을 갖춰야 한다. 그런 추진 능력은 선거 중에는 잘 보이지 않기에 확신시켜줘야 한다.

여섯째, 설득(說得)이다. 윤석열 당선인이 대통령 집무실을 용산으로 이전하겠다고 기자회견을 열었다. 기획재정부 추산 이전 비용인 496억 원과 추후 소요되는 예산에 대해 정확한 내역과 추진 과정을 소상히 밝혀야 한다. 구중궁궐 속 소통 부재를 타파하고자 청와대에서 나와 국민께 다 돌려 드리겠다는 진정성을 국민이 공감할 수 있도록 설득해야 한다.

마지막으로 집권(執權) 후(後)다. 당선보다 집권 후가 더 중요하다. 지금부터는 실적을 통해 평가받기 때문이다. 특히 경제성장, 일자리, 부동산 등에서 가시적인 성과를 보여줘야 한다.

새 정부 앞에 놓인 현안은 산더미다. 당선 후는 대통령 집무실의 원활한 이전, 집권 후는 100일 안에 50조 손실보상금 재원 조달 과제가 첫 시험대다.

국민이 직접 피부로 느낄 수 있는 실질적 성과를 내야 국정운영에 탄력이 붙는다. 현실 가능한 공약만을 촘촘히 제대로 선정, 추진해 민생 경제를 살려야 한다.

국민통합정부는 공약(公約)을 공약(空約)으로 만들지 않는 최초의 성공한 정부가 되기를 기대한다. (2022.03.20.)

Chapter 4.
새 정부에 바란다

정국 현안 해법

새 정부 출범까지 40일 남았다. 권력은 쟁취하는 것보다 성공적으로 통치하는 일이 더 중요하고도 어렵다. 새 정부 앞에 놓인 국정 현안은 역대 어느 정부보다 산적해 있다. 한 정권의 성패는 정권 출범 이전에 대부분 결정된다.

국민은 코로나19 극복, 경제 살리기, 일자리 창출을 원하고 있다. 지금부터 6개월 이내에 국민이 체감할 수 있는 실질적 성과를 내야 한다. 윤 당선인은 시급한 현안을 해결하고 미래비전과 좋은 일자리 창출 방안을 동시에 제시해야 한다.

그렇다면 현안에 대한 해법은 무엇인가.

코로나19 방역이다.

코로나19 팬데믹의 꼬리가 길어지고 있다. 코로나 확진자 숫자는 전 인구의 30%에 육박하고 하루 사망자는 500명까지 이른다. 오미크론 하위 변이인 BA.2, 일명 스텔스오미크론의 우세종이 출현해 단기간에 코로나가 종식되기 어려울 전망이다.

거리두기 방역과 영업 제한만으로 더 이상 코로나 확산을 막을 수 없다. 'K-방역'은 수명을 다했다. '위드(with) 코로나' 시대가 된 지 오래다. 방역에 올인한다고 종식할 수 없다는 게 증명되었다. 이미 국민은 각자도생의 길을 선택했다.

'뉴 K-방역'에 대한 해법을 제시한다. 첫째, 진단키트 원가 공급이다. 자가 진단 키트가 개당 6,000원으로 가격을 고정하는 '최고가격제'가 유지하고 있다. 제조사 원가 2,000원, 도매 납품가 3,500원, 소매 판매가 6,000원(4월 30일까지)으로 고정해 시민들의 살림에 주름살이 깊어지고 있다. 마스크 대란 때와 같은 방법으로 자기 진단 키트를 국민 개개인 당 일주일에 5개 10,000원(2500x5)에 약국에서 구매할 수 있게 해야 한다. 이러한 작은 일부터 변화하는 것이 국민을 위한 진정한 행정이다. 당장 시행하길 바란다.

둘째, 원격진료 산업 육성이다. 포스트 코로나 시대는 디지털 원격의료 분야가 신 성장 동력 산업으로서 국가 미래 먹거리의 핵심적 역할을 담당한다. 국민 건강을 지키기 위한 의료의 공공성 확립에도 기여하며 양질의 일자리도 창출할 수 있다. 코로나 과학 방역과 미래 성장 동력 산업 발전을 한꺼번에 달성할 수 있는 분야가 원격의료 산업이다. 미·중·일의 원격의료 산업은 우리보다 저만치 앞서 나가고 있다. 비대면으로 진료받은 건수가 400만 건에 육박한다. 한국경제 발전에 한 축을 이룰 수 있는 원격의료를 전면적으로 추진할 수 있는 절호의 기회다.

셋째, 디지털 헬스케어 산업에 투자다. 디지털 헬스케어 산업은 대표적 AI와 ICT 융·복합 산업이다. AI 디지털 헬스케어 산업은 성장 잠재력이 크다. IoT(Internet of Thing), Cloud 컴퓨팅, 빅데이터, 모바일이 응집한 ICBM 산업은 미래 먹거리의 핵심이다.

양질의 일자리를 창출하는데 파급력이 크다.

소상공인 50조 손실보상금 지급이다.

인수위는 새 정부 출범 후 2차 추경 편성하는 방향으로 가닥을 잡고 있다. 50조 원 대규모의 적자국채 발행량을 국고채 시장에서 소화할지 회의적인 시각이 많다. 더 큰 문제는 치솟고 있는 국채 금리다. 국채금리는 대출금리·시중금리와도 밀접히 연계된다.

글로벌 경제를 덮친 우크라이나발(發) 인플레이션 쓰나미가 몰려오고 있다. 유가 상승이 인플레이션을 가속화하고 있다. 물가 상승을 억제하기 위해 기준금리 추가 인상을 해야 하는 상황이다. 악화한 국가채무를 안정적으로 관리하는 것도 시급하다. 역대 최대 규모로 불어난 가계부채는 한국경제의 뇌관이 된 지 오래다. 2차 추경에 따른 대규모 유동성이 풀리면 물가 상승 압력은 더욱 커질 수밖에 없다. 인플레이션은 소비를 위축하고 경기 침체를 유발해 스태그플레이션으로 악화할 가능성이 크다.

국가부채 증가 없는 재원 조달 해법을 제시한다.

첫째, 뉴 지출구조 방식이다. 일반 가정에서도 갑자기 30% 생활비를 줄이면 온 가족이 고통이 따른다. 수학 학원을 가는 대신 에듀테크(EduTect) 교육으로 전환하면 학원비도 절약되고 학업 실력도 떨어지지 않게 된다. 마찬가지로 이미 정해진 지출구조를 갑자기 줄이면 여러 부작용이 발생 된다.

재원 조달 묘수는 이렇다. 일례로 환경사업에서 지출구조와 부가가치를 통해 123조 원의 재원을 국가부채 증가 없이 마련할 수 있다. 전국 1일 50만 톤의 쓰레기가 발생한다. 쓰레기 톤당 수거와 처리(분리, 건조, 재건조, 압축, 파쇄) 공정을 포함하면 대략 약

50만 원이 소요된다. 1일 50만 톤의 쓰레기를 간접 가열방식 열분해 가스화로 시스템을 활용하면 건조부터 절단까지 공정이 필요 없어 45조 6,250억 원(50만 톤×25만 원× 365일)이 절약된다. 쓰레기 표준열량에 한국전력의 전력 생산 단가를 곱하면 8,650억Kw×90원 하면 77조8,500억 원의 수입이 발생한다. 합하면 123조 4,750조 원 재원을 추경 없이 소상공인 손실보상금으로 지급할 수 있다.

둘째, 선(先)지급 후(後) 환수 알고리즘이다. 손실보상금을 가치저장, 투기 기능을 못하게 하고 교환 기능만 작동하게 해야 한다. 디지털 화폐로 손실보상금을 지급하고 회전시켜 몇 배의 거래 시장을 만들어 경제를 활성화할 수 있는 해법을 제시한다.

'K-Coin'을 발행하면 코인 추적이 가능해 환수가 쉽다. 코인이 시장에서 5번 돌면 소득이 5배 증가하고 경제를 5배 활성화할 수 있다. 사전에 재원 마련 없이 손실 보상금을 지급할 수 있다는 뜻이다.

셋째, 디지털 화폐 시대의 선점이다. 핀테크 기술 발전에 따라 디지털 화폐 시대가 개막됐다. 바이든 대통령은 미국 중앙은행이 발행하는 디지털화폐 CBDC 연구와 암호화폐 혁신 지원을 촉구하는 행정명령에 서명했다. 디지털 화폐의 제도화와 미국 CBDC인 디지털 달러 발행에 속도가 붙고 있다. 중국은 CBDC 디지털 위안화의 국내외 테스트를 이미 마치고 중국 주도의 국경 간 결제 시스 템 CIPS를 갖추고 있다. 러시아는 미국 주도의 국제은행간통신협회 SWIFT 결제망에서 축출됨에 따라 디지털 화폐를 활용한 국제 결제망 구축에 속도를 내고 있다. 손실보상금을 디지털 화폐로 지급해 강제로 몇 번 회전시키면 내수를 활성화 시킬 수 있다. 또한 핀테크 관련 양질의 일자리도 창출하고 디지털 화폐 CBDC 시장을 선도할 수 있다.

부동산 안정화다.

새 정부 출범을 앞두고 재건축 등의 규제 완화 기대가 커지면서 집값이 들썩이고 있다. 하락하던 전국 집값은 이미 보합세로 돌아섰다. 인수위 발 규제 완화 소식이 흘러나오면서 집값 상승 심리를 자극하고 있어서다. LTV(주택담보인정비율) 인하를 시사했다. 이 정도의 대책으로 부동산 시장이 안정될까. 해법을 제시한다.

첫째, 부동산 정책 실패의 본질이다. 왜 부동산 정책은 거듭 실패했을까? 정책 책임자가 부동산의 본질을 간과해서다. 부동산은 국민의 삶이고, 교육이며, 출산·결혼, 건강·복지, 재산증식, 일자리와 직결된다. 부동산은 경제이고 정치며 심리다. 부동산은 사회 양극화의 주범이고 불평등을 고조시킨다. 좋은 일자리와 밀접히 연관된다. 어느 정부든 부동산 정책은 반드시 성공해야 한다. 만약 실패한다면 바로 정권교체다. 부동산 정책은 하나의 정책이 아니라 종합 예술의 정책이다.

둘째, 강력한 카르텔을 무너뜨려야 한다. 수십 년간 이어온 건설 마피아, 관료, 정치인, 투기꾼들의 부동산 카르텔 청산 없이는 부동산을 잡을 수 없다. 수십 번의 대책을 내봤자 언 발에 오줌 누기, 코끼리 다리 만지기식 대책으로 끝난 것이다. 인구 변화나 글로벌 경제와 돈의 흐름을 보지 못하고 눈앞만 보고 방안을 만들기 때문에 매번 실패하는 것이다.

셋째, 프롭테크 산업 육성이다. 부동산 패러다임이 프롭테크

(PropTech) 주도의 시장 성장으로 바뀌고 있는 게 세계적 추세다. 대한민국 미래 홈 케어(K.F.H.C) 1가구 1주택 시스템을 정착시켜야 한다.

정책을 추진하기에 앞서 모든 정책은 국민을 위한 정책인지를 먼저 생각해야 한다. 그동안 땜질식 처방의 정책과 임기응변식 정책은 인제 그만 내놓아야 한다. 최소한 단기, 중기, 장기 정책 로드맵을 만들어 국가와 국민을 위한 정책을 추진해야 한다. 정책다움을 잃어버리면 실패한 정책이다. 정책이 정책다움을 잊지 않을 때 비로소 성과를 낼 수 있다.

정책책임자는 슈퍼급 인재여야 한다. 한 분야의 전문성으로는 감당하기 어렵다. 현장과 괴리된 폴리페서가 만든 탁상공론 채택은 실패의 지름길이다. 4차 산업과 AI 혁명 시대는 산업과 기술의 흐름을 읽고 미래를 내다보는 안목을 갖고 정책을 입안해야 한다. 새 정부의 정책은 차기 정부에서도 이어갈 수 있도록 성공할 정책을 내놓길 기대한다.

새 정부,
환경 대국의 새 시대를 열어라

환경산업은 기후위기와 탄소중립 시대의 핵심 성장 산업이다. 선진국은 이미 환경산업을 수출 주력산업으로 육성하기 위해 정부가 발 벗고 나섰다. 세계 주요국은 지속 성장이 가능한 환경 산업에서 우위를 점하기 위해 치열한 산업전쟁을 벌이고 있다.

향후 유럽에 자동차나 가전제품 등을 수출하려면 EU에서 정한 까다로운 환경 기준을 통과해야 한다. 그 기준 자체가 바로 무역 장벽이다. 환경이라는 요소를 고려하지 않고는 수출을 할 수 없는 시대가 얼마 남지 않았다.

미국은 환경산업을 국가 전략산업으로 지정해 집중적으로 지원하고 있다. 일본은 소·부·장 산업에 이어 환경산업이 침체에 빠진 일본 경제를 재생할 수 있는 유일한 산업이라고 선정하고 집중투자하고 있다.

세계에서 환경 대국으로 꼽히는 국가는 독일이다. 독일은 재생에너지 발전 환경 조성 및 재생 에너지법을 제정해 지속 가능한 환경산업 발전에 매진하고 있다. 에너지 전량을 수입하는 우리나라와 비슷한 독일은 제조 대국을 넘어 이제는 환경 대국으로 진화하고 있다.

유럽의회는 2050년까지 '탄소 중립'을 목표로 하는 '그린딜'을 유럽의 새로운 성장 산업으로 정했다. 유럽의 '그린딜'에서 얻을 수 있는 시사점은 첫째, 명확한 기후·환경 목표다. 유럽은 2050년 기후 중립이라는 목표와 정책의 방향성이 뚜렷하다.

둘째, 지속 가능한 정책이다. 지속 가능한 정책에 대한 재정적 지원과 제조 기반이 확립돼야 한다. 민간·공공부문을 연계하는 것이 중요하다.

셋째, 글로벌 파급효과다. 유럽의 '그린딜'로 인해 우리나라가 받을 전반적 파장에 선제적으로 대응해 나가야 한다. 현재 우리나라의 수출 주력 제조업은 글로벌 경쟁 시장에서 어깨를 나란히 하고 있다. 하지만 환경산업은 선진국에 비해 대기는 30~40%, 수질은 60~80%, 폐기물 소각은 20~30% 수준에 불과해 한국경제 재도약의 걸림돌이 되고 있다.

환경산업은 수질·폐기·물·토양·대기·해양오염 등 환경문제의 해결과 관련된 산업이다. 세계 환경시장은 급속도로 확대되고 있다. 지난해 세계 환경산업 규모는 약 1,800조 원에 달한다. 정부 예산의 3배 수준이다. 세계 환경산업의 시장 규모는 반도체 시장의 3배에 이른다.

환경산업은 환경규제로 인해 유발되는 특성이 있다. 환경규제는 환경품질의 수준이 높아질수록 강화될 수밖에 없다. 환경품질에 대한 국민의 생활 수준이 증대될수록 환경산업은 그에 따라 성장한다.

우리나라의 경우 과거 60년간 눈부신 경제성장과 함께 상하수도, 폐기물처리, 대기 분야 등 전통적인 환경산업이 고속 성장을 이어 왔다. 상하수도 시설, 매립지 및 소각장 등 환경기초시설은 거의 포화상태라고 해도 과언이 아니다.

우리나라 환경산업은 크게 8개의 분류체계로 구분된다. 자원순환 관리, 물관리, 대기 관리, 기후 대응, 환경복원·복구, 환경안전·보건, 측정제조·분석, 지식서비스이다. 이들 분야는 각기 다른 밸류체인을 가지고 있다.

새 정부는 기후·환경 대비와 경기침체에 따른 위기 대책과 동시에 포스트 코로나 이후의 새로운 비전 제시가 필요한 상황이다. 한국경제의 미래 먹거리인 신성장동력 산업의 발굴과 육성은 무엇보다 시급한 과제다.

기후·탄소제로 시대에 맞는 신성장 동력으로 환경산업에 선택과 집중해 환경 대국이 돼야 한다. 대한민국을 세계 속의 환경 대국으로 우뚝 서게 하기 위해선 정부의 역할이 중요하다.

첫째, 환경 대국의 비전과 그랜드 디자인이 필요하다. 한국형 발전 모델이다. 이전 정부가 그랬듯이 단순히 주요국의 환경산업 전략을 따라 하는 것은 해결책이 아니다. 선진국의 전략은 역사와 문화, 전통, 국가의 크기나 발전전략을 고려할 때 우리의 직접적인 발전모델이 될 수 없다.

둘째, 환경산업 목표제시다. 사회 전반에 걸친 환경품질 목표를 세우고, 이를 달성할 수 있도록 동기를 부여하며 이의 실행을 철저히 지원하는 것이다. 환경부 전체의 미션이기보다는 최우선 국정 과제로 선정해야 한다.

셋째, 민관의 협력체제다. 우수한 기술을 보유한 환경 산업체가 경쟁력을 갖출 수 있도록 산·학·연의 유기적 협력 체제를 구축해야 한다. 환경산업의 생태계 조성과 환경 대국 도약이라는 두 마리 토끼를 잡기 위해서다.

넷째, 실패를 반면교사로 삼아야 한다. 역대 정부의 성장 동력 정책은 목표를 달성하기 위한 다양한 정책의 추진보다는 한번 선정된 성장 동력 분야에 대한 R&D 투자 확대와 논문 및 특허의 수 등 기술적 양적 성과에 더 치중했다.

다섯째, 전략적 투자다. 국가 차원의 성장 동력 분야의 R&D 투자와 새로운 성장엔진 발굴을 위한 전략적 투자가 크게 부족하다. 산업 생태계 관점에서 산업 간 연계·융합 고려가 미흡했다.

여섯째, 환경기업 지원이다. 변화하는 상황에 따라 국내 중소·중견 환경산업체를 육성하고 글로벌 시장으로 진입할 수 있도록 다각적인 지원을 해야 한다. 국내 시장의 경우 환경 인프라의 구축단계를 넘어서 이제는 노후 시설 교체, 운영 효율화를 추구해야 한다.

일곱째, 해외 진출 지원이다. 국내 환경기업이 기술력 강화와 운영실적 확보가 중요하다. 국내 환경 기업의 실증·실험을 지원하고 다양한 인프라를 종합 지원해야 한다. 철강, 화학, 전자, 자동차 등 제조기업의 환경품질을 높이는 새로운 도전이 시작되는 시점이다.

여덟째, 신규 프로젝트 발굴이다. 제조 중심의 환경산업에서 서비스 중심의 환경산업으로 전환하고 있다. 지자체, 공공기관, 대기업 등의 수요처로부터 확정된 수요를 발굴해야 한다. 경쟁력 있는 환경산업체를 선정, 연계해주는 지원사업이 필요하다.

박정희 대통령은 산업화 시대에 '한강의 기적'으로 '제조 강국'의 토대를 마련했다. 김대중 대통령은 정보화 시대를 맞이해 'IT 강국'으로 도약시킬 인프라를 조성했다. 세계사에서 유례가 없는 산업화와 정보화를 압축적으로 달성한 나라는 대한민국뿐이다.

　한국경제가 지속 가능 성장할 수 있는 산업이 환경이다. 환경 대국으로 도약해 일자리 넘치는 대한민국이 돼야 한다. 윤석열 정부가 만드는 대한민국은 과연 어떤 모습일까 기대된다. (2022.04.03.)

중소벤처 살려내야

경제 활성화와 일자리 창출은 새 정부의 국정 과제 중 가장 우선 순위에 있다. 경제 정책 방향은 치솟는 물가를 잡고 내수 소비를 활성화해 경제를 회복해야 한다. 양극화를 해소하는 것도 시급하지만 궁극적으로 안정된 일자리를 만드는 것이 최선의 방책이다.

일자리는 어디에 있을까. 대부분 일자리는 중소기업에 있다. 중소기업을 살리지 않고서는 한국경제 발전은 없다는 뜻이다. 우리나라의 중소기업은 전 산업에서 차지하는 비중이 매우 크다. 전체 사업자 수의 99.9%, 종업원의 82.7%를 차지한다. 우리나라는 1964년 수출 1억 달러를 달성한 이후 19//년 100억 달러, 1995년 1,000억 달러, 올해는 6,500억 달러를 달성할 것으로 전망한다. 역대 최대 수출 실적을 달성할 수 있었던 원동력은 대기업을 탄탄하게 지탱하고 있는 중소기업의 공이 크다. 중소기업은 한국경제 발전의 요람이자 텃밭이다.

중소기업이란 법률적으로 중소기업법 제2조와 동 시행령 제3조에 상세히 규정하고 있는 보호와 육성 대상기업을 말한다. 외형적 구분은 매출(업종별 차이) 및 자산총액 5000억 원 미만이면서 대기업 자회사나 출자회사가 아닌 독립적인 기업을 가리킨다.

중소기업은 대부분 대기업의 협력사나 1차, 2차, 3차 간접 연관 기업으로 제품을 대기업에 납품하는 구조다. 대기업과 협력업체 중소기업은 전형적인 갑과 을의 관계를 맺고 있다. 납품 결정권을 대기업이 갖고 있어 불공정 하청계약이 빈번히 이루어지고 있다.

1997년까지 국가 산업정책은 대기업 위주로 짜였다. 대기업은 세트 메이커로 최종재를 조립하고 생산, 수출하는 역할을 담당했다. 중소기업은 이러한 대기업에 부품과 재료를 공급하는 하청기업 역할을 했다. 외환위기 전까지는 세계적 호황기라 대기업에 부품을 공급하는 중소기업은 큰 문제가 없었다.

외환위기 이후에 30개의 재벌그룹 중에 17개가 도산해 200만 근로자가 직장을 잃었다. 생존한 대기업들은 구조조정, 아웃소싱을 통해 생존 역량을 키우고 수익성 제고를 위해 노력하는 계기가 되었다. 이 과정에서 그동안 대기업에 초점을 맞춘 산업정책에 대한 비판이 끊임없이 제기되었다. 1997년 외환위기를 극복하는 과정에 '벤처기업육성에 관한 특별조치법'이 제정된다. 기존의 대기업을 대체할 수 있는 새로운 성장 동력을 찾는 과정에서 혁신형 중소기업을 새로운 성장 동력으로 정했다.

지금까지는 자금지원에 초점이 맞추어졌지만, 이제는 혁신형 중소기업을 어떻게 창업하고 성장시킬지에 대한 정책이 수립되고 있다. 한국경제의 산업정책에 큰 전환점이 되었다.

왜 정부가 중소기업을 지원해야 하는가. 산업적 관점에서 살펴보자.

첫째, 우리나라에서 대부분의 일자리는 중소기업들이 창출하고 있다.

둘째, 중소기업의 경영진과 임원들은 대부분 중산층이다. 중산층은 한국경제를 지탱하는 허리이기 때문이다.

셋째, 글로벌 가치 사슬(GVC)에서 부품 소재 공급자 역할을 하고 있어 수출기업들의 글로벌 경쟁력의 핵심 요인이다.

넷째, 대기업에 비해 재원 등이 부족하기 때문에 공평한 경쟁을 유도하기 위해서다.

중소기업의 정책은 기본적으로 시장에서 과도한 영향력을 지닌 대기업을 규제하는 반독점 정책, 자금 지원정책, 연구개발 지원정책, 마케팅 정책, 규제 완화 정책 등으로 분류한다.

중소기업청을 중소·벤처기업부로 승격한 지 5년이란 세월이 흘렀다. 중소·벤처기업과 소상공인 관련 정책을 총괄하는 컨트롤타워 역할을 담당하기 위해서다. 현장에선 중기청 때보다 덩치만 커졌지, 바뀐 것 하나 없다는 불만이 나온다.

이유는 이렇다.

첫째, 대변 역할 부족이다. 최저임금 인상, 주 52시간 근로제, 화관법·화평법과 같은 환경규제 등 중소기업·소상공인 생존을 위협하는 각종 정책에 대해 중기를 대변하지 못하고 있다는 평가를 받고 있다.

둘째, 역량 자체 부족이다. 중소기업 중심 경제 공약을 이행한다는 명분을 내세워 정권 출범 후 바로 청(廳)을 부(部)로 승격시켰다. 청은 주로 부에서 내려오는 정책 기획에 대해 집행에 치중한다.

촘촘한 준비 없이 급하게 부로 승격하다 보니 정책 경험이 많은 관료를 채우지 못해 기획 기능이 떨어졌다.

셋째, 부처 위상의 약화다. 과기정통부나 산업부 등 다른 부처와 비교해 정책 집행 과정에서 제대로 된 목소리를 내지 못했다. 신생 부처다 보니 관료 간 협조 체제가 미비해 예산도 따오기 힘든 구조다.

넷째, 정치인 출신의 수장이다. 정치인 출신 장관이 연이어 임명되다 보니 겉으로는 다른 부처보다 힘이 있어 보이지만 현장에선 전혀 도움이 되지 않았다.

전문성이 떨어져 AI시대 기술 발전에 따른 산업계의 변화를 읽지 못했다. 산업 경험이 없어 현장이 무엇이 원하는지를 간파하지 못해 보여주기와 탁상공론 정책을 추진했다.

중소기업이 해야 할 일은 산더미다. 디지털 대전환이라는 세계적 산업의 전환기에 대비해야 한다. 내수 및 해외시장에서 경쟁력을 높이기 위해 사활을 걸고 뛰어야 한다.

안정적인 자금 조달은 물론, 인재 확보에 힘써야 한다. 좋은 일자리를 만들어 기업의 사회적 책임과 역할을 다해야 한다.

현재 우리나라의 중소·벤처기업은 대기업과의 불공정한 계약, 임금·복지 격차 확대로 인한 양극화 심화, 제도적인 불합리 등 3가지 기울어진 운동장 문제로 고통받고 있다.

중소·벤처 육성에 실패하는 가장 큰 요인은 인재 부족, 산업 생태계 미비, 펀드 부족으로 요약된다.

앞으로 5년은 중소·벤처기업이 한국경제의 신성장 동력으로 자리매김할지 중요한 전환기다.

새 정부가 중소·벤처기업 성장성에 주목하고 나서야 한다. 그렇다면 새 정부는 중소·벤처 기업을 어떻게 살려야 할까.

첫째, 융합이다. 디지털 트랜스포메이션 시대는 융합의 시대다. 산업과 기술의 다양한 융합을 통해 새로운 사업모델이 창출되고 있다. 대기업 중심의 기득권 구조를 중소·벤처와 새로운 융합의 신뢰 구조로 바꿔야 한다.

둘째, 협조다. 정부의 정책과 산하 기관의 협조가 매우 시급하다. 중소기업이 정책의 혜택을 누리려면 중장기 정책 비전이 명확해야 한다. 관련 부처와 지자체 간의 정책을 추진할 때 협조 체계가 작동돼야 한다. 자금이나 교육 등 단순한 지원보다 중앙과 지방의 연계, 통합 유통과 물류 활용, 지역 클러스터별 학·연·정의 협력체계를 구축해 지속적으로 지원해야 한다.

셋째, 육성이다. 글로벌 기업과 혁신기업도 따지고 보면 모두 중소·벤처기업으로부터 스타트한다. 시작은 중소기업에서 시작해 중견기업을 거쳐 대기업으로 성장하는 것이 발전단계다. DX 시대를 맞이해 한국경제는 혁신적 중소기업 출현이 절실한 산업구조 전환기에 접어 들었다. AI 기술을 활용한 혁신기업이 성장할 수 있도록 정부의 적극적 육성 정책이 필요하다.

넷째, 지원이다. 정책 입안자는 미시적인 시각보다는 거시적인 관점에서 문제의 본질을 파악하고 탁상공론이 아닌 현장 맞춤형 정책으로 지원해야 한다. 중소기업들이 운영자금 부족으로 수없이 쓰러졌던 외환위기 시절 정부는 구조개선 자금을 지원하겠다는 안일한 대책을 내놓은 결과 1만 개 이상 중소기업이 도산한 것을 반면교사로 삼아야 한다.

다섯째, 연속성이다. 기존에 중앙정부, 지방자치단체, 기관에서 벤처 육성을 위해 진행되고 있는 프로젝트가 있다. 이를 토대로 계속 발전시켜야 한다. 새롭게 무엇을 추진하려고 깡그리 무시해선 안 된다. 기존 사업 진행 상황을 면밀히 파악하고 평가해 성과를 낼 수 있도록 연속성을 이어가야 한다.

여섯째, 지역 이기주의 배척이다. 중앙정부에서 예산 배정할 때 지역에 균등하게 배분한다. 지자체의 수장이 자기 지역 창업 생태계 육성에만 집중하겠다고 사업을 추진하면 실패를 예견하는 것이다. 네트워킹을 통해 전문가, 투자자, 판로를 연계해야 한다. 지방에 투자하고 멘토링을 해 줄 수도권의 액셀러레이터, 벤처투자자의 도움을 받아야 한다.

일곱째, 인적 네트워킹 구축이다. 대학 교수, 학생과 지방 기업의 전문가와 협력, 공공 연구기관의 박사 인력의 멘토링을 받을 수 있는 인적 연결 시스템을 구축해야 한다. 지방 기업과 공기업과의 협력체계 구축으로 중소·벤처를 공동으로 육성해야 한다. 미래 산업 생태계에 집중적으로 투자해 지방 중소·벤처들이 안정적인 지역 밸류 체인을 구축하여 판로를 얻을 수 있도록 해야 한다.

여덟째, 구조조정이다. 경쟁력이 없는 업체에 정책 자금을 계속 지원할 수는 없다. 중소기업이 부실 예방 및 파산 해결은 결국 중소기업 스스로가 해결해야 할 문제다. 정부의 역할은 소생 가능한 중소기업을 지원하는데 한정되어야 한다. 구조조정을 거부하고 맹목적인 지원을 기대하는 기업은 퇴출할 수 없다는 시장원리를 각인시켜야 한다.

아홉째, 지속적 성장이다. 일시적인 자금지원 방식보다는 중소기업의 경쟁력을 키우도록 하는 데 초점을 맞춰야 한다. 디지털 전환과 스마트 제조혁신 지원 같은 중장기적인 관점에서 지속성과 일관성 있는 정책지원이 필요하다.

열 번째, 협업 시스템이다. 대기업과 중소기업 간 상생협력을 위한 플랫폼 구축과 지원이 시급하다. 중소·벤처는 혼자서는 경쟁력을 높이기는 어렵기 때문이다. 기술혁신, 글로벌 진출, 판매망 확보 등을 협력에 나갈 수 있는 시스템 구축이 필요하다. 대기업과의 공정거래 확립, 성과공유를 위한 상생 성장 플랫폼이 절실하다.

열한 번째, ESG 경영이다. ESG 경영, 탄소제로 정책에 따른 친환경 사업으로의 전환을 위한 지원을 해야 한다. ESG 경영의 도입을 위한 교육, 글로벌 기준에 맞는 평가체제 정립, 탄소제로 추진을 위한 체계적인 지원을 해야 한다.

열두 번째, 성공모델이다. 정부는 창업부터 성장, 회수와 재도전까지 업체별 맞춤형 지원을 해야 한다. 혁신형 기술 창업 분야인 AI+X 창업지원 예산을 선택과 집중해야 한다. 지역별 창업 클러스터의 성공모델을 만들어 확산시켜야 한다.

열세 번째, 정책의 정상화다. 상속세의 최고세율은 50%로 현장에서는 기업 승계도 쉽지 않은데 투자를 하겠냐는 불만이 나온다. 상속세·증여세의 개정이 필요하다. 주52시간제, 최저 임금제 중대재해처벌법 등은 시행에 따른 파급효과가 크다. 현장에 맞게 탄력적 운영을 해야 한다.

마지막으로 다양한 정책이다. 중소·벤처기업 하기 좋은 환경을 만들기 위해서는 다양한 정책들이 뒷받침되어야 한다. 옥죄는 규제 타파, 상생협력 생태계 구축, 중기협동조합 활성화, 공정한 생태계 조성, 유효시장 확대, 공공 구매 중소기업 비중 확대 및 적정 가격 보장, 연구개발 분야 구조개혁, 민간 자율성 확보 등 정책이 필요하다.

한국경제에서 중소·벤처는 민생경제의 근간이고 일자리 창출의 원천이다. 차기 정부는 중소·벤처 육성을 국정운영의 중심에 두어 수많은 중소·벤처를 강소기업으로 성장시켜야 한다.

윤석열 대통령 당선인은 '중소·벤처 코리아' 시대를 활짝 열어 5년 뒤 최초의 성공한 '중소·벤처 대통령'이 되기를 기대한다. (2022.04.04.)

정책 성과를 내야 한다

정책실장은 대통령 비서실 소속이다. 현행 정부조직법에 따르면 비서실을 총괄하는 자리는 비서실장뿐이다. 문재인 대통령은 노무현 대통령 당시 선례를 참조해 집권 초 대통령령으로 정책실을 두고 실장 자리를 만들었다.

정책실장이란 자리는 국가 경제·사회 정책을 총괄하는 대통령의 최측근 참모다. 산하에 경제일자리사회수석비서관 등을 거느린다. 역할은 첫째, 대통령을 보좌한다. 둘째, 정부 부처와 소통한다. 셋째, 국정운영을 위한 차질 없는 지원이다. 넷째, 통치이념을 행정부처가 제대로 실현하도록 지원하고 독려한다. 다섯째, 대통령에게 직언하고 국정은 행정부를 앞세워야 한다.

문재인 정부의 정책실장은 소득주도성장의 장하성, 부동산 전문가라 칭하는 김수현, 공정거래 재벌저격수 김상조 등이 그 자리를 거쳐 갔다. 김상조 정책실장은 "정책실장의 역할은 경청하고 협의하는 자리다. 국민의 일자리와 소득을 개선하는 데 정책 역량을 집중할 방침"이라고 밝힌 바 있다. 과연 그랬을까. 그들은 성공했을까.

문재인 정부의 정책 실패 원인은 다양하고 복합적 이유가 있다.

첫째, 전문성 부족이다. 초대 장하성 정책실장은 일자리 창출과 소득주도성장 기치를 내걸었지만 얼마 안 가 집값 폭등으로 부동산 문제가 주된 업무로 떠올랐다. 뒤를 이은 김수현 실장도 집값만 폭등시켰다. 김상조 실장은 자기 잇속 챙기기에 급급했다. 모두 부동산 정책 실패로 물러났다. 한 마디로 부동산과 일자리 전문성과 정책 역량이 부족했다.

둘째, 탁상공론(卓上空論)이다. 참여연대 출신 정책실장들은 교수로서의 문제의식은 있었는지 몰라도 상인의 현실감각은 전혀 갖추지 못했다. 현장과 괴리된 이론으로 정책을 입안하다 보니 시장과 동떨어진 정책들만 쏟아냈다. 민심을 헤아리지도 정무 감각도 도덕성도 없었다. 교수 출신 정책실장들의 실패는 이미 예견된 일이다.

셋째, 측근 전횡 시스템의 문제다. 경제와 일자리 문제를 책임질 위치에 있는 각료들이 패싱 논란에 시달리다 존재감을 잃었다. 경제부총리는 얼굴마담으로 전락했다. 대통령 측근이 정책을 물밑에서 주도하는 패턴이 정권 초기부터 계속되었다. 대통령이 힘을 싣는 인사들은 캠프 또는 과거 호흡을 맞췄던 사람들끼리만 의사소통했다.

넷째, 원팀의 착각이다. 경제팀 투톱으로는 경제부총리 겸 기획재정부 장관과 청와대 정책실장을 꼽는다. 여기에 부동산은 문제와 관련해서는 국토교통부 장관까지 원팀으로 분류된다. 하지만 경제팀의 수장은 존재감이 없다는 평가를 받아왔다. 원팀의 시너지는 애초 기대하기 어려운 구조였다. 존재감을 잃은 이유는 명확하다. 대통령과 오랜 기간 호흡을 맞춰온 측근들의 벽을 넘어설

수 없었다.

다섯째, 실패한 인사의 재탕이다. 노무현 정부의 가장 큰 실책은 부동산 정책 실패다. 집값 폭등으로 정권까지 교체되었다. 그런데 실패한 정책을 입안한 사람을 다시 재등용해 정책을 맡겼다. 결과는 실패의 연속이었다.

여섯째, 시장 과잉 개입이다. 정부가 나서지 않으면 되는데 시장에 자꾸 개입하기 때문에 부작용과 더 큰 문제를 만들었다. 시장은 수요와 공급 법칙에 따라 가격을 결정한다. 정부는 시장실패로 인해 사회 전체적으로 바람직하지 못한 결과가 초래되는 경우만 개입해야 한다.

일곱째, 정책책임자의 무지다. 정책결정자의 어리석은 의사결정이라도 현실적으로 막을 방법은 없다. 실패한 정책은 현장 경험이 없고 해당분야에 대한 전문지식이 없는데도 집착과 고집으로 의사결정을 내리기 때문이다.

여덟째, 무리한 추진과 무책임이다. 국민적 합의를 거치지 않고 일방적 추진한 정책은 이미 실패를 예약한 것이다. 설익은 정책 추진과 영혼 없는 공무원 그 누구도 정책 실패에 책임을 지지 않는다. 대통령으로부터 담당 공무원까지 정책 실패 책임으로부터 아무도 자유롭지 못하지만, 책임지는 예는 없다.

아홉째, 해외 정책의 무분별한 도입이다. 선진국 정책을 극히 일부만 모방한다. 각국에 가장 잘 맞는 역사, 문화, 관습 등 총체적 관점에서 나온 정책이디. 도입하려면 우리 상황에 맞아야 한다. 극히 일부 부문만 모방하려고 해서 문제가 발생하는 것이다.

열 번째, 문제의 본질 외면이다. 기본적 원인을 외면하고 엉뚱한 대책을 낸다. 이미 학문적 이론과 연구, 실패 사례가 많은데도 무시하고 이념적 성향으로 정책을 결정한다. 단기적인 사고로 조급하게 우격다짐으로 밀어붙이기에 부작용이 발생한다.

정책 실패란 입안 당시 의도된 목표를 달성하지 못했거나 부작용의 파급효과가 나타난 경우라고 정의할 수 있다. 정책의 실패는 민생을 어렵게 만들고 서민의 주름살만 늘린다.

그렇다면 새 정부는 정책 성과를 내기 위해서 어떻게 해야 할까.

첫째, 협력이다. 국민의 정부와 참여정부가 IT 강국의 토대를 마련한 것은 대통령의 관심과 유능한 공무원의 헌신, 기업과 국민의 참여가 어우러져 시너지 효과를 냈기 때문이다. 정책의 일관성으로 국민의 신뢰를 얻고 미래비전 제시로 기업의 참여를 끌어내야 한다. 목표 숫자 발표만 하지 말고 성과를 내기 위해 시장을 이해하고 기업이 투자하기 좋은 환경을 조성해야 한다.

둘째, 정답은 현장에 있다. 정책은 현실을 반영한 면밀한 기획과 결과에 대해 부작용과 성과를 계산해 입안돼야 한다. AI 시뮬레이션 시스템을 활용하면 정책 실패를 줄일 수 있다. 정책 입안의 무능함은 차라리 정책 집행을 하지 않는 것만 못하다. 정책에 대한 무능과 독선은 국민의 삶을 어렵게 한다.

셋째, 융합의 전문성이다. 정책을 추진할 때 다양한 시각을 가져야 한다. 정책은 한 가지 목표만 추구하는 것이 아니라 다양한 목표를 가진 채로 추진된다. 이해집단의 상충적인 가치들을 모두 반영해 이루어져야 하며 그 안에서 발생한 모순을 슬기롭게 조정해 협력을 끌어내야 한다. 한 분야만 전문가여서는 곤란하다. 융합의 시대에 기술 트렌드 변화와 사회 전체 흐름을 파악해야 대처할 수 있다. I자형 인재가 아니라 T자형 인재가 필요하다.

넷째, 빅데이터 분석이다. 광범위한 국민의 지지를 확보할 수 있기 때문이다. AI시대 빅데이터를 활용 분석하면 정책의 시행착오를 미리 방지할 수 있다. AI시대 정책혁신이야말로 한국경제 경쟁력을 향상하는 지름길이다.

다섯째, 정책 목표와 수단이다. 정책 목표는 미래성, 방향성, 발전 지향성, 주관성, 규범성의 특징을 갖는다. 정책 수단은 목표 달성을 위한 수단이며 실현을 위해 누군가 부담하는 희생이 정책 비용이 된다. 정책의 목표는 많은데 정책 수단이 적으면 올바른 실행을 못 해 성과를 낼 수 없다. 이른바 틴베르헌 법칙(Tinbergen's theorem)을 상기해야 한다.

여섯째, 인사(人事)다. 다들 인사가 만사(萬事)라고 한다. 탕평과 전문성을 강조한다. 고소영, 성시경, 캠코더라는 비판을 받았던 정부는 성공하지 못했다. 자기 사람, 진영 일색의 편 가르기 인사를 일관해서 결국 실패로 끝난 것을 반면교사로 삼아야 한다.

글로벌 기업 삼성은 오래전부터 인재를 S(Super), A(Ace), H(High Potential)으로 구별해 활용했다. 단지 인수위 누구와 친분 있다는 이유로 B급 또는 C급 수준의 인사가 부처를 맡는다면 어떻게 될까. 나눠 먹기 인사는 실패를 예약하는 것이다.

종합적이고 미래 기획 역량이 있는 슈퍼 기획 전문가가 필요하다. AI, 부동산, 일자리, 경제, 산업 등 현장 경험이 풍부한 전문가가 정책을 총괄해야 한다. 분명한 건 윤석열 당선인은 각 분야에 슈퍼급 인재를 골라야 한다는 것이다.

마지막으로 메타싱킹과 창의력이다. 포스트 코로나 시대는 급격한 디지털 대전환을 통해 AI 혁명이 메타버스 중심으로 전환되고 있다. 정책에서 가상과 현실을 초월한 메타버스를 빼놓고 논할 수 없다. 메타버스가 모든 정책 분야에 변혁을 불러오고 있어서다. 비대면 시대에 국민과 소통하는 창의적 방식인 메타 사고가 필요하다.

AI 혁명 시대 세계는 빠르게 변한다. 지금 세계는 AI 기술 패권 다툼 중이다. 'AI 강국' 도약하기 위해선 새 정부는 정책에서 지속 가능한 성과를 내야 한다. 성공한 정책을 펼치는 성공한 한 'S-정부(Success Gov, Seok-Yeol Gov)'가 되길 기대한다. (2022.04.04.)

대통령은 국민의 상머슴이 될 수 있을까

윤석열 대통령 당선인은 4일 인수위 회의에서 "유능하고 일을 잘 하는 정부가 중요하다."라며, "우리는 국민의 공복이고 국민의 머슴"이라고 말했다. 그러면서 "국민의 심부름꾼과 머슴이라고 하는 것은 국민이 볼 때 아주 기민하면서 일을 잘하고 똑똑하고 유능하게 하는 것"이라고 설명했다.

머슴이란 무엇인가. 농경사회의 근로 형태는 두레 문화가 주류를 형성했다. 취락 구성원 간의 품앗이 노동이 성행하여 생산을 증가시키고 그 결과에 따라 각자의 소득이 올라가는 농경문화였나. 이런 십난 노동의 형태에 따라 소득의 불균형이 발생 빈농과 부농이 생겨났다. 마을마다 5,000평 이상 논과 밭을 소유한 부농들은 머슴을 고용해 농사를 지었다. 보수는 '새경'이란 이름으로 7~8석의 나락, 철마다 옷 한 벌, 명절 때마다 휴가와 음식을 제공했다. 가을 추수가 끝나면 약속대로 새경을 지급하고 재고용 여부를 정한다. 현대적으로 말하면 노사 합의에 따라 다시 일 년간 고용이 성사되는 '비정규직 농업 노동자'다. 1970년대부터 산업사회로 접어들면서 농촌의 인력이 도시의 공장 근로자로 이동하면서 머슴 고용 형태는 점점 사라졌다.

우리 선조들은 백성에 봉사하는 사람, 공무를 담당하는 관리들을 공복(公僕)이라 불렀다. 머슴은 국민을 섬겨야 한다는 공직자의 성실 의무를 헌법에 명시하기까지 이르렀다. 공무원은 국민 머슴 또는 공복이라 불린다. 국민의 종이나 심부름꾼이라는 뜻이다. 머슴의 한자는 고공(雇工)으로 품팔이, '고용팔이'다. 고금과 동서양을 가리지 않는다. 서양에서도 하인을 뜻하는 공복(civil servants)이라 불린다. 국민의 세금을 받으니 주인인 국민을 위하여 일해야 한다는 것이다.

머슴의 본분은 무엇일까.

첫째, 충성이다. 머슴의 가장 기본적인 의무는 모름지기 주인을 위해 무한 충성을 다하는 것이다. 따라서 공무원은 국민을 위해 충성을 다해야 한다.

둘째, 심부름꾼이다. 관(官)은 언제나 민(民)의 위라는 전통으로 무장되었던 공무원을 제헌헌법에서 국민의 수임자로 규정함에 따라 국민의 머슴이라는 관념이 미세하게 생기기 시작했다. 녹봉을 세금으로 받으니 국민의 처지에서 일 처리를 하는 사회의 심부름꾼이 되어야 한다.

셋째, 헌신과 봉사다. 그저 묵묵히 국민을 위해 헌신·봉사하는 자세를 갖추어야 한다. 국민으로서 국민의 행복권과 재산권을 먼저 생각해야 한다. 법을 빙자해서 국민을 흑싸리 껍질로 여기면 안 된다. 국민 생활 향상을 위해 항상 헌신과 봉사를 해야 한다.

넷째, 사명감이다. 머슴은 일터에서 열심히 일한다는 것만으로는 통하지 않는다. 문제가 일어날 수 있는 현장에서 해법을 제시해야 한다. 창의성을 발휘할 수 있는 능력도 갖춰야 한다. 국민의 복리 증진을 책임지는 사명감도 있어야 한다.

다섯째, 의무감이다. 국가의 주인은 국민이다. 국민의 안녕과 행복을 위해 현장에서 뛰는 머슴이 바로 공직자라는 인식을 지녀야 한다. 공복은 주권을 가진 국민이 수임자로서 모든 책임을 지며 공익을 추구하고 맡은 바 임무를 성실히 수행할 의무를 갖는다.

여섯째, 섬김이다. 머슴은 국민을 모시고 섬겨야 한다. '섬긴다'의 사전적 의미는 윗사람을 모신다는 것이다. 국민을 받들어 모시는 것은 기본이고 국민이 불편함이 없도록 해 주는 것을 의미한다.

일곱째, 소신이다. 능력과 리더십 못지않게 공복에게 요구되는 자질은 소신이다. 권력자의 국정철학에 맞춰 정책을 수행하는 것은 맞지만 일을 실행하는 데는 원칙과 소신이 있어야 한다.

그 기준은 오롯이 국민만을 위한 것이어야 한다. 대통령은 대한민국 최고위 공무원이다. 국가를 대표하고 국정 전반을 아우르는 권력을 국민으로부터 부여받아 수행하는 공복인 머슴 중에 상머슴이다. 대통령은 전 국민의 을(乙) 중의 을이다. 낮은 자세와 겸손으로부터 시작해야 한다.

윤 당선인이 말한 "국민이 볼 때 기민하면서 일을 잘하고 똑똑하고 유능하게 하는 것"은 무슨 뜻일까. 기민(機敏)은 민첩하다, 기민(飢民)은 굶주리는 백성이라는 뜻이다. 단어는 같은데 국민이 볼 때 하늘과 땅 차이다. 정책을 민첩하게 추진해 성과를 내면 국민은 행복할 것이고, 잘못된 정책을 추진하면 백성은 굶게 된다.

정부와 기업, 공직자와 민간인 누가 더 기민하게 움직일까? 상황의 변화를 재빨리 감지하고 그에 맞는 새로운 생존전략을 찾아내는 데는 역시 정부보다 민간이 기민할 수밖에 없다.

정부를 기민해지게 만드는 것은 AI 기술을 활용해 시스템 정부가 되면 가능하다. 4차 산업혁명 시대 세상은 빠르게 변화하고 있다. 예전의 방식과 사고로는 대응이 불가능하다. AI 기술 발전에 민첩하게 대응하지 못하면 개인이든 기업이든 국가든 도태되는 것은 필연이다.

디지털 트랜스포메이션 대전환 시대를 맞아 제조업을 디지털로 전환하지 못하면 우리나라 수출 주력 제조업은 경쟁력을 상실하게 된다. 그 여파로 한국경제는 나락의 길로 떨어지게 되는 절체절명의 시기다. 포스트 코로나 시대는 위기의 상시화가 도래한다. 우리가 직면할 미래의 환경은 더욱 복잡하고 역동적이며 불확실해진다. 글로벌 환경변화가 우리 사회에 미치는 영향력 또한 이전과는 비교할 수 없다.

불확실한 미래 환경변화에 기민하게 대응할 수 있는 윤석열 정부의 방향성을 제시한다.

첫째, Flat(수평) 정부다. 수평적인 조직을 지향하면서 정부 조직 간의 협업과 정부 정책에 시민들의 참여를 유도해야 한다.

둘째, Agile(기민) 정부다. 예상치 못한 상황에 신속하고 효과적으로 대응할 수 있는 역량을 배양해야 한다.

셋째, Streamlined(간결) 정부다. 관료제가 안고 있는 고질적인 형식적·불필요한 요식을 지양하면서, 행정서비스의 간소화 및 효율화에 초점을 맞춰야 한다.

넷째, Tech-Enabled(기술 활용) 정부다. 정부 조직과 행정서비스에 있어서 AI, ICT, BigData, IoT, Blockchain 등 최신 기술의 적극적인 활용을 모색해야 한다.

불확실한 미래에 대처하기 위해 윤석열 정부가 지녀야 할 특성을 제시한다.

민첩성(Agility), 혁신성(Innovativeness), 연결성(Connectedness), 투명성(Transparency)을 갖춰야 한다. 디지털 플랫폼 정부는 'SOFT(Smart, Open, Flexible, Transful)' 조직이 되어야 한다. AI, ICT, BigData, IoT, BlockChain 등 최신 기술을 활용한 미래 행정수요 예측 및 데이터 기반 행정서비스를 제공하는 스마트 정부가 되어야 한다.

국민과 지속 소통하고 정부 정책에 국민의 참여를 유도하는 오픈 정부가 되어야 한다. 변화하는 상황에 따라 정부 조직 및 정책의 능동적인 대응과 적응이 가능한 유연한 정부가 되어야 한다.

책임과 의무를 성실히 이행하고 권한과 자원을 공정하게 사용하는 신뢰와 믿음이 가는 정부가 되어야 한다. COVID-19와 같은 바이러스는 미래에도 지속해서 나타날 수 있다. 지구온난화로 인한 기상이변과 대규모 자연재해가 한반도를 덮칠 수도 있다. 우리나라도 블랙아웃, 원전 사고, 주한미군 철수, 북한 핵실험으로 인한 백두산 폭발 등이 발생하지 않으리라는 보장은 없다. 모든 위기 상황을 완벽히 예방하기는 불가능하다. 정부가 할 일은 최대한의 준비를 통해 위기가 발생했을 때 피해를 최소화하여 국민의 생명과 재산을 보호하는 것이다.

위기의 상시화 미래에 대비하기 위해선 정부의 역할은 그 어느 때보다 중요하다. 이런 엄중한 상황 속에서 윤석열 정부가 추구해야 할 가장 중요한 가치이자 방향성은 기민함과 유연성이다. 급변하는 글로벌 상황에 맞게 유연하고 민첩하게 대응하면서 사회 전반적 시스템 개조 차원에서 복원력(Resilience)의 역량을 지속해서 확보해 나가는 전략이 절실하다.

일을 잘하고 똑똑하고 유능하게 하는 것은 무슨 의미일까? 아침부터 밤늦게까지 사무실에서 자리를 지킨다고 일을 잘하는 것은 아니다. 상사가 시키는 일만 잘 수행한다고 일을 잘하는 것은 더욱 아니다. 일을 잘한다는 것은 성과를 낸다는 것이다. 올바른 정책을 선택하고 집행하여 국민이 피부로 느낄 수 있도록 하는 것이 일을 잘하는 것이다. 일례로 부동산 정책을 26번이나 만든 공직자와 정책책임자에 대해 일을 잘한 것인지, 못한 것인지는 이미 국민이 평가했다.

산업화 시대까지는 똑똑하다고 인정받는 사람의 공통적 특징은 말을 잘 듣고 성실하며, 시키는 일만 잘하고, 암기력이 뛰어나 머리가 좋다고 인정받는 사람이다. 하지만 4차 산업혁명 시대는 기준이 완전히 다르다. 빌 게이츠, 잡스, 머스크 등 성공한 글로벌 리더는 전부 엉뚱한 사고, 역발상, 창의력이 뛰어나다.

AI시대는 암기력이 중요하지 않다. 인간의 기억은 AI를 따라갈 수 없어서다. AI 알고리즘을 만드는 창의력이 필요한 시기다. 정책 입안과 실행도 새로운 생각과 상상력이 결부되어야 성과를 낼 수 있다. 기존 방식 그대로 한들 결과는 뻔하다. 역대 정부의 공직자들은 과연 그 분야의 슈퍼급 인재인지 의심스럽다. 아마도 별의별 인연으로 줄을 댄 자리 사냥꾼일 공산이 크다. 각종 정책에서 눈에 뜨이는 성과가 없어서다.

최근 글로벌 기업들이 가장 많은 관심을 두고 있는 것은 핵심 인재 확보다. 슈퍼급 인재가 기업 전체의 생사를 결정할 수 있기 때문이다. 똑똑하고 유능한 인재를 선별할 때 과거 어떤 자리, 타이틀, 학연 같은 요소를 보고 결정하지 않는다. 그 자리에서 어떤 성과를 거뒀느냐가 중요한 판단기준이 되어야 한다.

성과를 내는 사람이 일 잘하고 유능한 인재다. 똑똑한 인재는 반드시 성과를 내기 때문이다. 얕은꾀나 꼼수를 사용해서는 한계가 있다. 성과는 도덕성의 바탕 위에 내야 국민의 지지를 받는다.

윤석열 정부는 4차 산업혁명 시대에 대응하면서 민간 경제에 활력을 불어넣고 AI, 빅데이터, 바이오 등 최신 첨단 산업 분야의 육성을 지원할 참신한 전문가를 핵심 요직에 발탁하는 등 새바람을 일으킬 필요가 있다. 새 정부는 국민의 염원인 경제 살리기, 일자리 만들기, 코로나 극복하기, 집값 안정시키기라는 사명이 있다. 머슴이 똑똑하고 유능하게 일을 잘했는지는 6개월 후 성과를 보고 주인은 판단할 것이다.

이명박 전 대통령은 "재임 시절 각 부처 장관들에게 일하는 정부로 최선을 다할 때 식량 위기와 에너지 위기 등 문제 속에서 대한민국이 살아남고 지속해서 발전할 수 있다. 성장도 하고 물가도 잡고 수출도 늘리고 일자리를 만들기 위해서는 일하는 정부로서 일에 올인해야 한다."라고 강조했다.

'일하는 MB정부'에 대한 역사의 평가는 일단 보류하자. 박정희 대통령은 '산업 대국', 김대중 대통령은 'IT 강국'의 토대를 마련했다. 아무리 열심히 일한다고 업적을 내지 못하면 아무 소용이 없다.

윤석열 정부는 성과를 내는 정부, 미래를 준비하는 정부가 되어야 한다. 국정 현안을 물 흐르듯 처리하여 국민으로부터 신뢰와 응원을 받는 대통령이 되기를 바란다. (2022.04.05.)

최우선 과제는 '민생안정'

윤석열 당선인은 6일 "초저금리와 제로 성장에도 물가가 10년 만에 이렇게 4.1%가 됐다"며 "물가를 포함해 민생안정을 새 정부 최우선 과제로 삼고 특단의 대책을 마련하라"라고 지시했다.

한국경제는 현재 국내적으로는 물가 폭등, 집값 들썩, 일자리 감소, 양극화 심화, 잠재 성장력 하락, 저출생·고령화, 코로나19 등의 어려움에 직면하고 있다. 대외적으로는 우크라이나 장기화에 따른 후유증, 기후변화 시대로의 진입, 디지털 대전환 시대의 도래, 글로벌 공급망의 재구성, 기술 패권주의의 심화 등 돌발적 위기 상황이 한국경제를 압박하고 있다.

민생문제의 본질은 고물가에 있다. 물가는 오르는데 수입은 그대로이니 살기가 어려워지는 것이다. 물가가 무섭게 뛰고 있다. 물가가 하루가 다르다. 문제는 당분간 고공행진이 지속될 것이라는 점이다. 이러다가 새 정부 취임 전에 5%에 도달할지 걱정이다. 주부들의 잔주름이 늘어간다. 물가가 뜀박질하고 있어서다. 시장 가기가 겁난다고 한다. 이를 피부로 느껴야 하는 서민들의 고통은 이만저만이 아니다. 물가를 잡고 경제를 살려야 한다. 민생을 안정시켜야 한다. 정신 바짝 차려야 할 때다.

물가(Prices)란 무엇인가.

첫째, 개념이다. 시장에서 거래되는 개별상품의 가격을 경제생활에서 차지하는 중요도 등을 고려하여 평균한 종합적인 가격수준을 말한다. 물가지수(Price Index)는 이러한 물가의 움직임을 알기 쉽게 지수화한 경제지표를 일컫는다.

둘째, 체감지표다. 물가는 많은 경제지표 중에서 가장 사람들이 직접적으로 체감할 수 있는 경제지표다. 생필품의 물가가 안정적으로 관리되지 않으면 국민의 경제생활에 중대한 피해를 준다.

셋째, 관리지표다. 정부 경제 정책의 핵심적인 관리지표다. 그래서 정부는 통화정책을 통해 물가가 안정적으로 관리될 수 있도록 노력해야 한다.

넷째, 정치이며 민심이다. 물가가 상승하면 정치적 불안정성이 증가한다. 정치가 불안하면 사회적 혼란을 초래한다. 결국 물가는 중요한 정치적 문제이며 민심의 바로미터다. 인플레이션(Inflation)은 전반적인 물가수준이 지속해서 상승하는 현상을 의미한다. 물가가 안정적으로 유지되지 않으면 일반적으로 소비·저축·투자·생산 등 경제 전반에 걸친 불확실성이 커져 경제활동이 크게 위축된다.

경제성장을 위해서 투자와 정부지출을 늘리면 통화량은 증가하여 물가 상승 요인으로 작용한다. 물가 관리를 위해 정부가 쓸수 있는 여러 정책은 크게 직접적인 규제정책과 통화량을 조절하는 거시경제 관리하에서 시장경쟁을 유인하여 상품가격 인하를 유도하는 정책으로 나눈다.

1960년대 물가 인하에 영향을 미친 것은 예금금리와 고시 가격제였다. 반면에 정부지출과 최고가격제는 물가 상승 요인으로 작용했다.

1970년대는 대통령이 긴급조치를 발동하여 강제적으로 가격을 통제하여 물가 급등을 막았다.

1980년대는 통화 공급 안정화 정책, 부동산가격 안정화 정책, 산업의 원가 상승 압력 억제정책 등을 종합적으로 추진하며 환율에도 적극적으로 개입했다.

1990년대 외환위기 이후 그동안 정부 의존적이었단 한국은행이 중앙은행으로서 독자적인 통화정책을 수립할 수 있는 기반을 갖추었다. 기준금리를 설정하여 물가 안정화를 이루는 것이 한국은행의 최대 운용 목표가 되었다.

2000년대는 한국은행의 기준금리가 강하게 물가 인하 요인으로 작용한다. 종합적으로 봤을 때 정부지출과 금리가 중요한 물가에 미치는 변수라 상정할 수 있다.

역대 정부의 물가 관리 정책은 전반적으로 정부지출 등으로 결정되는 거시경제지표의 영향하에서 단기적이고 규제적인 물가정책은 별 효과가 없었다. 물가를 관리하는 데 있어서 환율과 연관되지 않을 수 없고, 중앙은행으로서 한국은행의 역할 또한 정부의 협의가 있어야 그 효과를 배가 시킬 수 있다.

2020년대의 물가를 안정시키는 방안은 기준금리 인상, 재정지출 축소, 개별 품목별 관리 등 크게 3가지다.

기준금리 인상은 한국은행의 고유권한이다. 금리를 올리면 서민층의 이자 부담이 커진다. 시중에 통화량이 넘치지만, 돈줄을 조이기도 어렵다. 조세·재정 정책을 통해 총수요를 줄여 인플레이션을 억제할 수 있지만 50조 손실 보상금 지급이 걸림돌이다.

품목별 관리가 남은 유일한 카드다. 민생에 영향을 주는 높은 품목을 중심으로 개별적 관리를 해야 하는데 이마저 여의치않다. 가격 변동이 큰 농·축산 등 공급 물량을 통해 가격조절이 가능하지만, 전체 물가를 조절하는 것은 사실상 어렵다.

그렇다면 물가를 안정시키려면 어떻게 해야 할까.

첫째, 정책 조화다. 물가 안정에 총력을 기울이겠다면 금리·환율·재정 등 거시정책을 안정 기조로 전환해야 한다. 3박자 중 한 개라도 어긋나면 물가 관리는 어렵게 된다. 고환율 정책을 포기하고 수입 물가부터 내려야 한다. 저금리를 정상화하고 추경의 속도 조절도 필요하다.

둘째, 협조 체계다. 물가를 중심으로 한 정부와 중앙은행의 협조 체계를 구축하여 금리, 환율, 기업정책 등에 대한 종합적인 고려를 바탕으로 한 경제 안정화 정책으로 발전시켜 나가야 한다.

셋째, 본질이다. 물가 상승세의 원인은 복합적이다. 높은 물가는 서민들이 가장 피해를 본다. 유류세 인하와 공공인상 억제는 근본적인 처방이 아니다. 재정의 건전성과 통화의 긴축을 통해 인플레이션을 막아야 한다.

넷째, 조정이다. 엇박자 정책을 조정해야 한다. 돈을 풀면서 재정 건전성을 지키기는 어렵다. 추경을 하면서 세 부담을 줄이겠다는 엇박자 정책은 현실성이 떨어진다. 규제를 풀면서 집값을 안정시킬 수는 없다. 국제유가 및 원자재 가격은 폭등하는데 공공요금은 동결하겠다는 것은 공기업의 적자로 이어진다. 결국 국민 세금으로 메워야 한다.

다섯째, 물가 관리다. 생활물가 안정을 위해 비상 대응체계 구축으로 품목별 수급 관리에 나서야 한다. 당선인 직속 물가 T/F를 만들어 소관 책임제를 시행해야 한다. 밥상 물가와 밀접한 100대 품목을 정해 수급 관리 예측을 강화하고 가격 변동성 완화를 위한 제도 개선을 동시에 추진해야 한다.

마지막으로 외환보유다. 고유가·고금리·고환율의 퍼펙트 스톰이 몰려오고 있다. 미국과의 통화스와프를 재추진해야 한다. 일본과의 통화 스와프도 서둘러야 한다. 한국경제가 닥친 위기가 언제 진정될지 가늠하기 어렵기 때문이다. 수출로 먹고사는 한국경제는 글로벌 변수에 흔들리기 쉽다. 당면한 현안을 풀기 위해선 과거 정형화된 방식으로는 해결할 수 없다.

4차 산업혁명과 AI시대에 맞는 새롭고 창의적 발상이어야 난제를 풀 수 있다. 국가부채 증가 없이 재원 문제를 해결한 'AI 자동 환수 알고리즘'이 대안이 될 수 있다. 이는 이미 AI 한국경영 시리즈에서 해법을 제시한 바 있다.

아무쪼록 새 정부 앞에 놓인 현안을 잘 풀어 대한민국이 일자리 넘치는 'AI 강국'으로 도약하길 기대한다. (2022.04.06.)

최우선 과제는
'좋은 일자리 창출'

우크라이나 사태 장기화로 세계 경제에 인플레이션 압력이 가중되고 있다. 수출로 먹고사는 한국경제 구조 특성상 세계경기가 위축될수록 성장률도 꺾일 수밖에 없다. 성장률이 떨어진다는 것은 투자의 감소로 이어지고 일자리가 사라진다는 것을 의미한다. 저성장과 고물가·고환율이 동시에 나타나면 경제성장률이 낮아지고 물가가 급등하는 스태그플레이션(stagflation)이 우려된다.

경제성장률 둔화는 새로운 일자리가 창출되지 않는 것을 뜻한다. 물가를 잡기위해 긴축정책을 펼치면 일자리가 크게 위축된다. 스태그플레이션 상황에서는 일자리 창출 정책은 진퇴양난의 처지에 놓이게 된다. 최악의 경우 일자리 참사라는 상황을 맞을 수도 있다. 민간부문에서 원가 부담을 흡수할 여력이 위축되면 투자의 감소로 인해 일자리는 줄어든다.

일자리 정부를 자처한 문재인 정부 일자리 정책은 실패했다. 좋은 일자리는 185만 개나 사라졌다. 좋은 일자리 격감은 문 정부의 일자리 정책 방향을 잘못 잡아서다. 문 대통령은 집권 초 "일자리를 만드는 게 기업의 몫이라는 고정관념을 버리라"라고 강조하면서 "공공 일자리 81만 개를 만들라"라고 지시했다.

필자는 대통령 직속 일자리위원회 중소·벤처 T/F 장으로 "정부는 일거리, 기업은 일자리를 만들어야 한다. 세금으로 만드는 티슈형 일자리가 아니라 세금을 내는 양질의 일자리를 만들어야 한다"라고 회의와 칼럼을 통해 주장했다가 정부의 정책에 반기를 든다고 미운털이 박혀 찍힌 바 있다.

문 대통령은 지난 연말 대기업 총수들을 만나 "좋은 일자리 창출은 기업 몫이고, 정부는 최대한 지원할 뿐"이라고 했다. 정권이 끝나가는 시점에서야 '일자리는 기업이 만든다'라는 당연한 원리를 입에 올렸다. 그걸 이제야 알았느냐 탄식과 안타까움이 뇌리를 스친다.

민생과 일자리는 새 정부의 핵심 국정 과제다. 좋은 일자리를 만들어야 하는 것은 대통령의 사명이다. 일자리를 창출하지 못하면 윤석열 표 정책은 줄줄이 차질을 빚기 때문이다. 윤 당선인이 성공한 대통령이 되려면 '일자리 대통령'이 돼야 한다.

그렇다면 어떻게 해야 할까.

첫째, 사명감이다. 일자리는 정책의 근간이며, 생산의 핵심이고 소비의 원천이기 때문이다. 일자리 창출은 정부의 책무다. 일자리는 최고의 복지정책이다.

둘째, 역할 분담이다. 정부는 일거리를 발주하고 기업은 일자리를 만드는 구조를 정립해야 한다. 정부 주도의 일자리 정책은 버려야 한다. 광주형 일자리와 AI 관련 일자리 창출 프로젝트는 살려 나가야 한다.

셋째, 중요성이다. 일자리가 없어지면 경제가 어그러진다. 경제는 일자리이고 민심이다. 외환위기와 부동산값 폭등 등에 따른 민심이 정권을 몰락시켰다. 아무도 성공한 일자리 대통령이 되지 못했다.

넷째, 반면교사다. MB 정부 때부터 문 정부까지 일자리 정책은 실패의 연속이었다. 취업 경쟁, 고질적인 청년 실업, 비정규직, 여성의 경력단절, 노년 노동, 플랫폼노동 문제가 해결되지 않았다. 실패한 공통점은 일시적 일자리 늘리기와 취업 지원정책에만 몰두했다. 반(反)시장 반(反)기업 정책을 우격다짐으로 펼쳐나갔다.

다섯째, 유능한 참모다. 대통령이 일자리를 만들 수는 없다. 그래서 유능한 일자리 참모를 두어야 한다. 정치인이나 인연이 있던 자기 사람 위주와 폴리페서(Polifessor, 적극적으로 정치에 관여하는 현직 교수)에게 일자리 창출 업무를 맡긴 것이 패착이다. 산업현장에서 일자리를 만든 경험과 실적이 있는 일자리 전문가를 활용해야 한다.

여섯째, 포장된 정책이다. 역대 정부의 정책은 시대에 따라 녹색산업, 바이오산업, 디지털산업, 뉴딜 산업 등으로 이름만 바뀌었다. 또한 녹색경제, 창조경제, 공정 경제, 혁신경제로 포장만 살짝 바꿨다. 일자리 비전이 전혀 없는 보여주기 정책에 불과했다. 내용이 정교하지 않고 흐름에 편성하기에 급급했다. 성과를 내는 일자리 정책은 정부 정책과 기업의 정책이 상호 연계되어, 디자인되어야 한다.

일곱째, 공약(空約)이다. 노무현 정부 250만 개, 이명박 정부 300만 개, 박근혜 정부 고용률 70%, 문재인 정부 81만 개 공공일자리 창출이 핵심 정책이었지만 성과는 만족스럽지 못하다. 연평균 취업자 수 증가를 따져보면 노무현 정부 37만 7,200명, 이명박 정부 30만 5,000명, 박근혜 정부 35만 6,500명, 문재인 정부

19년까지 23만 8,000명 그 이후는 마이너스를 기록했다.

여덟째, 정책 방향이다. 일자리 정책 방향은 '고용의 창출', '좋은 일자리로의 전환', '과도한 격차의 해소'를 아우르는 것이 중요하다. 3박자가 맞아떨어질 때 성과를 낼 수 있다. 정규직과 비정규직의 과도한 격차를 그냥 둔 채 성과를 내기 어렵다. 일자리 창출 없이는 좋은 일자리 전환의 여력이나 과도한 격차를 해소하기 힘들다.

아홉째, 혼합정책이다. 지금까지 역대 정부의 정책은 노동시간 단축, 최저임금 인상, 비정규직의 정규직 전환, 중소기업 취업자 처우개선, 청년실업 대책 등의 정책을 개별적으로 다루었다. 한마디로 각개격파 정책 추진이었다. 이를 결합하는 혼합정책(Policy Mix)의 설계가 필요하다.

마지막으로 중소·벤처 육성이다. 우리나라 전체 기업체 수의 99.99%와 일자리의 82.7%가 중소기업에 있다. 대부분 일자리는 중소기업에서 만들어진다는 얘기다. 대기업이 일자리를 창출하는 시대는 이미 지나갔다. 4차 산업혁명과 AI시대의 좋은 일자리는 AI+X 산업에 있다. 문 정부는 5년간 일자리 예산 125조 원을 투입했다. 휴지 줍는 노인 일자리, 소등하는 청년 일자리 등 임시직 일자리를 만들기 위해서다. 문제는 일자리 재정이 끊기면 통계 수치로 잡혔던 아르바이트 일자리가 줄어든다는 점이다. 새 정부가 출범하자마자 일자리를 만들어야 한다.

180일 내 100만 개 일자리 창출 해법은 AI 한국경영 시리즈에서 이미 해법을 제시한 바 있다. 아무쪼록 새 정부는 중소·벤처 기업을 육성하고 AI 벤처 붐을 조성해야 한다. 일자리 넘치는 'AI 강국'으로 도약하길 기대한다. (2022.04.07.)

민생을 살릴 수 있을까

윤석열 정부는 외환위기 직후 출범한 국민의 정부 이래 역대 가장 어려운 정치·경제 위기 환경에서 임기를 시작한다. 새 정부 출범한 지 4개월 후면 추석(9월 10일)이다. 과연 국민은 풍요로운 한가위를 맞이할까. 용산 시대를 개막한 대통령에 대한 설렘과 기대에 부응할까. 잘하려고 했지만, 한계가 많이 노출된 시간일까.

윤 정부는 발등에 떨어진 불을 어떻게 해결하느냐에 따라 임기 5년의 성패가 갈릴 것이다. 보수 언론에서조차 지적했듯이 윤 정부에 달갑잖은 딱지 '이명박 정부 시즌2'가 붙었다. 당선인 주변에 시나지게 MB 성권 인맥의 그림자가 어른거려서다.

성공한 정부에서 경험과 실력을 보여주었다면 다시 발탁하는 걸 문제 삼을 이유는 없다. 문제는 실패한 정부에 배후에는 반드시 정책 실정이 뒤따른다는 것이다. 노무현 정부의 부동산 정책을 입안한 참모가 문재인 정부에서 중용됐다. 결과는 어때했는가. 똑같은 실패를 답습했다. 부동산 실정으로 정권교체까지 이루어졌다. 이명박 정부 시절 정책은 성과를 냈을까. 국민은 성공했다고 평가하고 있을까.

이명박 정부(2008.2~2013.2)는 집권 초기 '중도 실용주의'를 표방했다. 윤 당선인 인수위가 밝히는 정책이 MB와 유사성이 짙다고 벌써 뒷말이 무성하다. 이런 낙인이 찍힌다면 정책이 힘을 받을 수 없다.

2008년의 글로벌 경제 위기와 작금의 경제 환경은 너무 다르다는 것을 인식해야 한다. 문 정부가 '노무현 정책 시즌 2'를 하려다 실패한 것을 반면교사로 삼아야 한다.

그렇다면 어떻게 해야 할까.

첫째, 성과를 내야 한다. 여기서 성과란 모든 국정 현안에 대한 해결을 의미하는 것은 아니다. 민생에 직접적으로 영향을 미치는 과제에 대해 해법을 제시하고 실행해나가는 모습을 보여줘야 한다는 것이다. 정책 집행에 대한 성과는 국민이 피부로 느낄 수 있어야 한다.

둘째, 성급하지 말아야 한다. 대선 공약으로 내걸었다고 무조건 시행해야 한다는 강박에서 벗어나야 한다. 정책 집행에는 현재 상황에 대한 치밀한 사전 검증과 사후 발생하는 문제점에 대한 철저한 분석이 필요하다. 이걸 무시하고 밀어붙이면 극심한 역풍을 맞게 된다. 5년이라는 시간이 주어졌다. 너무 서두를 필요가 없다는 얘기다.

셋째, 땜질식은 안 된다. 새 정부로선 잘못된 정책을 정상화로 되돌리는 것이 중요하다. 정책에서 성과를 내려면 현장 떠보는 듯한 찔끔찔끔 대책으로는 성공할 수 없다. 26번의 부동산 대책이 실패한 것은 시장에서 이미 예견하고 먼저 움직였기 때문이다. 김영삼 정부가 '금융실명제'를 전격 실행한 것처럼 전광석화같이 추진해야 성과를 낼 수 있다.

넷째, 민생안정이다. 모든 국정 현안에서 성과를 낼 수 없다. 민생안정에 선택과 집중을 해야 한다. 우선 '180일 민생 해결 프로젝트'를 선정해야 한다. 국민이 가장 원하는 물가 안정, 집값 안정, 일자리 창출, 소상공인 살리기를 통해 민생안정을 꾀해야 한다.

마지막으로 용인술이다. 산적한 과제 해결은 폴리페서의 탁상공론이 아니라 현장 경험이 있는 전문가를 적재적소에 활용하는 용인술에 있다. 디지털 트랜스포메이션과 AI 혁명 시대에는 창의력과 글로벌 변화를 감지해 발 빠르게 대처하는 역량을 가진 인재가 성공을 좌우한다.

윤 당선인이 성공한 대통령이 될 수 있는 단초가 어디에 있을까. 과욕을 부리지 말고 국민만 바라보며 최선의 정책을 모색하는 길이다. 추석까지 정책성과를 내면 국정 동력을 확보할 수 있다. 민생을 살리는 것은 새 정부에게 주어진 책무다. 부디 민생을 안정시켜 성공하는 대통령이 되기를 기대한다. (2022.04.08.)

'ABM'만으로 성공할 수 있을까

민생과 일자리는 새 정부의 핵심 국정 과제다. 좋은 일자리를 만들어야 하는 것은 대통령의 사명이다. 일자리를 창출하지 못하면 윤석열 표 정책은 줄줄이 차질을 빚기 때문이다. 윤 당선인이 성공한 대통령이 되려면 '일자리 대통령'이 돼야 한다. 그렇다면 어떻게 해야 할까.

첫째, 사명감이다. 일자리는 정책의 근간이며, 생산의 핵심이고 소비의 원천이기 때문이다. 일자리 창출은 정부의 책무다. 일자리는 최고의 복지정책이다.

둘째, 역할 분담이다. 정부는 일거리를 발주하고 기업은 일자리를 만드는 구조를 정립해야 한다. 정부 주도의 일자리 정책은 버려야 한다. 광주형 일자리와 AI 관련 일자리 창출 프로젝트는 살려 나가야 한다.

셋째, 중요성이다. 일자리가 없어지면 경제가 어그러진다. 경제는 일자리이고 민심이다. 외환위기와 부동산가격 폭등 등에 따른 민심이 정권을 몰락시켰다. 아무도 성공한 일자리 대통령이 되지 못했다.

넷째, 반면교사다. MB 정부부터 문 정부까지 일자리 정책은 실패의 연속이었다. 취업 경쟁, 고질적인 청년 실업, 비정규직, 여성의 경력단절, 노년 노동, 플랫폼노동 문제가 해결되지 않았다. 실패한 공통점은 일시적 일자리 늘리기와 취업 지원정책만 몰두했다. 반(反)시장, 반(反)기업 정책을 우격다짐으로 펼쳐나갔다.

다섯째, 유능한 참모다. 대통령이 일자리를 만들 수는 없다. 그래서 유능한 일자리 참모를 두어야 한다. 정치인이나 인연이 있던 자기 사람 위주와 폴리페서(Polifesser, 적극적으로 정치에 관여하는 현직 교수)에게 일자리 창출 업무를 맡긴 것이 패착이다. 산업현장에서 일자리를 만든 경험과 실적이 있는 일자리 전문가를 활용해야 한다.

여섯째, 포장된 정책이다. 역대 정부의 정책은 시대에 따라 녹색산업, 바이오산업, 디지털산업, 뉴딜 산업 등으로 이름만 바뀌었다. 또한 녹색경제, 창조경제, 공정 경제, 혁신경제로 포장만 살짝 바꿨다. 일자리 비전이 전혀 없는 보여주기 정책에 불과했다. 내용이 정교하지 않고 흐름에 편성하기에 급급했다. 성과를 내는 일자리 정책은 정부 정책과 기업의 정책이 상호 연계되어, 디자인되어야 한다.

일곱째, 공약(空約)이다. 노무현 정부 250만 개, 이명박 정부 300만 개, 박근혜 정부 고용률 70%, 문재인 정부 81만 개 공공 일자리 창출이 핵심 정책이었지만 성과는 만족스럽지 못하다. 연평균 취업자 수 증가를 따져보면 노무현 정부 37만 7,200명, 이명박 정부 30만 5,000명, 박근혜 정부 35만 6,500명, 문재인 정부 19년까지 23만 8,000명 그 이후는 마이너스를 기록했다.

여덟째, 정책 방향이다. 일자리 정책 방향은 '고용의 창출', '좋은 일자리로의 전환', '과도한 격차의 해소'를 아우르는 것이 중요하다. 3박자가 맞아떨어질 때 성과를 낼 수 있다. 정규직과 비정규직의 과도한 격차를 그냥 둔 채 성과를 내기 어렵다. 일자리 창출 없이는 좋은 일자리 전환의 여력이나 과도한 격차 해소하기 힘들다.

아홉째, 혼합정책이다. 지금까지 역대 정부의 정책은 노동시간 단축, 최저임금 인상, 비정규직의 정규직 전환, 중소기업 취업자 처우개선, 청년실업 대책 등의 정책을 개별적으로 다루었다. 한마디로 각개격파 정책 추진이었다. 이를 결합하는 혼합정책(Policy Mix)의 설계가 필요하다.

마지막으로 중소·벤처 육성이다. 우리나라 전체 기업체 수의 99.99%와 일자리의 82.7%가 중소기업에 있다. 대부분 일자리는 중소기업에서 만들어진다는 얘기다. 대기업의 일자리를 창출하는 시대는 이미 지나갔다. 4차 산업혁명과 AI시대의 좋은 일자리는 AI+X 산업에 있다. 문 정부는 5년간 일자리 예산 125조 원 투입했다. 휴지 줍는 노인 일자리, 소등하는 청년 일자리 등 임시직 일자리를 만들기 위해서다. 문제는 일자리 재정이 끊기면 통계 수치로 잡혔던 아르바이트 일자리가 줄어든다는 점이다.

새 정부가 출범하자마자 일자리를 만들어야 한다. 180일 내 100만 개 일자리 창출 해법은 AI 한국경영 시리즈에서 이미 해법을 제시한 바 있다. 아무쪼록 새 정부는 중소·벤처 기업을 육성하고 AI 벤처 붐을 조성해야 한다. 일자리 넘치는 'AI 강국'으로 도약하길 기대한다.

기업의 영업 활동은 고객의 니즈를 파악하고 적합한 판매 전략을 통해 거래를 마무리하는 전반의 과정을 포함한다. 영업은 대부분 산업에서 요구되는 기본적인 비즈니스 활동으로 영업 대상에 따라 크게 기업을 대상으로 하는 B2B(Business to Business)와 소비자의 B2C (Business to Consumer)로 구분한다.

기업 마케팅 전략의 하나로 'ABM(Account Based Marketing)'이 주목받고 있다. 반 문재인의 'ABM'과 기업의 마케팅 전략 'ABM'은 단어는 같지만, 의미는 완전히 다르다. ABM이란 어카운트(개별기업) 내에서 인게이지먼트(Engagement)를 심화하기 위한 개인화된 마케팅과 영업을 조율하는 전략적 접근 방법을 도입하는 것이다. 핵심은 개별기업을 그 자체로 하나의 시장으로 취급하는 것이다. 'ABM'은 전략적이고 장기적인 마케팅에 대한 고객 중심 접근 방법으로의 전환이다.

'ABM'이 활성화되는 이유는 디지털 사회의 풍부한 데이터 덕분이다. 고객 인게이지먼트란 기업이 고객의 직접적이고 의미 있는 관계를 구축하고 유지하기 위해 사용하는 일련의 모든 활동을 의미한다. 글로벌 기업은 개인정보를 보호하면서 실시간으로 고객의 이야기를 듣고 고객의 행동을 이해 및 해석하여 빠르고 효과적으로 대처하기에 높은 실적을 내고 있다. 여기서 어카운트는 정부의 각 부처·지자체, 고객은 국민, 마케팅은 정책 서비스라고 대체해 전략을 펼쳐보자. 정책성과를 내기 위해 기업의 최신 마케팅 기법을 디지털 플랫폼 정부와 정책 추진에 도입하자는 것이다.

'ABM' 성공을 위해선 해야 할 것과 하지 말아야 할 일이 있다.

먼저, 해야 할 일이다.

첫째, 창의적 정책 개발이다. 현장에 맞는 전략을 수립해야 한다. 정책은 추진할 만한 가치가 있어야 하고 반드시 성과를 내야 하는 전제 조건이 있어야 한다. 그렇지 않으면 예산 낭비와 시간만 허비하는 것이다.

둘째, 선택과 집중이다. 성과는 우연으로 만들어지지 않으며 집중과 노력이 필요하다. 성공하기 위해선 리더십과 정책팀의 헌신, 실행 또는 체계적인 접근과 탁월한 소통이 중요하다. 성공 결과를 평가하고 공유하며 피드백해야 한다.

셋째, 고객 만족이다. 여기서 고객은 국민이다. 디지털과 AI 기술 발전으로 국민의 눈높이가 점점 높아지고 있다. 기존의 행정서비스로는 만족시킬 수 없다. 글로벌 기업들의 마케팅 기술을 수시로 접했기에 서비스에 대한 기대가 점점 더 높아지고 있기 때문이다.

하지 말아야 할 일이다.

첫째, 실패 정책 답습이다. 역대 정부에서 실패한 정책을 시대에 맞게 포장만 바꾼 정책을 추진하는 것은 실패를 예견하는 것이다. 실패의 본질을 파악하고 고쳐야 하는데 매번 하지 못했다. 공무원 조직에서는 상사가 정책을 만들라고 지시를 하면 책상 속에 묵혔던 흘러간 레퍼토리를 다시 꺼내 내용을 살짝 바꾸는 예가 허다하다.

둘째, 과도한 의욕이다. 정권 출범 초기에는 대선 공약을 전부 이루겠다는 과욕을 부리기 쉽다. 하지만 모든 공약을 추진할 수 없다. 현장에 맞는 정책을 선택할 수밖에 없다. 우선순위를 정해 단계별로 추진해야 성과를 낼 수 있다. 과도한 목표 설정과 욕심은 버려야 한다.

셋째, 중간 점검이다. 프로젝트(정책)를 추진하면 반드시 진행 상황에 대한 중간 점검에 나서야 한다. 역대 정부가 실패한 것은 사업 발표만 치중하고 추진 상황에 대한 체크가 없었기에 용두사

미로 끝나는 게 다반사가 되었다.

넷째. '내로남불'이다. 철학자 최진석 교수는 문재인 정부 실정에 대해 "정치는 말로 피우는 꽃이다. 정치는 말이다. 하지만 문 대통령의 거짓말은 말의 질서를 파괴하고 신뢰를 무너뜨렸다. 거짓과 몰염치와 '내로남불'로는 국가가 앞으로 나아갈 수 없다. 거짓말만 줄여도 문제의 반은 해결된다"라고 지적했다.

윤석열 표 정책이 성공하려면 발등에 떨어진 현안을 신속하게 처리해야 한다. 코로나·물가·부동산·일자리·부채·손실 보상금 등을 조기에 안정시켜 나가야 국민의 신뢰를 높일 수 있다. 정책 성과를 내기 위해 현안마다 '민·관 합동 전문가 T/F'를 운영하는 것은 어떨까.

문 정부에서도 '민·관 공동위원회'는 많았다. 하지만 책임과 권한도 없었기에 예산만 낭비하는 위원회로 격하된 지 오래다. 제대로 된 성과를 낸 위원회는 눈 씻고 찾아보기 힘들다. 아무리 대통령 직속으로 '민관합동 위원회'를 운영한다 한들 집행은 공무원이 해야 한다. 실패에 대한 책임은 누가 질 것인가.

민간 자리 사냥꾼들은 경력관리를 위해 잠시 맡다가 돌아가면 그만이다. 정책 실패에 대한 책임은 오롯이 대통령에 가는 비효율적 운영이었다. 성과를 내기 위해선 다른 방법을 모색해야 한다. 과제별로 권한과 책임을 주고 대통령이 수시로 진행 상황을 체크한다면 성과를 낼 수 있다.

윤석열 당선인은 '내로남불'이 아닌 '언행일치', '말짓일치(말대로 실행)', '거짓말 안 하는 정부'를 만들어야 한다. 정책을 추진함에 '나는 옳고 상대는 틀렸다'라는 아시타비(我是他非)가 되어서는 안 된다. 인선에 있어서 문 정부보다 더 엄격한 잣대로 도덕성과 업무 능력을 겸비한 인재를 국민 앞에 선보여야 한다. 그래야 한국 정치가 한 단계 발전하고 미래 세대의 본보기가 될 수 있다. 정책은 버릴 것은 버리고 역발상과 새로운 창의력의 정책을 발굴해 세밀히 추진해야 성공할 수 있다.

윤석열 정부가 추진하는 정책이 성과를 내서 국민의 삶이 나아지기를 기대한다. (2022.04.08.)

새 정부, 감동 없는 인사로
성공할 수 있을까

윤 당선인은 대선 후보 시절 "국민이 지적하는 부분이 문제가 된
다고 하면 밀어붙이지 않고 국민 뜻에 따라 후퇴하겠다"라고 밝
혔다. 당선 후에는 "국민 통합은 실력 있는 사람을 뽑아서 국민
을 제대로 모시고 각 지역이 균형 있게 발전할 수 있도록 지역발
전의 기회를 공정하게 부여하는 게 우선이라며, 자리 나눠 먹기로
해서는 국민 통합이 안 된다고 본다"라고 말했다.

조만간 경제부처를 중심으로 장관 내정 후보자가 순차적으로
공개된다고 한다. 인수위 소속이거나 캠프 출신과 측근들이 후보
군에 올려있다. 일각에서는 인수위원장 지분으로 몇 명 인사들이
거론되고 있다. 당선인과 가까운 사람을 쓴다니 할 말은 없다. 통
합정부라 지분을 나눠 줘야 한다니 여러모로 아쉬움이 남는다.

윤 당선인은 당선 일성으로 통합·협치를 강조하며 경제위기를
극복하겠다고 강조했다. 아쉬움이 남는 이유는 협치는 그렇다 하
더라도 경제위기를 과연 극복할 수 있는 인물이 보이지 않아서다.

초한대전(楚漢大戰) 승자 유방(劉邦)은 승리의 요인을, "장막
안에서 계략을 짜 하늘의 뜻밖의 승부를 결정짓는 것은 내가 장

량(張良)만 못하다. 나라를 진정시키고 백성을 위로하며 군량을 공급하거나 수송로가 끊어지지 않게 하는 것은 내가 소하(蕭何)보다 못하다. 백만 군사를 연합해서 싸우면 반드시 승리하고 공격하면 반드시 빼앗는 것은 내가 한신(韓信)만 못하다. 이 세 사람은 모두 인걸인데, 내가 그들을 등용할 수 있었기 때문에 천하를 차지하게 된 것이다.”라고 했다. 사마천의 '사기'와 반고(班固)의 '한서'에 나오는 일화다. 이처럼 유능한 인재를 적재적소에 등용하면 성공하는 것이 인사(人事)는 만사(萬事)라는 말이다.

역대 정부는 집권 초기 탕평 인사, 놀라움과 감동을 주는 인사, 흙수저 출신의 스토리 인사를 감행해 높은 국정 지지율로 시작했다. 대통령과 인연이 없어도 능력만 있다면 발탁하는 파격 인사로 국민의 지지를 받았다.

문 정부는 능력보다 진영에 앞세운 편향된 인사 파행 때문에 공직사회가 밑바닥부터 골병이 들었다. '내로남불'이 판치는 사회 풍조가 만연했다. 사람만 바꾸고 실패한 정책에 집착했다. 철저한 보복인사로 내각을 꾸몄다. 인사 실패는 실정(失政)으로 이어져 잃어버린 5년이 되고 말았다.

인사의 대원칙은 첫째, 유능한 현장 전문가를 써야 한다. 안 그러면 좋은 정책도 리더십도 안 생긴다. 참신한 인재를 발탁해 믿고 맡겨야 한다.

둘째, 슈퍼급 인재의 등용이다. 내 편 네 편 구분 말고 최고의 슈퍼급 인재를 써야지, 내 편이라는 이유로, 또는 측근이 추천했다는 이유로 B, C급을 쓰면 성과는 기대하지 말아야 한다. 감동이나 파격 인사보다 중요한 것은 최적의 인재를 인선했는지가 중요하다. 의원직과 당적을 유지하는 장관을 임명하는 것은 가급적이면 하지 말아야 한다. 왜냐하면 당과 정치 세력의 포로가 되기 쉬워서다.

셋째, 인사는 전리품이 아니다. 선거에 승리하면 인사를 전리품이라 생각하고 논공행상을 바라는 사람이 구름처럼 몰려든다. 현대 국민국가에서 대통령 인사권은 고유권한이 아니라 국민이 위임한 것이다. 대통령 인사는 민심을 따라야 한다. 국민의 절반이 반대하는 인사는 강행하면 안 된다.

넷째, 전문가를 뽑아야 한다. 전문가란 문제가 발생 시 해결하고 미래를 준비하는 역량 있는 인재를 말한다. 과거 한자리를 하면서 아무 문제 없이 관리만 잘한 인재는 더 이상 필요치 않은 시대다. 학벌·인연을 앞세운 가짜 전문가가 아니라 실력과 능력의 유능한 진짜 전문가 인사를 써야 한다.

다섯째, 국민 행복 인사다. 과거형 인사가 아니라 미래를 보는 안목으로 미래형 인사를 해야 한다. G5 강국으로 도약하기 위한 국가발전과 국민 행복에 맞는 맞춤형 인사를 해야 한다.

그렇다면 윤석열 당선인은 어떻게 인사를 해야 할까.

첫째, 자문(自問)해야 한다. '장량'에 버금가는 정책 전문가, 경제위기를 극복하고 민생을 살리는 '소하' 급의 경제 전문가와 일자리 창출 전문가, 개혁에 앞장서고 혁신을 유도해 뉴 정부를 만드는 '한신'과 같은 혁신 전문가를 인선했는지 돌아봐야 한다.

둘째, 인사 방법이다. 국정 목표를 달성할 수 있는 최고의 인재를 찾고, 발등에 떨어진 과제를 해결하는 최적의 인재를 등용해야 한다. 하지만 정부 조직도를 펼쳐 놓고 측근과 인연 있는 사람을 대상으로 너는 이 자리, 누구는 저 자리를 맡아서 해보는 식의 나눠 먹기 인사는 성공하기 어렵다. 내 사람이 먼저가 아니라 현안 해결과 목표를 누가 더 빨리 달성할 수 있느냐 역량에 따라 결정해야 후회가 없다. 경제를 살리기 위해선 '기술주도성장', '민간주도성장'이 돼야 한다. 그러기 위해선 데이터 경제 활성화는 기본이다. 데이터 경제를 이끌 경제팀이 필요하다. 과학 강국을 실현을 위해선 과기부 역할이 중요하다. 일자리 창출은 중기부가 핵심이다.

셋째, 추진 능력이다. 해당 분야에 필요한 경험과 실력을 갖춰야 한다. 정치적 눈치를 보지 않고 소신껏 일할 수 있는 인재여야 한다. 다양한 분야의 식견과 넓고 균형 잡힌 시야를 가지고 치밀한 정책 능력의 강한 인재가 필요하다. AI 벤처 붐을 일으킬 수 있는 강력한 추진력의 인재가 절실하다.

넷째, 효율적 용인술이다. 실패한 대통령들은 태종처럼 측근을 멀리해 권력을 강화하지도 못했고, 세종처럼 자신을 반대하는 인재를 포용해 충신으로 만들지도 못했다. 오히려 강부자·고소영, 성시경, 캠코더 내각으로 이름 붙여졌던 코드·회전문 인사 논란을 반복했다. 한국 정치사에서 폭넓은 인재 등용으로 성공한 용인술을 인정받았던 인물은 김대중 전 대통령이다. 김 대통령은 "탐나는 인물은 나타나지 않고 탐탁치 않은 인사들만 문전을 기웃거리고 있다"라며 한탄했다. 성공한 지도자들은 인재들이 자신의 역량을 최대한 발휘할 수 있도록 환경을 만들어 준다.

다섯째, 발탁이다. 인사의 꽃은 능력은 있지만, 초야에 묻혀 있는 뉴 페이스 발탁에 있다. 기존의 인사 방식을 답습한다면 새롭고 실력 있는 인사의 발굴은 어렵다. 낯익은 인사들의 귀환은 4차 산업혁명과 AI 혁명 시대에 대처해나가기 어렵다. 최고의 능력을 지닌 인재를 등용하려는 것은 옳지만 자기 리그에서만 인재 풀을 가동한다면 성공하기는 어렵다. 기존 틀에 얽매이지 않는 인재 발탁은 성공의 지름길이다.

여섯째, 능력 위주다. 학벌이나 지연·인연·출신을 보지 않고 오롯이 능력을 보고 등용해야 한다. 삼국지에서 원소는 인물의 가문이나 배경을 보았다. 조조는 자신의 과업에 필요한 능력을 겸비한 인물을 영입했다. 그 결과 원소는 스펙이 좋은 장수를 가졌지만 패했고, 반면에 조조는 천하의 인재들이 모여들어 능력을 발휘에 승리했다.

일곱째, 하이브리드 인재다. 4차 산업혁명 시대에 요구되는 인재는 하이브리드형 인재다. 컴퓨터를 활용해 새로운 가치를 만들고 이를 공유하여 성과를 낼 수 있는 사람이 바로 하이브리드형 인재다. AI 혁명 시대는 정책 입안과 분석 및 평가에도 AI·빅데이터를 활용해야 성과를 도출할 수 있다. 새로운 시대의 새 정부는 참신하고 과학기술로 무장한 인재를 등용해야 한다.

여덟째, 4.0 인재다. 시대의 변화에 따라 인재의 요구도 달라진다. 산업화 시대는 성실한 인재 1.0이 전통적인 인재였다. 특정한 기술을 가진 유능한 기술자가 인재 2.0으로, 다시 풍부한 전문지식을 가진 역량형 인재 3.0으로 발전해왔다. 바야흐로 4차 산업혁명 시대의 인재는 다시 진화될 수밖에 없다. AI 혁명 시대의 인재는 바로 문제 해결형 인재 4.0이다. 환경변화의 패러다임에 지속해 대처하면서 조직과 자신의 문제를 명확히 정의해 스스로 해결방식을 찾아가는 개척형 인재다. 4.0 인재는 디지털과 AI·BigData, 정책설계 능력, 플랫폼 구성 능력이 요구된다.

마지막으로, 문호개방 원칙이다. DJ는 인재 영입과 관련해 외부 인사에 대해 문호개방 조치라는 한 가지 원칙을 내세웠다. 인재 영입 시 인물의 장단점을 파악해 배치하는 것을 특징으로 했다.

국민의 손으로 직접 뽑은 전직 대통령의 인사는 대부분 만사가 아닌 망사(亡事)가 되었다. 인사를 잘못하면 민심이 떠난다. 결국 국정 동력을 상실하게 되어 정권을 잃게 된다. AI 기술 발전의 가속화에 따라 산업이 재편되고 새로운 직업군이 생겨 일자리 형태가 전면 개편된다. 미래의 일자리 60%는 아직 오지 않았다. 새로운 산업과 기술의 변화에 따른 일자리에 대비해야 한다. AI시대는 무엇보다도 짧은 시간에 국정 현안에 대해 효과적으로 일을 해결할 수 있는 능력이 중요하게 대두되고 있다. 일하는 방식이 달라지면 일하는 능력도 달라진다.

윤 당선인은 도덕성을 겸비한 능력 있고 유능한 인재를 발탁해 국민의 지지를 받아야 한다. 4.0 인재가 윤석열 정부의 성공을 이끈다. (2022.04.08.)

Chapter 5.
성공하는 정부

대통령 성공,
용인술에 달려 있다

성공한 대통령이 되기 위해선 용인술(用人術)이 중요하다. 용인술이란 인재를 알아보고 활용하며 그들의 마음을 움직이는 사람을 쓰는 방법이다. 동서고금을 통해 사람을 잘 쓰는 지도자는 천하를 제패해 태평 시대를 만들었다. 흔히 정치(政治)를 인사(人事)가 만사(萬事)라고 하는 것도 이 같은 맥락에서 나온 것이다. 용인술의 요체는 적절한 인물을 적합한 자리에 쓰는 적재적소(適材適所)다.

동서양의 성공한 지도자들은 모두가 용인술의 대가였다. 중국에서는 삼국지 주역인 조조가 꼽힌다. 사람 귀한 줄 알고 인재를 중용한다는 소문이 자자해 천하의 맹장과 전략가들이 구름처럼 몰려들었다. 인재 등용의 기준을 개인 인연이 아니라 능력을 우선으로 삼았기 때문이다.

몰려든 인재는 전투에 능한 무장, 전략의 귀재, 병참 보급에 뛰어난 관료 등 참으로 다양했다. 그들은 기존 측근들이 감히 엄두도 내지 못하는 거대 국책 사업을 단숨에 해치우는 능력이 뛰어났다. 조조는 뛰어난 인재를 통해 천하 구상을 실현해 나갔다.

천 명의 병사는 얻기 쉽지만, 뛰어난 장수 한 명을 얻기란 쉽지 않다는 말이 있다. 위기를 돌파하기 위해서는 참모들의 활약이 중요하지만, 진짜 탁월하고 뛰어난 인재들은 초야에 숨어 자신의 가치를 알아줄 주군을 기다리고 있는 것은 옛날이나 지금이나 같다.

은둔 생활을 하고 있던 순욱(荀彧)은 조조가 지혜롭고 용맹하며 인재를 중용한다는 말을 듣고 몸을 의탁하려고 일찍부터 생각하고 있었다. 조조의 간곡한 정성에 탄복해 마침내 조조를 돕게 된다. 모든 일에는 사람이 먼저이고 성공하기 위해선 인재를 존중해야 한다는 조조의 용인술이 빛난 순간이었다.

뛰어난 군사 전략가요 정치가인 이세민은 용인술을 논할 때 가장 먼저 입에 올리는 단골손님이다. 위징이 "국가가 아첨과 무고를 받아들여 망령되어 충량한 자를 해치면 반드시 종묘가 구릉이나 빈터가 되고 시조가 이슬에 젖는다"라고 듣기 싫은 쓴소리로 간언했지만 당 태종은 마음과 귀를 열었다. 정적 수양제의 책사였던 위징을 중용하고 그의 말에 경청했기에 위대한 업적을 남길 수 있었다.

미국에서는 단연 링컨 대통령이 뽑힌다. 링컨은 본인을 비난하는 사람, 심지어 정적까지 필요하면 거침없이 등용했다. 자기보다 뛰어난 인재를 찾아 참모와 내각에 발탁했다. 철강왕 카네기 비문에는 '자신보다 더 뛰어난 사람들의 협력을 얻는 방법을 아는 사람이 여기에 잠들다'라고 적혀있다. 빌 게이츠는 "직원은 저보다 10배 더 똑똑해야 한다"라고 말했다.

성공한 리더를 판단하는 기준 중의 하나는 자신보다 능력이 뛰어난 인재를 보는 안목(眼目)이다. 실패한 지도자는 자신보다 나은 사람을 두렵고 시기하는 마음에 싫어한다. 하지만 성공한 리더는 그런 인재를 찾아 나서서 과감히 등용하고 기회를 준다.

지혜 중 최고의 지혜는 사람을 보는 안목이다. 논어의 핵심은 지인지감(知人之鑑) 즉, 사람을 보는 능력에 있다. 사람을 보는 눈은 피와 땀으로 눈물 젖은 빵을 먹어봐야 제대로 생긴다. 선견지명(先見之明)은 앞을 내다보는 안목이 필요하다. 인재를 등용하는 것은 일을 잘하고자 하는 의도이지만 그보다는 앞으로 닥칠 위급함이나 어려움에 대처하는 위기 능력이 무엇보다 우선이다.

지금까지 나타난 윤석열 당선인의 용인술은 첫째, 뛰어난 인재를 기용해 제 역할을 다하도록 하겠다고 말했다. 각 분야 전문가 인재를 적재적소에 기용해서 제 역량을 발휘하도록 하겠다는 뜻으로 해석된다.

둘째, 대통령이 만기친람(萬機親覽)해서 모든 걸 좌지우지하지 않겠다. 지역과 출신 등을 따지지 않고 각 분야의 뛰어난 인재들이 능력과 기량을 충분히 발휘할 수 있도록 해서 국정을 시스템적으로 운영하겠다고 했다.

셋째, 모든 인사는 정파에 구애받지 않고 정치권에 몸담지 않은 인사들까지 포함해 도덕성과 실력을 겸비한 전문가를 등용하겠다는 구상을 밝혔다. 윤 당선인 용인술의 장점은 정치적 빚이 없으니 무엇에 얽매이지 않고 인사를 자유롭게 할 수 있다는 것이다. 정치 신인이기에 누구에게도 빚진 것이 없고 어떠한 패거리도 없다. 보은 인사로 자리를 챙겨줘야 하는 자기 세력이 그만큼 적다는 것을 의미한다.

그렇다면 사람을 어떻게 중용해야 성공할 수 있을까.

첫째, 새판 짜기다. 지금까지 캠프 중심의 인선을 뒤로하고 아예 능력 위주로 새판을 짜야 한다. 인연과 사람에 집착하면 실패하기 쉽다. 인사는 냉정하게 처리해야만 성공할 수 있다. 지난 1월 5일 선대위에 강력한 쇄신 드라이브 걸었다. 매머드 선대위를 선거대책본부로 축소해 전혀 다른 모습의 새판을 짰기에 대선 승리가 가능했다.

국회의원들과 캠프 관계자에게 자리를 나눠주는 게 아닌, 철저한 실무 위주의 인수위와 능력 중심으로 꾸려야 한다. 통합정부 구성에 있어서 자리 나눠 먹기는 안 된다. 확실하게 다른 모습의 변환된 인사를 내놔야 국민의 지지를 이어갈 수 있다. 인사에 성공하면 정치도, 국정 운영도 성공적으로 수행할 수 있다.

둘째, 경제성장이다. 이번 대선에서 국민이 바라는 우선순위는 경제성장, 일자리, 부동산, 성장·복지로 나타났다. 포스트 코로나 시대의 경제 상황은 이전과 완전히 판이하다. 기존의 경제 개념으로는 난국을 돌파할 수 없다. 데이터·플랫폼·디지털 경제가 몰려오고 있다. 디지털 대전환과 AI·빅데이터 산업에서 양질의 일자리를 창출할 수 있다. 단순히 경제만 안다고 위기를 극복할 수 없다. 다양하고 풍부한 경험과 역량을 가진 현장 전문가를 중용해야 한다.

셋째, 종합 기획이나. 이선 성부의 성적 실패는 정책에 대한 장기적인 안목이 부족했다. 그때 상황에 맞게 우후죽순처럼 대책을 쏟아내기에 바빴다. 현장을 고려하지 못한 정책은 아무 소용이 없다.

두더지 잡기식 부동산 대책이 대표적이다. 부동한 문제는 간단하지 않다. 인구구조 변화와 교육, 인프라, 사람의 심리 등 다양한 요소가 혼재돼 있다. 정치, 경제, 사회, 문화, 지방 균형 발전 등 복합적인 관점에서 접근해야 해결할 수 있다. 공급만이 해결책이 아니라는 뜻이다.

한 분야만 전문가여서는 곤란하다. 융합의 시대에 기술 트렌드 변화와 사회 전체 흐름을 파악해야 대처할 수 있다. 선거 과정에서 국민께 드린 약속을 제대로 이행하고 효율적으로 추진하기 위해 이를 정부 과제, 새 정부의 정책 과제에 효과적으로 반영하기 위해선 종합적이고 미래 기획 역량이 있는 슈퍼 기획 전문가가 필요하다.

넷째, 반면교사(反面教師)다. 역대 정부가 실패한 가장 큰 이유는 국민의 동의를 얻지 못한 인사였다. 코드·회전문 인사. 고소영, 성시경, 캠코더·내로남불 인사 등이다. 또한 탁상공론에 능한 폴리페서를 중용했기에 성과를 내지 못했다.

국회의 인사청문회와 야당을 무시했다. 이제는 밀어붙이기·안하무인 격 임명 강행은 하지 말아야 한다. 국가정책을 담당할 고위직에 도덕성과 청렴은 생명이다. 7대 인사청문회 기준에 맞는 인물을 자신 있게 제시하는 것이 새로운 대통령의 덕목이자 역량이며 참모들의 책무다.

노무현 대통령은 "국회 청문회도 통과하지 못하는 사람이라면 같이 일하기 곤란하다"라는 명언을 남겼다. 역대급 비호감 대선을 겪은 국민은 각종 의혹의 중심에 선 공직자 후보자들이 무더기로 장관직에 오르는 것을 이제 더 이상 용납하지 못한다. 국민통합정부의 고위공직자는 일반인보다 훨씬 높은 공덕(公德)을 갖춰야 한다는 사회적 규범을 준수해야 한다.

마지막으로 인사정책이 성공의 길이다. 김대중 대통령이 작성한 '대통령의 15가지 수칙'을 적은 메모는 국정철학은 물론 외환위기에 따른 국난 극복 과정에서 지도자의 고난과 비전을 확인할 수 있는 자료다. 그중에서도 인사정책이 성공의 길이다. 아첨한 자와 무능한 자를 배제하자. 국회와 야당의 비판을 경청하자. 미래를 대비하자 등은 본받아야 한다.

글로벌 현장 20년 포함 총 34년 현장 경험에서 필자가 느낀 성공한 CEO의 역량은 3가지로 요약된다. 세상 변화를 읽은 눈, 사람을 볼 줄 아는 눈, 자기 자신을 돌아볼 수 있는 눈이다. 부디 국민통합정부는 갈라치기 정치를 종식하고 통합·탕평의 인사로 성공하는 최초의 정부가 되길 기대한다. (2022.03.13.)

윤 당선인 앞에 놓인
산적한 현안과 해법

20대 대통령에 당선된 윤석열 당선인은 포스트 코로나 시대 디지털 대전환기를 이끄는 막중한 사명을 안게 됐다. 대통령직인수위원회 출범이 마무리되면 이제 시선은 차기 정부 앞에 놓인 국정 과제에 쏠린다. 윤 당선인의 최대 과제는 경제와 외교다. 코로나19 팬데믹, 기후 위기, 강대국 패권 다툼, 경제 질서 개편에 의한 공급망 개편, 자국 중심주의 등 현안이 차고 넘친다. 윤 당선인 앞에 켜켜이 쌓인 현안은 절대 만만치가 않다는 얘기다. 그렇다면 산적한 과제를 어떻게 해결해야 할까.

첫째, 북한 도발이다. 북한이 4년 만에 대륙간 탄도미사일(ICBM) 관련 성능시험을 위해 미사일을 발사했다. 북한이 다가오는 4월 15일 태양절과 5월 새 정부 출범 및 바이든 방한 전후로 미국 전역을 사정권으로 하는 ICBM 발사 또는 핵실험까지 동시 도발한다면 어떻게 대응할 것인가. 기존 보수 정부의 대북정책 기조 유지로 한반도 갈등을 더 키울 것인가. 북한에 대한 강 대 강 전략을 펼칠 것인가. 아니면 새롭고 창의적인 대북정책으로 남·북한이 함께 공존할 길을 찾을 것인가. 상호주의와 실사구시 원칙에 입각한 남북문제를 해결할 것인가. 역대 정부 비핵화의 가장 큰 실패 요인은 안보와 정치 환경이 전혀 다른 곳에서 만든 해법을 한반도에 억지로 적용했고 성공 요소의 본질을 오해했기 때문이다. 새 정부의 대북정책의 방향은 비핵화 성공의 3요소인 안보위협·체제 불안 해소와 신뢰 구축에서 찾아야 한다. AI와 메타버스의 가상세계에서 비대면 소통이 남북 평화구축의 출발점이 될수 있다.

둘째, 환율안정이다. 미국의 금리 인상과 7%대 인플레이션, 원유가 폭등으로 환율안정은 눈앞의 과제다. 정부의 시장 개입에도 환율은 무섭게 치솟아 마지노선인 달러 당 1,250원에 육박하고 있다. 대내외 경제 상황이 엄중한 가운데 고유가·고금리·고환율의 신(新) 3고(高)가 몰려오고 있다. 현재 우리가 직면한 위기가 언제 진정될지 가늠하기가 어렵다. 우리나라가 유사시를 대비해 미국과 체결한 통화스와프가 지난해 12월 만료됐다. 미국에 파견되는 특사는 무엇보다 통화스와프 체결을 최우선 목표로 삼아야 한다. 마찬가지로 일본에 특사를 파견해서 한·일 통화스와프도 서둘러야 한다. 일본과 긴밀히 경제 협력하는 것이 중요하다는 것을 외환위기 때 경험한 바 있어서다.

셋째, 물가 안정이다. 세계 경제는 인플레이션 위협을 받고 있다. 미국 경제는 이미 40년 만에 인플레이션을 겪고 있다. 인플레이션은 소비를 위축하고 경기침체를 유발해 스태그플레이션으로 악화할 가능성이 크다. 러시아가 우크라이나 침공으로 유가·광물·곡물 같은 모든 원자재 가격이 폭등해 국내 물가에 큰 타격을 미치고 있다. 2월 물가상승률은 3.7%에 달하며 3월은 4%가 넘을 것이라는 전망이 나오고 있다. 물가를 안정시키는 방안은 기준금리 인상, 재정지출 축소, 개별 품목별 관리 등 크게 3가지다. 기준 금리 인상은 한국은행의 고유권한이다. 금리를 올리면 서민층의 이자 부담이 커진다. 시중 통화량이 넘치지만, 코로나19 국면에서 돈줄을 조이기도 어렵다. 조세·재정 정책을 통해 총수요를 줄여 인플레이션을 억제할 수 있지만 손실 보상금 등을 지급해야 하기에 지출을 급격히 줄이기 어려운 상황이다. 품목별 관리가 남은 유일한 카드다. 민생에 영향을 주는 높은 품목을 중심으로 개별적 관리를 해야 한다. 하지만 이마저도 여의찮다. 정부가 가격 변동이 큰 농·축산 등 공급 물량을 통해 가격조절이 가능하지만, 전체 물가를 조절하는 것은 사실상 어렵다. 가뜩이나 어려운 서민 생활에 높은 물가는 실질소득을 감소시키고 민생을 악화시킨다. 인플레이션과 경기침체가 동시에 나타나는 스태그플레이션 가능성도 어느 때보다 크다. 거시·미시·금융 경제를 혼합해 상황에 맞게 운영할 수 있는 현장에 정통한 역량 있는 경제 전문가를 경제 수장으로 발탁해야만 위기를 돌파할 수 있다. 탁상공론에 능한 폴리페서와 각료 출신으로는 퍼펙트 스톰의 경제위기를 돌파할 수는 없다.

넷째, 오미크론 치료다. 우리나라 코로나 확진자 수는 압도적으로 세계 1위가 된 지 오래다. 확진자 62만 명. 사망자 429명이 발생하고 있다. 위·중증과 사망자 수도 역대 최고치를 갈아치우고 있다. 의사가 처방해도 치료제를 구할 수 없는 현실을 방역 당국은 외면할 것인가. 현장에서는 코로나 치료제 팍스로비드를 구하지 못해 아우성친다. 치료제는 증상 발현 후 5일 이내에 복용해야 입원과 사망 확률을 88% 줄일 수 있다. 정부가 보유하고 있는 약 16만 명분을 필요한 환자에게 제때 공급해야 한다. 위 중증 환자와 사망자를 최소화하면서 의료 체계를 안정적으로 유지하기 위해선 처방전만 있다면 '치료제 주문 앱'을 통해 신속하게 공급받을 수 있는 시스템이 있어야 한다. 치료제가 어느 약국에 있는지 '치료제 찾기 앱' 서비스를 제공해야 한다. 과학에 기초한 코로나 극복 방안을 마련하겠다는 막연한 발표는 인제 그만둬야 한다. 정치적인 고려를 하지 않고 감염병 전문가로 구성된 '방역회의체'를 구성해 위 중증 환자 수를 기준으로 방역 단계를 정하겠다는 식으로 구체적 해결책을 제시해야 한다.

다섯째, 손실 보상금 지급이다. 윤 당선인은 50조 원 이상 재원을 확보해 소상공인에 대한 온전한 손실보상에 나서겠다고 공약했다. 손실보상 지원액은 최대 5,000만 원으로 늘리고 방역지원금 1,000만 원을 지급하겠다고 약속했다. 문제는 재원 조달 방안이다. 결국은 국채를 발행해 추경을 편성해야 한다. 기재부가 예상한 연말 기준 통합재정수지는 70조 8,000억 원 적자인데 추경까지 편성하면 적자 폭이 사상 처음으로 100조 원을 넘어선다. 새 정부 임기 첫해부터 나라 살림 100조 원의 적자는 향후 국정운영에 부담이 너무 크다. 한국경제는 나랏빚, 기업 빚, 가계 빚이 심각한 상황으로 해외의 신용평가사들이 지켜보고 있다. 당선인의 지방 공약을 제외해도 266조 원의 예산이 소요된다. 공약을 전부 이행하면 부채 공화국이 될 것은 불 보듯 뻔하다. 한국경제가 감당할 수 있는 범위 내에서 우선순위를 결정해 추진해야 한다. 국가부채를 늘리지 않고 손실 보상금을 지급할 해법이 있다. 블록체인 기술을 활용해 디지털 화폐로 손실 보상금을 선지급하고 세금으로 후 환수하면 국가재정에 부담되지 않는다. 자동 환수 알고리즘을 이용하면 추경 없이도 50조 원 지급이 가능하다.

여섯째, 일자리 창출이다. 정부는 일거리, 기업은 일자리를 만드는 대원칙을 세워야 한다. 정부가 나서서 재정을 투입해 일회성 아르바이트 일자리를 만드는 것은 지양해야 한다. 재정지원이 끊어지면 일자리가 사라지기 때문이다. 공공 일자리는 생산성이 낮아 국가나 경제 전체에 도움이 되지 않는다. 재정만 낭비하는 잘못된 처방이다. 일자리 창출은 세금 지원으로 임시직 일자리가 아닌 세금을 내는 양질의 일자리를 만드는 것을 목표로 삼아야 한다. 양질의 일자리는 어디에 있을까. 산업화 시대는 제조업에 있었다. 하지만 ICT 시대와 4차 산업혁명 시대의 양질의 일자리는 AI+X 산업에 있다. 디지털 대전환 시대 일자리 패러다임이 변화하고 있다. 평생 직업 교육으로 일자리 안전망을 확충하는 추세다. '청년 AI 일자리 매칭 시스템' 운영으로 일자리 걱정 없는 세상을 만들어야 한다. 빅블러 유니콘 기업 육성과 '협동노동조합' 활성화로 창업과 창직(創職)을 활성화해야 한다. 올 디지털 혁신을 이끄는 '스타트업 국가'를 만들어야 한다. 학(學)·연(研)·기(企)업을 연계하는 'K-AI 창업지원 시스템'을 운영해야 한다. 헬스케어 산업 육성과 AI 창직, AI+X 산업과 데이터 벤처 육성으로 일자리 300만 개 창출이 가능하다. 미래 일자리 60%는 아직 나타나지도 않았다. 슈퍼고용 시대를 대비하는 '전 국민 일자리 AI 고용 시스템' 구축이 시급하다.

일곱째, 경제성장이다. 그동안 한국경제가 추구해온 모방 경제의 틀을 깨고 리드 경제로 전환해야 한다. 이제 한국경제가 따라갈 경제 모델은 없다. 과거와 같이 효율성에 기반을 두고 선진국을 모방하고 뒤쫓아 가는 것이 아니라 새로운 가치를 창출하는 선도적 AI 혁신 경제' 시대를 열어야 한다. 한국경제의 패러다임이 저출생·고령화에 따른 저성장의 사회구조로 변하고 있다. 대기업의 독과점에 의한 부의 양극화가 심화하고 있다. 수출 제조업 중심의 허약한 산업구조로는 더 이상 버틸 수가 없다. 중국의 제조업 성장에 따른 기술 격차가 좁혀지고 있다. 고비용·고물가 구조로는 글로벌 경쟁력을 향상할 수 없다. 원천기술 미보유로 후방산업이 취약하다. 강성노조의 횡포와 국회의 경제 입법 독주를 막을 수 없다. 한국경제 성장 재도약을 위해선 모방 경제에서 리드 경제로 전환해야 한다. 데이터 경제, 디지털 경제, 수소경제, 탄소 제로 경제, 플랫폼 경제로 패러다임을 바꿔야 한다. 제조업 수출 중심에서 AI 산업으로 전환해야 한다. 플랫폼 시대를 선도하는 빅블러 대기업을 육성해야 한다. 한국경제 파이를 키우기 위해선 '한국경제 패러다임 변화 추진위원회'를 설치해 신기후 체제에 적극적으로 대응해야 한다. 외국기업의 국재 직접 투자유도를 위한 FDI(Foreign Direct Investment)를 적극적으로 유치해야 한다. 규제를 과감히 혁파하고 기업하기 좋은 환경을 만들어야 리쇼오링 정책이 활성화 된다.

여덟째, 부동산 문제다. 부동산 문제는 당장 해결할 수가 없다. 전국적으로 집값 상승을 멈춘 곳도 있지만, 재건축 기대로 일부 지역에서 폭등이 우려된다. 당분간은 금리 인상과 대출 억제로 인해 집값이 약세를 보이겠지만 부동산 정책에 따라 폭등할 수도 있다. 지금은 대선 정국 이후 관망세를 유지하고 있다. 주택 250만 호 공급을 시기별·지역별·구체화하고 재건축·도심 고밀도 개발을 위해 국회, 서울시와 협의를 서둘러야 한다. 임대차 3법의 합리적 개정을 통해 전·월세 시장부터 안정시켜야 한다. 주택 공급 5년의 정교한 로드맵을 제시하고 예측 가능한 친(親)시장 정책을 수립해야 한다. 미래 부동산 프롭테크(ProTech) 산업을 육성해야 한다. 문 정부의 부동산 정책 실패 원인인 시장을 이기려 하지 말고 친시장적 정책을 추진해야 한다. 민심에 귀 막은 우격다짐 정책 추진을 배제해야 한다. 위정자의 내로남불 부동산 투기를 철저히 단절하고 국회의 일방적 입법 독주를 반면교사로 삼아야 한다. 세제·금융의 징벌적 중과 제도를 전면 개편해야 한다. 보유세를 전면 개편해 이중과세 논란을 원천 차단해야 한다. 누진 세율이 아닌 비례 세율 활용을 늘려야 한다. 주택·장기 보유를 선별해 세금 부담을 완화해야 한다. 공시가 인상을 통한 무리한 세율 조정을 중단해야 한다. LTV 규제를 합리적으로 개편해 실수요자를 지원해야 한다. 주택 공급에 있어서는 5년 로드맵을 구체적으로 만들어 예측성을 높여야 한다. 주택임대사업을 자세히 재검토해 전·월세 시장을 안정화해야 한다. 시장원리에 따라 토지주의 재산권을 보장해야 한다. 재건축 초과이익환수제를 시장과 협의해 공급지원을 늘려야 한다.

아홉째, 신(新)·구(舊) 권력 충돌이다. 문재인 대통령과 윤석열 당선인의 만남은 원활한 정부 인수인계의 출발점이다. 하지만 첫 회동이 당일 오전 급작스럽게 취소되면서 이유는 밝히지 않았다. 문 대통령과 윤 당선이 측 모두 국민통합을 앞세웠지만, 갈등을 빚는 모양새다. 노무현 대통령은 2008년 1월 28일 기자회견을 하고 이명박 당선인 인수위원회의 정부 조직 개편안에 관해 내용과 절차의 문제점을 지적하면서 충분한 토론과 국회 동의를 거쳐 진행해야 한다고 강조했다. 노 대통령은 "새 정부가 할 일은 새 정부에서 하는 것이 순리"라며 "국회가 이러한 점을 종합적으로 고려해서 정부 조직 개편안을 책임 있게 논의해 주시기를 기대한다"라고 말했다. 14년 전의 신구 권력의 대립 판박이가 2022년에 되풀이돼서는 곤란하다. 문 대통령과 윤 당선인이 회동을 통해 우리 사회의 분열과 대립을 치유하는 국민통합의 메시지가 나와야 한다. 마음을 열고 진솔한 대화를 한다면 훨씬 효과적인 국민통합의 메시지를 낼 수 있다. 선거 과정에서 있었던 앙금은 이제 털어 버려야 한다. 유종의 미를 거두고 새로운 시작에 힘을 더하는 회동이 돼야 한다.

열 번째, 한일관계다. 박정희 대통령이 산업화 시대 경부고속도로를 건설하고 한강의 기적을 해냈다. 포항제철을 세워 경제발전을 이끌 수 있었던 것은 1965년 한일 협정 체결로 받은 5억 달러였다. 34년 뒤 김대중 대통령은 한일어업협정의 배타적경제수역(EEZ) 문제에 있어서 독도를 우회하는 방식으로 문제를 풀었다. 문화를 개방해 한류가 글로벌로 진출하는 계기를 만들었다. 2022년 새 대통령은 꽉 막힌 한일관계를 미래 지향적으로 풀어야 한다. 한·미·일 3자 동맹을 강화하고 북한 핵무기와 중국 위협에 동맹국으로서 대응해야 한다. 아날로그 강국인 일본과 디지털에서 앞서는 한국이 함께 한다면 한국경제가 재도약할 수 있다. 취임 후 일본을 첫 방문 하고 미국을 간다면 중국의 반발도 없을 것이고 미국도 양해할 것이다. 김대중 대통령이 한일관계의 새 역사를 활짝 열었다. 윤 당선인도 미래 지향적 한일관계를 구축하는 새 역사를 쓰기를 바란다. 마지막으로 결국 사람이다. "바둑 1급 10명을 모아도 바둑 1단 한 명을 이길 수 없다."라고 이건희 삼성 회장은 유난히도 슈퍼급 인재 양성에 집착했다. 이 회장이 추구한 인재상은 '슈퍼급' 인재다. 슈퍼급 인재는 한 가지 전문 분야에만 정통한 'I자형' 인재가 아니라 자기 전문 분야는 물론 다른 다양한 분야까지 폭넓게 아는 'T자형' 인재를 말한다. 슈퍼급 인재 10명은 회사 1개보다 낫다고 강조했다. 슈퍼급 인재 없이 일류 기업으로 도약은 불가능하다. 마찬가지로 새 정부가 성공하려면 슈퍼급 인재 발탁은 필수다. 기업에서는 인재를 평가할 때 학벌, 과거 직책은 중요하지 않다. 그 자리에서 어떤 업적을 했느냐를 보고 평가한다. 하지만 4류 한국 정치는 인연, 학연, 지연에 얽매여 인선한다. 각 분야의 최고 실무 전문가가 아니라 과거에 한자리 했느냐, 못했느냐가 중요하다. 국회의원, 기관장, 정부 각료 등 타이틀이 중요하다는 말이다. 정치가 한 단계 발전하려면 간판이 아니라 실력과 능력으로 평가돼야 한다. 자리가 아니라 자리에 있을 때 업적을 이룬 사람이 귀한 대접을 받아야 정치가 비로소 발전할 수 있다. 슈퍼급(Super), A급(Ace), H급(High Potential)으로 인재를 구별해 적재적소에 활용해야 성공할 수 있다. S급 인재가 H급 위 사람을 모시고 일할 수는 없지 않은가. 사람을 잘 쓰는 용인술에 정부의 성공 여부가 달려 있다. 사림이 전부이기 때문이다. 새 정부가 성공하는 유일한 길은 슈퍼급 전문가를 잘 활용하는 것이다. 슈퍼 정책 전문가, 슈퍼 외교, 안보전문가, 슈퍼 경제 전문가, 슈퍼 AI 빅데이터 전문가, 슈퍼 총리, 슈퍼 장관, 슈퍼 실장 등이 절실하다. 수출로 먹고사는 한국경제는 대외 변수에 흔들리기 쉽다. 외환위기, 오일쇼크, 글로벌 금융위기 등 역사적 사건들이 이를 방증한다. 한국이 직면한 경제·외교 난제를 풀어가기 위해선 과거 방식으로는 곤란하다. 새롭고 창의적 발상이어야 난국을 헤쳐갈 수 있다. 새 정부 앞에 놓인 산적한 현안을 잘 풀어 대한민국이 'AI 강국'으로 우뚝 서길 기대한다. (2022.03.15.)

국정 과제 성공 시대 열어야

선거유세 기간 중 발표한 공약과 정책은 국정 비전과 국정 목표라는 큰 줄기와 연결돼야 한다. 국정 비전은 시대정신과 일맥상통하며 국정운영의 방향을 함축적으로 표현한다. 일반적으로 대통령선거 운동 기간 중 국정 비전과 국정 목표를 제시한다.

대통령직인수위원회는 선거 공약·정책을 토대로 비전과 목표를 달성하기 위한 국정전략, 국정 과제, 실천과제를 정한다. 국정 과제 기조를 보면 정부의 정책 방향을 가늠할 수 있다.

김영삼 정부의 국가 비전은 '한국형 자유와 신한국 창조'다. 국정지표는 '깨끗한 정부', '튼튼한 경제', '건강한 사회', '통일된 조국', '세계화'를 내세웠다. 분야별 세부적인 국정지표를 정했다.

김대중 정부의 성향은 '국민의 정부'다. 국가 비전은 '민주주의와 경제발전의 병행 실천'이다. 국정지표는 '국민적 화합 정치', '민주적 경제발전', '자율적 시민사회', '포괄적 안보 체계', '창의적 문화국가'로 정했다. 경제 40개, 통일·외교·국방 20개, 교육·문화·복지·환경 20개, 정무·법무, 행정 20개 총 100개 전략을 제시했다.

노무현 정부의 성격은 '참여정부'다. 국가 비전은 '일 잘하고 책임을 다하는 정부'다. 국정 목표는 '국민과 함께하는 민주주의', '더불어 사는 균형발전 사회', '평화와 번영의 동북아 시대'를 제시했다. 국정지표는 '한반도 평화체계 구축', '지방분권과 국가균형발전', '참여와 통합의 정치개혁', '과학기술 중심 사회 구축', '국민통합과 양성평등의 구현', '사회 통합과 노사관계 구축' 등 12대 전략과 100대 로드맵을 제시했다.

이명박 정부의 국가 비전은 '신 일류국가 건설', '잘 사는 국민', '따뜻한 사회', '강한 나라'를 제시했다. 5대 국정지표는 '활기찬 시장경제', '인재 대국', '글로벌코리아', '능동적 복지', '섬기는 정부'다. 192개 국정 과제는 43개 핵심과제, 63개 중점과제, 86개 일반과제를 제시했다.

박근혜 정부의 국가 비전은 '국민의 나라', '정의로운 대한민국'이었다. 5대 국정 목표는 '일자리 중심의 창조경제', '맞춤형 고용·복지', '창의교육과 문화가 있는 삶', '안전과 통합의 사회', '행복한 통일시대의 기반 구축'이다. 이를 이행하기 위해 20대 국정전략, 100대 국정 과제를 선정했다.

문재인 정부의 국가 비전은 '국민의 나라, '정의로운 대한민국'이다. 5대 국정 목표는 '국민이 주인인 정부'(4대 전략 15개 과제), '더불어 잘사는 경제'(5대 전략 26개 과제), '내 삶을 책임지는 국가'(5대 전략 32개 과제), '고르게 발전하는 지역'(3대 전략 11개 과제), '평화와 번영의 한반도'(3대 전략 16개 과제)를 정했다.

역대 정부는 온갖 듣기 좋은 단어를 나열해가며 국정 과제를 밝히며 출범했지만 대부분 실패했다. 윤석열 당선인은 "국정 과제 수립에 있어 국가의 안보, 국민의 민생에 한 치의 빈틈이 없어야 한다"라고 밝혔다.

AI시대 'New Korea'를 이끄는 'AI 한국경영 CEO'는 이전 정부가 사용했던 미사여구가 아닌 실질적인 목표를 국가 비전과 국정 과제로 정해야 한다. 새 정부는 대한민국의 미래와 국민을 삶을 케어하는 사명이 있다. 새 정부의 국정 비전과 국정 목표를 제시한다.

New 정부의 국가 비전은 '일자리 넘치는 대한민국'. 안전한 대한민국', '기회가 균등한 대한민국'이다. 5대 국정 목표는 '닥치고 성장', '누구나 공정', '포용적 통합', '생동감 있는 경제', '따뜻한 복지'다.

국정지표는 창업·창직 'Startup Korea', 일자리 넘치는 'Jobs Korea', 누구나 행복한 'Happy Korea', 정의가 살아 있는 'Justice Korea', 역동성 있는 경제 'Dynamics Korea', 바이러스로부터 안전한 'Safety Korea', AI시대 흐름에 빠르게 대응하는 'Speed Korea', 초고령화 사회에 생동감 넘치는 'Young Korea', 누구나 노력하면 성공할 수 있는 'Success Korea', 포스트 코로나 시대 Old Korea를 AI시대 'New Korea'로 전환이다.

임기 1년 차를 민생 안전, 정의 공정사회를 구현, 혁신 경제성장으로 올드 코리아를 뉴 코리아로 개조하는 원년으로 정해야 한다. 시장주도 성장, AI 혁신 경제, 데이터 공정 경제의 3각 축을 중심으로 경제성장을 해야 한다.

새 정부는 화려한 단어 나열이 아닌 국가 현안을 중심으로 국정 과제를 선정해야 한다. 대한민국을 'AI 강국'으로 실현시킬 수 있는 국정 과제가 나오길 기대한다. (2022.03.13.)

100대 국정 과제 제안

윤석열 당선인은 "국정 과제 수립에 있어 국가의 안보, 국민의 민생에 한 치의 빈틈이 없어야 한다"라고 밝혔다. AI시대 대한민국을 이끄는 리더는 AI 강국 도약과 대한민국 개조를 중심으로 국정 과제를 정해야 한다.

분야별 패러다임 전환에 대처하기 위한 100대 혁신과제를 제안한다.

【정치】

① 생산적인 AI 정치를 실행한다. ② AI 국회로 정책 경쟁의 국회를 만든다. ③ 성과를 내는 AI 플랫폼 정부를 실현한다. ④ 블록체인 활용으로 정치 독점 권력을 분산시킨다. ⑤ 이념편향, 진영논리를 배제한 책임 정치의 구현이다

【정부】

① 정부의 과도한 시장개입을 멈춘다. ② AI 블록체인 플랫폼 정부 구축이다. ③ 규제 혁파를 위한 일하는 방식의 개혁이다. ④ 대통령실의 일방적 국정운영 방식의 전환이다. ⑤ 공무원의 인허

가 권한 분산과 규제 개혁이다.

【경제】

① 모방 경제에서 리드 경제로의 전환이다. ② 수소경제·탄소 제로 경제로의 전환이다. ③ 창업·창직(創職)의 스타트업 국가 실현이다. ④ 제조업 수출 중심에서 AI 산업 중심으로 재편이다. ⑤ 플랫폼 시대를 선도하는 빅블러 대기업의 육성이다.

【사회】

① 저출생과 자살 대책을 세운다. ② 공공부문의 대대적인 개혁이다. ③ 중산층이 두꺼운 사회를 만든다. ④ 전 국민 사회 안전망 시스템 구축이다. ⑤ 시민 참여 플랫폼에 기초한 사회적 대타협이다.

【외교·안보】

① 동아시아의 네덜란드와 같은 국가 위상이다. ② 북한의 비핵화 전략과 전술 대응 전략의 전면 궤도 수정이다. ③ 중국·일본에 밀리지 않는 레버리지(Leverage) 확보다. ④ 한·미 동맹 강화와 쿼드(Quad)+ 가입이다. ⑤ AI시대 기술 외교 강화와 한반도 지정학적 위치를 적극 활용이다.

【교육】

① 고등학교 나와도 잘사는 사회 실현이다. ② AI시대 EduTech 시스템 전면 적용이다. ③ 학위와 학벌 시대에서 능력주의 시대로의 전환이다. ④ AI시대에 맞은 대학 입시 제도의 전면 개편이다. ⑤ 학교 교육, 직업교육, 평생교육의 연계로 미래 준비다.

【고용·노동】

① 대기업 노조 혁신과 고용 유연성 확보다. ② 비정규직이 만

족하는 노동구조 실현이다. ③ 동일노동·동일임금 체계의 조기 정착이다. ④ 근로기간 제한법 폐지, 노동 관련 법 개정이다. ⑤ 최저임금, 주 52시간 운영의 전면적 개편이다.

【부동산】

① PropTech 주도의 시장 성장이다. ② 부동산 3법의 전면 개정과 보완이다. ③ 시장 친화적이고 실현 가능한 공급 정책 추진이다. ④ 3주택 이상 주택자 대출금 회수, 법인 특혜 세율의 폐지다. ⑤ 1가구 1주택을 보장하는 '대한민국 미래 홈 케어' (K.F.H.C.) 정착이다.

【일자리】

① 정부는 일거리, 기업은 일자리 역할 분담이다. ② 재정주도 일회성 아르바이트 일자리 창출 정책 폐기다. ③ 평생 직업교육으로 일자리 안전망의 확충이다. ④ AI 일자리 매칭 시스템 운영으로 일자리 연계다. ⑤ AI+X 산업에 의한 양질의 일자리 창출 정책 추진이다.

【복지】

① 부담과 혜택이 불균형 체계의 전면 개편이다. ② AI와 블록체인을 활용한 '국민 행복복지' 실현이다. ③ 중부담·저복지 체계를 중부담·중복지로 전환이다. ④ 기초연금·고용 보험을 강화하고 건강보험의 개혁이다. ⑤ 공무원연금·사학연금·국민연금을 통합 국세청 운영이다.

【정책】

① 탈원전 정책의 전면 폐기다. ② 부동산 정책의 전면 수정이다. ③ 징벌성 세금 정책의 폐기와 시장 친화적으로 정책 전환이다. ④ 이념에 치중하는 정책이 아닌 민생을 중시하는 정책으로

전환이다. ⑤ 재정만 지출하고 성과를 못 내는 일자리 정책을 새롭게 전면 개편한다.

【방역】

① 인권침해, 기본권 제약을 줄이고 행정조치를 남발하지 말아야 한다. ② 거리 두기 방역의 패러다임을 바꿔야 한다. 이제 코로나19는 공존 대상이다. ③ 국민이 조기 간이 검사를 하도록 간이검사키트 가격을 원가로 공급한다 ④ 전 국민 경구용 치료제 공급확보다. ⑤ 방역 대책 수립에 정치적 고려가 아닌 과학· 의학 전문가 의견으로 결정해야 한다.

【인재 양성】

① AI시대 전문 인재 10만 명 양성이다. ② 100세 시대 AI를 활용한 국가 평생 학습 체계 구축이다. ③ 기술 트렌드 변화에 대처를 위한 전문 직업교육 강화다. ④ 지방대학을 고등직업 전문 교육 중심으로 육성이다. ⑤ 대학 커리큘럼을 산업 현장에 맞게 프로젝트 식으로 변화다.

【디지털 대전환】

① 국가 과학기술 역량 강화다. ② AI시대를 맞아 특화된 AI 산업 육성이다. ③ ICT 생태계를 조성해 국가 신 성장 거점으로 육성이다. ④ 2040년 바이오 시대를 대비해 바이오산업에 선제적 투자다. ⑤ 2030년 데이터, 2040년 바이오, 2050년 우주 시대를 대비해 우주산업에 선제적 투자다.

【문화·관광·의료·기후·환경】

① 비대면 시대의 'K-Culture, 한류의 확산이다. ② 기후 변화에 대응하는 탄소제로 정책 실현이다. ③ 특성화된 의료 서비스를 관광산업으로 육성이다. ④ 전통과 미래가 어우러진 문화국가로

발돋움이다. ⑤ 외국인과 함께하는 열린 관광 시대의 개막이다.

【국토 균형발전】

① 지방분권이 아니라 지방자치가 우선이다. ② 권한을 주민에게 돌려주는 방식이어야 한다. ③ 중앙정부 권한과 권력을 지방으로 분권이다. ④ 수도권 집중화로 인한 지방 불균형을 근본적 해소다. ⑤ 세금 부담 능력과 서비스 수혜자 부담원칙으로 재설계다.

【농어촌】

① 살고 싶은 행복한 농어촌 만들기다. ② 농어촌 소득 7,200만원 시대를 열어야 한다. ③ 역동적이고 풍요로운 농어촌 모습을 만든다. ④ 가족이 살기 좋은 교육, 의료 시설의 확충이다. ⑤ AI 기술을 활용한 농어촌 소득의 안전망 구축이다.

【국방】

① 디지털 병영 문화와 AI 최첨단 부대 창설이다. ② 방산 비리 척결과 AI 군납품 시스템 운영이다. ③ 장병 1인 1특기 함양으로 사회생활 기반 마련이다. ④ 한반도 국토 3D 지도 만들기 프로젝트의 남북한 공동 추진이다. ⑤ 메타버스 활용한 남북한 대학생 소통과 이산가족의 화상 만남 추진이다.

【보육】

① 육아 문제를 국가 책임지는 책무성을 강화한다. ② 저출산 극복을 위한 AI 활용한 개인 맞춤형 지원이다. ③ 국공립 어린이집 이용률을 70% 이상으로 끌어 올린다. ④ 출생에서 요람까지 책임지는 '코리아 미래 케어 시스템 운영'이다 ⑤ 유아원, 유치원의 'K-AI 시스템'을 통해 안전한 교육 현장 운영이다.

【창업·창직】

① 빅블러 유니콘 기업의 집중 지원과 육성이다. ② 'AI 대국'

도약을 위한 소프트웨어 인력 양성이다. ③ '협동노동조합' 활성화로 창업과 창직의 활성화다. ④ '올 디지털 혁신'을 이끄는 '스타트업 국가' 실현이다. ⑤ 연구소·대학·기업을 매칭하는 'K-AI 창업지원 시스템' 운영이다.

새 정부는 화려한 단어로 포장된 국정 과제가 아닌 디지털 대전환과 AI 혁명 시대를 선도하는 개혁과제를 발굴해 체계적으로 실천하면 결과를 낼 수 있다. 국민이 피부로 느낄 수 있는 성과를 낸다면 역대 대통령 아무도 해내지 못한 성공한 대통령의 성공한 정부를 만들 수 있다. (2022.03.22.)

디지털 플랫폼 정부 성공의 조건

전자정부라는 용어는 1993년 미국에서 처음으로 등장했다. 그 후 우리나라는 전자정부 구현을 위해 다양한 사업을 전개해 국제사회로부터 성공사례로 인정받았다. 유엔 전자정부 평가에서 2010년부터 3회 연속 세계 1위를 달성하는 위업을 이뤘다.

전자정부 프로젝트는 정보화에 대한 수요와 공급요인이 상호 작용하는 환경 속에서 역대 대통령의 정치적 의지와 리더십이 일관성 있게 적용된 성과물이다. 국가 비전과 목표가 효율성과 효과성으로부터 국민 서비스 및 행정 투명성을 거쳤다.

전자정부가 참여 민주주의로 확대되면서 이에 맞는 백오피스, 프론트오피스, 전자정부 인프라가 구축됐다. 동시에 사업 추진 체계에서 추진 조직이 적절히 설계되고, 정보화촉진기금의 재정자원 배분 방식의 유연성과 정보통신부와 한국전산원의 기술지원 네트워크 작동이 성공의 기름길 이었다.

하지만 정권교체가 되면서 이명박 정부는 과거 정부와 단절을 시도했다. 이 과정에서 참여정부의 전자정부가 크게 이슈화됐다. 정보통신부는 교육과학기술부로 통폐합됐다. 전자정부라는 단어는 사용 금지됐고 국가정보화 용어로 대체됐다. 정보화 사업 고도화 예산도 삭감되어 정보자원 및 시스템 연계 통합 작업이 진척되지 못했다.

박근혜 정부는 정부3.0 정책을 공공데이터 개발을 통한 정보공개, 정부 운영 방식을 국가 중심에서 국민 중심으로 전환하겠다고 선언했다. 하지만 정부3.0은 공유, 협업 개념만 홍보하다가 끝났다. 진작 중요한 시스템 구축은 하지도 못했다.

글로벌 경쟁력에서 앞섰던 전자정부 시스템을 이명박 정부는 국가정보화 시스템 구축 사업으로, 박근혜 정부는 정부3.0으로 격하시켜 경쟁력은 지속해서 하락했다. 전자정부 잃어버린 10년의 시절이었다. 이제 새로이 추진되는 New 전자정부인 디지털 플랫폼 사업은 보수나 진보 어느 특정 정당의 전유물이 돼서는 안 된다.

바야흐로 AI 디지털 대전환 시대다. 윤 당선인은 디지털 플랫폼 정부를 추진하겠다고 공약했다. 디지털 전환과 AI·빅데이터 활용에 초점을 맞춘 국정운영 시스템을 마련해 부처 간 협업을 확대하는 등 행정 효율화를 단행하겠다는 구상을 밝혔다.

새 정부는 집권 초기 AI 디지털 대전환을 포함 디지털 플랫폼에 대한 명확한 비전을 제시하고 국정 과제로 설정하는 것이 중요하다. 디지털 플랫폼 정부 비전에는 'AI와 ICT 기술 융합 활용으로 행정 혁신으로 일하는 정부', '국민만을 위한 정부', '신뢰받는 정부 구현'을 정책 기본 방향으로 담아야 한다.

디지털 플랫폼 정부를 통해 규제를 철폐하고 부처 칸막이를 넘어 효율성을 최적화해 정부에 대한 국민 신뢰를 되찾아야 한다. 디지털 플랫폼 정부가 구현되면 공공 개혁, 연금개혁, 노동 개혁,

교육개혁, 부동산 개혁, 복지 개혁 등 어렵고 힘든 과제를 시스템적으로 해결할 수 있다.

그렇다면 디지털 플랫폼 정부가 성공하려면 어떻게 해야 할까.

첫째, 디지털 거버넌스 청사진이다. 디지털 플랫폼 정부는 각 부처의 분산된 정보와 데이터를 유기적으로 통합해 가동된 데이터로 국민 실생활의 유익성을 위한 것이다. AI와 디지털 대전환 시대로의 전환을 위해 임기 5년간 탁상공론의 전시성 행정인 아닌 실질적 로드맵을 그려내야 한다.

둘째, 뉴 시스템 구축이다. 역대 정부가 사용하던 전자 관리 시스템은 수명을 다했다. 이제는 AI·빅데이터 시대에 맞는 디지털 플랫폼 정부 시스템을 구축해야 한다. 기존 전자정부 시스템은 부처별 업무 관리 중심으로 추격형 경제와 정부 주도형에 맞는 시스템이었다. 새로운 시스템은 데이터 경제를 선도하고 민간이 성장을 주도하는 경제를 뒷받침을 할 수 있어야 한다.

셋째, 국민 맞춤형 서비스 제공이다. 공공 혁신을 통해 일하는 방식을 디지털로 대전환해야 한다. 업무의 효율을 최적화하는 디지털 플랫폼 시스템으로 구축돼야 한다. 위기가 발생하더라도 시스템의 도움을 받아 투명·신속·정확하게 의사결정을 지원해야 한다. 청년 스타트업 등 기업들과 협업해 디지털 플랫폼 정부를 운영할 수 있어야 한다.

넷째, 최신의 AI+X 기술 활용이다. AI, BigData, IoT, 클라우드 등 최신의 하드웨어와 소프트웨어 기술을 활용해 최신의 시스템으로 구축해야 한다. 성과를 내고 일하는 정부가 가능하도록 언제 어디서든 활용하도록 설계가 돼야 한다. 각 부처와 지자체의 정보들을 표준화된 빅데이터 분류 체계로 적용할 수 있어야 한다.

다섯째, 인적 구성이다. 디지털 플랫폼 정부 시스템 구축 성공을 위해선 인적 구성이 중요하다. AI, 빅데이터, 클라우드, 시스템 기술은 물론 전산 시스템 운영 및 전반적인 정부 업무 흐름을 한눈에 보는 통찰력이 필요하다. 다양한 현장 경험을 토대로 당·정·청 간 원활한 업무 협조가 이루어지도록 시스템을 디자인하기 위해서다. 보안을 유지하면서 개발업체를 이끌 리더십도 필요하다.

마지막으로 국민적 수혜 관점이다. 국민 실생활이 디지털 사회로 전환되면서 이전에 경험해 보지 못한 새로운 세상을 접하고 있다. 최근 발생한 산불 진화 과정에서 기상청의 풍속 정보와 산림청의 산림 분포·임도 정보 등을 화재 진압 현장에서 디지털 트윈과 메타버스 기술을 활용 시뮬레이션이 가능한 디지털 플랫폼 정부가 돼야 한다.

디지털 플랫폼 정부 구현에 앞서 수요자 관점, 범정부적 설계모형, 정부 업무 혁신 및 AI+X 산업 육성정책, 추진 조직과 재정자원 등 과제를 해결해야 한다. 새 정부의 핵심 국정 과제인 디지털 플랫폼 정부 구축이 성공하길 기대한다. (2022.03.23.)

발등에 떨어진 불

문재인 정부가 독선과 오만으로 밀어붙여 실패한 정책이 한두 개가 아니다. 부동산 가격 폭등과 일자리 참사, 소주성은 정책 실패의 결정판이다. 생색은 다 내고, 후유증 피해는 고스란히 국민의 몫으로 돌아올 것 같다.

청와대 이전이나 인사 관련 갈등은 시간이 지나면 해결된다. 문제는 5월 10일이 되면 지난 5년 동안 차곡차곡 쌓아 둔 수두룩한 폭탄 고지서가 모조리 청구된다는 것이다. 새 정부는 꼼짝없이 뒤치다꺼리해야 한다.

윤 당선인에게 북한의 도발과 코로나 확대 및 경제위기는 발등에 떨어진 불이다. 국민의 생명과 재산을 보호하는 것보다 더 중요한 일은 없기 때문이다. 먼저 시급한 청구서부터 해결해야 한다. 그럼 어떻게 해야 할까.

첫째, 북한 미사일 청구서다. 24일 오후 북한이 대륙간탄도미사일 ICBM 발사체를 한 발 발사했다. 고도는 6,200km 이상, 거리는 1,800km로 파악됐다. 미국 본토 전역이 타격권이다. 북한은 제1차 싱가포르 북·미 정상회담에 앞선 2018년 2월 핵실험장 폐기, 핵실험 ICBM 시험발사 중단이라는 모라토리엄을 스스로 뒤집은 것이다.

북한의 미사일 무력 도발은 올해 들어 12번째로, 탄도미사일을 발사한 건 지난 15일 이후 두 번째다. 이제 남은 것은 4월 태양절을 앞두고, 핵실험뿐이다. 한반도에 2017년과 같은 북한의 핵미사일 위기가 벌어질 가능성이 커졌다.

이로써 문 정부가 집권 5년간 추진했던 대북정책인 '한반도 평화 프로세스'도 다시 원점으로 돌아갔다. 북·미 간 중재자 역할을 자임한 문 정부도 북한이 레드라인을 넘어선 것으로 인식하게 될 것이다.

윤 당선인은 한·미 간 철저한 공조를 토대로 국제사회와 협력하면 북한의 도발에 강력히 대응해 나가야 한다. 안보리 긴급회의를 소집해 북한 도발 엄중한 규탄 조치를 해야 한다. 하지만 이런 항상 같은 레퍼토리로 북한을 설득할 리 만무하다. 새 정부는 북한을 대화의 장으로 나오게 할 수 있는 새로운 역발상 전략이 시급하다.

둘째, K-방역 실패 청구서다. 'K-방역'은 'K-방치'로 변질한 지 오래다. 국민은 각자도생의 길로 접어들었다. 새 정부는 과학방역이라는 개념도 명확하지 않은 용어는 되도록 사용하지 말아야 한다. 선진국 어디든 과학방역이란 단어는 사용하고 있다. 굳이 사용하고 싶다면 국민 안전을 최우선 하는 '국민방역'은 어떨까. 구호에 얽매여서 성공한 정책은 없다.

일반 국민 항체 정기 샘플 조사는 실효성이 전혀 없다. 첫째, 항체 검사 데이터가 부족해 충분한 데이터를 확보 후 분석 연구해야 한다. 둘째, 항체를 얼마나 보유해야 효과가 있는지 표준화 작업도 전혀 없다. 셋째, 검사 시약도 회사마다 다르기에 정확도 높은 검사 시약을 확보하기 어렵다. 넷째, 팬데믹 3년이 지났고 변이 바이러스가 계속 출현해 항체 검사는 무의미하다. 다섯째, WHO에서도 재감염 막는 정책 효과가 없다며 방역 정책에 활용하면 안 된다고 밝힌 바 있어서다. 마지막으로 감기나 독감 등을 항체 검사 안 하는 것과 같다. 현실성 없는 방안에 예산과 시간을 낭비하지 말고 당장 할 수 있는 일에 에너지를 집중해야 한다. 백신 부작용 및 확진자 데이터를 투명하게 공개하고 고위험군 패스트트랙 치료 등을 바로 시행하면 된다.

코로나 경구용 치료제 계약과 도입 시기를 밝혀야 한다. 정권 교체가 되었다고 보사부 공무원의 일하는 방식은 변하지 않는다. 보여주기식 발표는 인제 그만둬야 한다. 인수위에서 발표하는 방법이 이전 정부와 달라진 게 없다. 방역이란 한 방에 해결될 수 없다. 할 수 있는 작은 일부터 실천하는 것이 성공의 지름길이다. 먼저 약국에 해열 진통제와 감기약 공급을 충분히 하길 바란다.

팍스로비드 복제약의 국내 생산과 같은 사안은 희망 고문의 일종이다. 비즈니스에서 대놓고 발표해서 성사되는 경우는 극히 드물다. 외국 제약사와 긴밀히 물밑 협상을 통해 진행해야 성공 가능성이 크다. 먼저 발표한다고 해결될 사안이 아니다. 생산업체와 제약업체가 서로의 이익이 맞아떨어져야 성사되는 것이다. 민간 기업에 전적으로 맡겨야 한다.

셋째, 탈원전 비용 청구서다. 월성 1호기 한수원 유형자산 손상처분액(5,652억 원)과 개보수 비용을 합하면 7,000억 원, 신한울 3·4기 공사 중단 7,790억 3,000만 원, 천지 1·2호기 979억 2,000만 원, 대진 1·2호기 34억 5,000만 원 총 1조 5,804억 원의 청구서가 발행됐다. 세금을 통한 자금 지원 등이 불가피해 '탈원전 실패' 고지서가 본격적으로 날아드는 모습이다.

탈원전 가치를 훼손할까 봐 꽁꽁 묶어 두었던 공공요금 동결에 따른 추후 인상분이 포함된 전기·가스 요금 인상도 시간문제다. 한전은 탈원전에 이어 에너지 쇼크 더해져 지난해 5.86조 원 손실을 보았다.

한전이 지난해 연료비 인상분을 올해 적용한다면 1kWh당 18.7원(6.9원+11.8원)이 오르게 된다. 한전 올 1월 손실액은 약 2조 원이다. 윤석열 당선인이 '전기요금 인상안 백지화'를 공약으로 내세웠다.

새 정부가 전기요금을 동결한다면 한전이 손실이 가중돼 회사채 금리가 급등한다. 자금조달 부담이 늘어나면 자본잠식 등으로 파산까지 이어질 가능성이 대두된다. 이러면 국가신용도에 악영향을 미치기 때문에 정부로부터 추경을 지원받아야 한다. 가뜩이나 국가부채가 가중되고 있는 상황에서 엄청난 부담이다.

세계적인 '탄소중립' 열풍에 맞춰 원전 수출을 미래 수익원으로 삼아야 한다. 현재 세계적으로 건설 추진 중인 원전은 101기이며, 검토 중인 원전은 325기에 달한다. 2030년까지 세계 원전 시장은 7,000억 달러 수준이다.

한국형 원전은 미국과 프랑스 보다 가격 경쟁력이 높고, 건설 공기도 짧다는 장점이 있다. APR1400·APR1000+ 같은 우수 기술도 보유 중이다. 탈 탈원전 정책 추진으로 해외 원전 세일즈에 나서야 할 때다.

넷째, 부동산 세금 청구서다. 정부가 1가구 1주택자의 보유세 부담을 지난해 수준으로 동결했다. 6.1 지방선거를 앞두고 악화한 부동산 민심을 부랴부랴 되돌려보려고 꼼수를 부렸다. 공공주택 공시가격은 2년 만에 무려 36%가 올랐다. 내년에 2년 치 공시가격 인상분을 한꺼번에 반영되는 세금폭탄을 새 정부에 떠넘긴 꼴이다. 서울 아파트값이 5년간 배로 뛴 터에 세금폭탄을 피할 도리가 없다.

새 정부는 공시가격 현실화, 다주택자 보유 물량 처리 방안, 부동산 세제 등 찔끔찔끔 처방이 아니라 전면적으로 부동산 세제 개편 수술을 해야 한다.

다섯째, 텅 빈 나라 곳간 청구서다. 문 정부 5년간 누적 재정 적자액은 408조 원이다. 이는 이명박·박근혜 정부 합산치의 2배에 육박한다. 윤석열 정부는 임기 첫해부터 국가부채 1,068조 원, 국가 채무 비율 50%, 가계 빚 1,862조 원 시대로 출범한다. 공기업 채무와 연금 충당 부채까지 합치면 국가부채 비율이 100%를 훌쩍 넘긴다.

국가재정 운용에 비상인 상황이다. 장기 국가재정 운영 준칙을 자세히 검토해 새로 만들어 준수해야 한다.

여섯째, 대출 유예 청구서다. 소상공인·자영업자 대출만기 유예 177조 1,000억 원이다. 이달 말 종료 예정이었던 대출 만기 연장 원리금 상환 유예 조치를 오는 9월까지 6개월 추가 연장했다. 하지만 금융지원 대출 특성상 만기 연장이 지속될수록 잠재적 부실 위험이 커지게 된다.

자영업자 적자 가구 중 27만 가구는 유동성 자산으로 적자를 1년도 감당할 수 없는 '유동성 위험 가구'다. 이들의 금융부채는 72조 원이다. 9월 이후 상환 부담을 연착륙시키려는 방안은 새 정부의 가장 큰 숙제가 될 것으로 보인다.

일곱째, 연금개혁을 안 한 청구서다. 국민연금은 2055년이면 고갈된다. 공무원연금과 군인연금 적자도 매년 늘어 5조 원 안팎에 이를 전망이다. 모두 세금으로 메워야 한다. 이는 미래 세대에게 부담을 전가하는 것이다. 연금개혁조차 매듭짓지 못하고 차기 정부 몫으로 넘겼다.

건강·고용보험은 거의 파탄지경이다. 문재인 케어가 본격화된 2018년부터 적자다. 특단의 대책이 없다면 건강보험은 파탄할 상황에 직면했다. 고용보험은 실업자 급증으로 지급하기가 힘들다. 혈세로 메우는 길밖에 없다. 사회보험 재정 안정화도 떠안아야 할 숙제다.

여덟째, 물가상승 청구서다. 국제 원자재 가격 인상으로 소비자물가 상승률은 이미 4%대를 바라보고 있다. 휘발유 앞지른 경윳값 쇼크에 화물업계·소상공인 생계가 위협받고 있다. 밥상 물가가 위험하다. 물가상승은 이제 시작이다. 복합위기 상황을 민관협력으로 헤쳐 나가야 한다.

마지막으로 가계, 기업 부채 4,500조 청구서다. 가계와 기업 등 민간이 부채가 처음으로 4,500조 원을 돌파해 한국경제 규모의 2.2배를 넘어섰다. 가계신용에서 비영리 단체를 제외한 가계 빚은 1,862조1,000억 원이다. 코로나19 여파로 경기 부진이 계속돼 이자 부담이 늘면서 가계의 빚 상환은 부담이 심해지고 있다.

윤석열 당선인이 내건 대출 완화 공약과 맞물려 대출을 완화하더라도 부실로 이어지지 않는 촘촘한 대책이 시급하다. 차기 정부는 대한민국의 AI시대 대한민국 경제성장의 성장판이 닫히기 전 마지막 5년이다. 잠재성장률은 1%대로 떨어지고 실질성장률은 일본에도 추월당할 거란 우울한 전망도 나온다.

4차 산업혁명과 거의 동시에 시작한 문 정부는 진영정치에 함몰해 미래 먹거리 확보를 하지 못했다. 새 정부는 발등에 떨어진 현안을 해결하고 'IT 강국'을 넘어 'AI 강국'으로 도약해야 하는 막중한 책무를 지녔다. 미래 세대가 마음껏 일할 수 있는 '일자리 넘치는 대한민국'을 만드는 성공한 정부가 되길 기대한다. (2022.03.24)

성공한 대통령이 되려면

우리는 지금까지 성공한 대통령을 배출하지 못한 나라다. 역대 대통령들 모두 취임사에서 성공한 대통령을 자신했지만 퇴임할 때는 초라하게 역사의 뒤안길로 퇴장했다. 대통령의 성공은 대한민국 발전을 촉진하지만, 실패는 사회의 분열과 갈등, 대립을 양산한다.

역대 대통령은 산업화, 근대화, 민주화, 세계화를 구호로 내세워 권력투쟁과 자원 동원에는 익숙했다. 하지만 권력과 자원을 합리적 효율적으로 조절하고 배분하는 데는 실패했다. 대통령은 정치권력의 중심으로 국민통합을 할 수 있는 핵심적 주체다.

대통령 통치는 국가경영자가 대항 세력을 무력화시키고 국민으로부터 동의와 지지, 참여와 협력을 끌어내는 정치공학술이다. 단순히 개인의 역량, 특징, 자질의 문제가 아니라 다양한 사회적 주체들과의 상호작용 속에 구조적 조건과 사건, 정책 속에서 변형되고 재창조되는 역동적인 정치 행위다.

대통령이 통치를 잘하면 성공할 수 있다. 하지만 안타깝게도 대한민국 정부 수립이후 지금까지 온전한 대통령이 하나도 없다. 역대 대통령 12명 모두 성공하지 못했다. 역대 대통령들은 모두 왜 실패하는가.

첫째, 정치 사상적 빈곤이다. 시대적 흐름에 현실적, 실용적으로 대처하는 데 급급했다. 민족 역사에 대한 자기 성찰이 부족했다. 사상적 리더십을 반공과 근대화 이외에 성공적으로 발휘한 적이 없다. 정권마다 정치 철학이 없다 보니 권력 나눠 먹기와 낙하산 인사가 판쳤다.

둘째, 도덕적 빈곤이다. 국내 사회적, 정치적 통합의 부족, 지역 갈등 문제 등은 지도자들의 도덕적 자기혁신이 부족한 결과로 나타났다. 정권의 비리는 권력을 사유물이자 전리품으로 여기는 천박한 도덕성 때문이다. 권력을 잡은 것도, 누리는 것도 모두 자신들의 업적이요, 권리라고 생각한 것이 친인척과 측근의 비리로 나타났다.

셋째, 민주주의 빈곤이다. 정치과정에서 민주주의를 제도화하기 위한 실천이 부족했다. 자유민주주의가 원활하게 작동하고 정착되지 못한 것은 제도의 문제에 앞서 대통령들의 민주주의에 대한 이해가 부족해서다.

넷째, 통치술의 빈곤이다. 대통령이 직책을 수행하는 것은 대통령을 보좌하는 수많은 참모와 관료, 정치인들의 조합적 행위다. 실정은 대부분 권력자를 둘러싸고 있는 폴리페서, 핵심 참모, 관료, 정치인에 의한 실무적 책임이 더 크다. 하지만 대통령은 그들을 탓할 수 없다. 궁극적 실패의 책임 소재는 대통령 자신에게 있기 때문이다.

다섯째, 리더십 빈곤이다. 권력 행사는 리더십으로 드러난다. 리더십은 권력구조와 국가, 시민사회, 정치사회와의 관계 속에서 발휘된다. 리더십은 거시적인 정치구조와 민주주의 발전과정에 영향을 미치는 핵심이다. 하지만 역대 대통령의 리더십은 대내외적 여건과 대통령 개인 등의 문제로 인해 합리적으로 전개되지 못했다.

여섯째, 협치·소통의 빈곤이다. 대통령은 관료를 정치적, 민주적으로 통제하고 정당과 의회에 대해서는 설득과 협상을 통해 정책, 예산 법률을 원활하게 통과시켜야 한다. 하지만 권력의 힘을 믿고 우격다짐으로 밀어붙여 잡음이 끊이지 않았다. 협치는 어느 정권에서도 찾아보기 힘들었다.

일곱째, 국가운영 방식의 빈곤이다. 국정운영 방식에서 민의를 상향식으로 수렴하기보다는 청와대를 중심으로 아래로 명령을 내리는 권위주의적인 방식을 행사했다. 이에 따라 행정부의 전문성과 자율성이 제한됐다. 의회정치에 개입해 입법과정을 왜곡하고 야당을 무시해 정당정치를 훼손시켰다.

여덟째, 국정철학의 빈곤이다. 대통령이 되고 나서 국가 어젠다를 제시하거나 국정운영 철학을 확립하는 경우가 많았다. 대통령의 권한, 정책 결정의 메커니즘, 권력 주체들의 정치적 입장 및 전략이 대통령 국정철학을 결정짓는 중요한 변수로 작용한다.

대선 경쟁에서 승리해 대통령이 된 모든 당선인이 '성공한 대통령'이 될 수 없다. 그렇다면 윤석열 당선인이 성공한 대통령이 되기 위해선 어떻게 해야 할까.

첫째, 시대정신을 따라야 한다. 독일의 철학자 헤겔은 시대정신을 바로 아는 것이 성공과 실패를 가른다고 했다. 역대 대통령의 실패는 시대정신 무시에 기인한다. 정권교체의 의미는 문 정권의 무능과 내로남불에 분노한 민의 표출의 결과다. 역사적 시대적 요구와 국민의 다양한 생각을 담은 창의적인 시대정신을 이행해야 한다. '국민만을 위한 공정과 상식과 정의', '검찰을 넘어 국가를 위한 봉사', '법을 넘어 공감과 소통과 배려', '진정한 국민통합' 등이다.

둘째, 국가 의제 정립이다. 국가 어젠다는 당면한 국가의 시대적 과제를 의미한다. 국가 의제에 따라 국가 목표와 가치에 대한 포괄적인 비전, 사회적 갈등과 쟁점들에 대한 정책적인 대응, 구체적 실행 계획이 입안된다. 우리는 지난 60년간 산업화, 민주화, 세계화를 거쳐 선진국 문턱에 올라섰다. 향후 10년은 대한민국의 미래를 결정할 전환의 시기다. 디지털 대전환과 AI 혁명의 시대의 미래 먹거리 확보로 '일자리 넘치는 대한민국' 만들기다. 그러기 위해선 'AI 강국' 도약을 위한 국정 의제를 촘촘히 세워 추진해야 한다.

셋째, 통치전략 확립이다. 통치전략은 구체적으로 어젠다 설정, 집행 및 실천, 평가로 나타나고 이것은 최종적으로 통치 성격과 결과를 낳고 이것들은 다시 대통령의 리더십과 통치목표 설정과 평가에 영향을 미친다. 통치술은 통치목표와 통치전략을 세워 구체적으로 실천하는 데 법적, 제도적, 비공식적 차원, 나아가 국정관리 전반에 영향을 준다. 윤 당선인의 통치술은 '국민만을 바라보는 정치'가 돼야 한다.

넷째, 디지털 플랫폼 정부 구축이다. 대다수 정치인은 전자정부를 청사에 초고속망이 깔고 인터넷으로 행정 서비스를 발급하면 되는 것으로 생각하는 경향이 크다. 지금은 전자정부와 디지털 정부를 넘어 디지털 플랫폼 시대에 접어들었다. 디지털 플랫폼 정부를 추진하는 이유는 정부혁신에 있다. 과거 미국 클린턴 정부의

'정부 재창조'의 성공도 전자정부를 수단으로 활용했기에 정부혁신이 성공했다. 디지털 플랫폼 정부의 궁극적인 목표는 ICT 기술의 도입 그 자체가 아니라 AI 기술을 활용한 체계적인 정부혁신으로 '정부대개혁'에 있다. 정부 개혁을 이루기 위해선 대통령의 리더십이 가장 중요한 성공 요인이다. 혁신 정부의 성공 열쇠는 윤 당선인의 의지에 달려 있다고 해도 과언이 아니다.

다섯째, 정당개혁이다. 정치개혁에 앞서 정당개혁은 필수다. 지금까지의 정당은 갈등을 정치의 틀 안으로 가져오고 이를 공동체 문제로 전환해 정치적 결정을 위한 의제로 만드는 정치적 역할이 부족했다. 사회의 다양한 이익과 요구를 대표하지 못하는 정당 체제가 문제다. 정치는 대화와 타협을 통해 사회적 갈등을 해결하고 합의에 도달하는 방식으로 움직이는 민주주의를 만들어 내지 못했다. 정당은 사회갈등의 해결사 역할을 하지 못했다. 정당개혁 없이는 입법 권력인 국회가 변화하지 않는다. 국회가 변혁해야만 새 정부의 발목을 잡지 않게 된다. 여당이 개혁하고 탈바꿈한다면 야당도 따라 올 수밖에 없다. 생산적인 국회로 나아가는 첫 출발점은 정당개혁에 있다.

여섯째, 목표 설정과 달성이다. 정부 출범에 맞춰 새로운 목표를 설정하고 달성하는 것에 집중해야 한다. 어떤 경우에도 목표를 약속한 기한 내에 달성하도록 정책을 세워야 한다. 추진 현장을 직접 확인하는 리더십을 보여줘야 한다. 먼저 추진해야 할 의제로는 포스트 코로나 대비, 북핵 문제, 부동산 안정, 일자리 창출, 사회갈등 및 양극화 해소, 시장경제 주도의 성장, 한반도 평화구축, 건전한 노사 문화 정착, 데이터경제 성장, 규제철폐와 기업 하기 좋은 환경 구축, 공공·연금 개혁, 미래교육 혁신, 기후 변화, 저출생 고령화 대응 등이다. 목표 달성을 위해선 현장 경험이 있는 전문가를 잘 활용해야 해야 한다.

일곱째, 최우선 현안에 대한 성과 도출이다. 국민은 3년 차 'K-방역'에 지칠 대로 지쳤다. 영업 제한으로 빚을 견디지 못해 1년 내 파산 위기에 처한 자영업자들이 27만 가구에 달한다. 소상공인의 고통은 이루 말할 수 없다. 대학 졸업 후 일자리를 찾지 못한 취업 준비생이 90만여 명에 달한다. 소상공인에 대한 손실보상은 추경으로 충당된다. 그런데 나라 살림은 적자다. 50조 원의 손실보상금을 지급하면 밀린 임대료나 빚을 갚는 데 사용할 게 뻔하다. 상권이 무너진 상태에서 손실보상은 밑 빠진 항아리에 물 붓기가 될 공산이 크다. 내수가 살아나 매출을 올려 세금 내서 소용된 재정지출을 갚는 식의 선순환이 되지 못한다.

집권 후 100일 안에 국가채무 증가 부담 없이 50조 손실 보상금을 지급할 수는 없다. 추경보다 더 좋은 해법이 있다. 손실 보상금을 디지털 화폐로 선지급하고 후 환수 자동 알고리즘을 활용해 5번 회전시키면 경제를 살릴 수 있다.

여덟째, 국민과 약속을 지켜야 한다. 국민이 원하는 바람직한 대통령은 패거리 정치에서 벗어나기, 갈라치기 정치 안 하기, 낙하산 인사 안 하기, 폴리페서 중용 안 하기, 국민과 소통하기, 빚내지 않고 나라 살림하기, 비현실적 공약 버리기, 청와대 권력 줄이기, 장관 책임제 하기, 제왕적 대통령과 결별하기 등이다. 소박한 약속만 지킨다면 성공한 대통령으로 기억될 수 있다.

역대 모든 대통령은 권력이라는 탐욕을 넘어서지 못했다. 처음에는 시대와 국민의 요구에 호응해 지지율이 높았지만 막강한 권력을 마구 행사하다가 결국 무너졌다. 실패한 요인을 반면교사로 삼아야 한다.

  윤석열 당선인은 '한강의 기적', 'IT 강국'을 넘어 'AI 강국' 도약을 이룩해야 하는 사명을 가져야 한다. AI시대 한국경제 미래 먹거리를 확보해 대한민국을 G7 대국으로 우뚝 서게 만들어야 한다. 5년 후 국민에게 박수받으며 퇴임하는 첫 번째 성공한 대통령이 되기를 기대한다. (2022.03.27.)

국정운영은 실리주의로 해야

윤석열 대통령 당선인은 인수위 국정 과제 선정과 관련해 지난 26일 "가장 중시해야 하는 것은 실용주의이고 국민의 이익이다. 제일 중요한 것이 경제이고, 우리 산업구조를 더 첨단화·고도화시켜 나가야 하는 책무를 다음 정부가 갖고 있다"라고 말했다.

실용주의(프래그머티즘, pragmatism)는 행동과 실천을 중시하는 철학이다. 19세기 말 남북전쟁 후 태동한 미국이 내놓은 유일한 철학 브랜드이고 프런티어 정신의 요체이기도 하다. 이때까지 유럽에서 수입했던 사상은 당시 미국이 겪은 극심한 갈등 해결에 도움이 되지 못했다. 남부와 북부의 지역갈등, 백인과 흑인의 인종 갈등, 종교와 과학의 이념 갈등을 극복하는 문제 해결의 방법으로 퍼스, 제임스, 듀이가 만든 철학이 실용주의다.

20세기 세계 패권국가로 등극하는 과정에서 미국은 말보다 행동, 이념보다 실천, 의도보다 결과를 중시하는 도구의 철학을 선호한다. 효율성, 유용성, 실용성을 가치 평가와 실현의 기준으로 삼는다. 다양한 정책들의 현금 가치를 계산하고 민주적으로 문제 해결의 길을 찾는 방법이다.

2007년 12월 이명박 후보는 '일 잘하는 실용 정부'를 전면에 내걸고 당선된다. 당시 노무현 정부의 부동산 가격 폭등에 등을 돌렸지만, 한나라당도 못 믿어 주저하는 중도층에게 '실용주의'는 상당히 매력적인 카드였다. 이념과 부동산 정책 실패에서 벗어나 경제 살리게 매진하겠다는 것이 주효했다.

이명박 정부는 국정철학을 '화합적 자유주의(Harmonious Liberalism), 행동규범은 '창조적 실용주의(Creative Pragmatism)'로 정의했다. '이념이 아닌 일 중심'의 실용주의 규범을 실천해 '발전과 선진화'를 이룩하겠다고 선언했다. 노무현 정부의 '이념적 과잉'에 시달려 지쳐버린 대다수 국민은 '실용주의' 선언을 호의적으로 받아들였다.

MB 정부는 '실용주의' 담론을 통해 모든 국정 과제의 논리를 포섭한다. 정책과 방향, 세부적 사업까지 본질적으로 얼마나 실용적인지의 판단은 별개로 실용주의로 포장했다. 정책의 수사학은 전반적으로 실용을 지향했다. 성장이 복지라며 7·4·7 정책을 제시했으나 달성은커녕 양극화 격차 논란만 일으켰다.

"이명박 정부는 한마디로 실패했다. 그러므로 나도 실패했다."

개국공신인 고 정두원 의원이 '참회록'에서 밝혔다. 결국 MB의 '실용주의'는 실패했다. 집권 1년을 시점으로 누구도 더 이상 실용주의를 입에 담지 않았다.

국정운영에서 구호만이 아니라 실제로도 실용주의를 폐기하고 자신의 강한 이념적 성격을 드러냈다. 자신을 반대하거나 진보적인 생각을 무시하고 적대적 정책을 불도저식으로 추진했다. 실패의 원인은 이렇다.

첫째, 맹목적 지상 성장주의다. MB의 강한 추진이 일방적 성과 지상주의로 귀결되리라는 우려가 현실이 됐다. 강력한 추진력이 성공하기 위해선 정책 기획과 설득 능력에 근거해야 한다. 독선은 실패를 불러온다.

둘째, 무원칙 편의주의다. 실용주의는 원칙과 가치를 보존하면서 공리를 확보해야 하는데 성장 지상주의를 포장하기 위한 도구로 전락했다. 팩트에 대한 체계적인 인식과 문제 해결에 대한 전략적 태도가 수반되어야 한다. 하지만 원칙성 결여 및 이상과 가치가 경시돼 원칙 없는 편의주의가 만연했다. 단순히 양적 성장의 수단이나 기계적 행동규범이 일원화된 도구주의가 되어 버렸다.

셋째, 진정성과 집행의 부족이다. 실용주의 정책은 진정성이 강력하게 담보되어야 하고 정교한 통제 장치들이 중층적으로 작동해야 한다. 하지만 정책 추진에 대한 진정성이 담보되지 못했다. 이념 과잉을 극복하기 위해 실용주의가 채택되었으나 공동체의 원칙, 가치와 이상의 진작을 위한 성찰 있는 정책의 기획과 집행을 추구하지 못했다.

넷째, 자의적 판단이다. 실용주의는 목적과 방법이 항상 타당할 수 없다. 독단의 국정운영에서 실용주의는 국정운영을 단독으로 더 강화하는 데 악용된다. 현실 속에서 실용의 기준과 판단이 객관적이거나 엄정하지 못해 판단이 자의적으로 흘렀다. 정부가 어떤 정책을 추진할 때 실용성을 과학적 절차에 따라 객관적으로 검증해 여과하기 힘들었다. 추진 주체인 정부가 주관적이고 자의적인 판단 또는 정략적 접근이 개입해 왜곡될 경우가 많았다.

다섯째, 우격다짐 밀어붙이기다. 실용주의는 원천적으로 왜곡의 위험성을 내포한다. 권력관계에 종속되는 경향이 있고 권력자를 위한 권력의 담론으로 변질하기 쉽다. 실용에 대한 잣대와 판단이 자의적으로 농단 된다. 어떤 정책이 실용적이고, 어떻게 하는 것이 실용적 방법이며, 어떤 것이 실용적 결과라는 판단을 자의적으로 내리고 우격다짐으로 밀어붙였다.

이러한 연유로 이명박 정부의 '원칙 없는 실용주의'는 실패했다. 그렇다면 윤석열 정부가 성공하기 위해선 다른 길을 선택해야 한다. 그럼 어떻게 해야 할까. 대안으로 '실리주의'를 제안한다.

첫째, '실리주의'를 내세워야 한다. MB 정부에서 실패한 실용주의는 흘러간 레퍼토리다. AI시대와도 걸맞지 않다. 보수 언론에서조차 'MB 정부의 아바타', '이명박 정부 시즌2'라고 비아냥거리는 말도 돌고 있다. 실용이라는 말 자체가 수단을 뜻하지, 대통령의 철학을 담은 단어는 아니다. 실용은 레토릭(修辭)이다. 실패한 정책과 국정운영 방향을 답습해서 성공하기는 어렵다.

둘째, '실리적 외교'를 구사해야 한다. 중국에서 실용주의는 '이기적인 기회주의'란 뜻으로 쓰인다. 중국의 관점에서 한국의 새 정부가 실용주의를 표방한다면 호감을 느낄 수 없을 것이다. 중국은 한·중 관계가 어긋날 때마다 이명박 대통령의 '실용주의 외교'을 언급한다. 첫 단추를 잘 못 끼운 정책을 도입해서는 안 된다.

셋째, 국민 우선이다. 윤석열 정부의 '실리주의'는 문재인 정부의 갈라치기 정치에 따른 국론 분열과 갈등, 정책 실패로 인한 민생이 어려움을 거치면서 정상화와 변화를 동시에 바라는 국민의 바람인 통합을 의미한다. 실리주의는 새 정부의 최우선 국정 과제인 일자리, 물가 등 경제 문제를 해결할 수 있다.

넷째, '실천적 실리주의'에 의한 성과 도출이다. 실리주의는 이념, 이론, 관념, 논리 또는 명분들을 넘어 실천으로서 성과를 말할 수 있는 장점을 지닌다. 성과를 내기 위해 가장 효율적인 실천 방안을 세워 추진하는 것이 윤석열 정부 실리주의 특징이 돼야 한다. 정책 전체를 관통하는 이념이 아니라 목표를 이루고 성과를 내기 위해 실천이 중요하다. 과거의 직책이 아니라 그 자리에서 무엇을 했느냐에 방점을 찍어 인사를 한다면 성과를 낼 수 있다.

다섯째, 축적의 시간이다. 이전 정부에서 잘한 것은 계승하고 축적해 계승하는 것이 실리다. 아무리 문제가 있는 사업이라고 해도 실리가 있다면 유지하고, 문제점을 보완하는 방식을 택해야 하는 게 현실적이다. 실리라는 것은 국민에게 가장 좋은 것이다. 한국문학의 거장 고 박완서는 '미망'이란 작품에서 "근대의 극복은 근대를 부정하는 것이 아니라 근대 위에 올라타서 그것과 관계하며 그것을 변용할 수 있을 때 이루어진다. 근대를 폐기처분 하는 것이 아니라 근대의 폐허 위에서 쓸 만한 것을 찾아 다시 집을 짓는 행위, 쉼 없이 재출발하는 그 행위가 근대를 다시 쓰고 극복한다."라고 서술했다.

여섯째, 명분보다 실리다. 영화 남한산성은 1636년 병자호란 때, 남한산성에 갇힌 인조임금과 최명길, 김상헌이라는 인물을 조명해 이야기가 전개된다. 척화론자들은 반청숭명(反淸崇明)의 명분을 내세워 오랑캐에게 무릎을 꿇을 수 없다고 버텼다. 이때 온갖 쏟아지는 비난을 감수하고 악역을 자처하며 사직을 지켜야 한다고 '실리주의'를 주장한 충신이 있었으니 그가 바로 이조판서 최명길이다. 작금의 우리 상황과 별로 다를 게 없다. 윤석열 정부는 명분과 실리를 동시에 잡는 '실리주의'를 앞세워야 한다. 산적한 국정 현안도 명분과 실리의 조화 선상에 해법이 있다.

일곱째, 집권 초기 리더십을 강화할 수 있다. 윤 당선인은 자신의 처한 통치 환경에 대한 SWOT 분석에서 나타난 약점

(weakness)과 위협(threat) 요인을 무시하면 안 된다. 또한 국민의 경제 살리기에 대한 기대를 조속히 충족시켜야 한다. 국정운영 순위를 명확하게 정해 정책과 비전을 밝혀야 한다. '실리주의'는 집권 초 국민 체감의 리더십을 구축할 수 있는 도구로서 최적이다. 용산 집무실 이전이 모든 이슈를 삼키는 '블랙홀'이 된 상황에서 '실리주의'를 표명한다면 논리의 근거로 인해 잡음을 잠재울 수 있다.

마지막으로 경제 문제를 해결할 수 있다. 우크라이나 사태 장기화로 2분기 한국경제에 적색경보가 커졌다. 국가 원자재 가격이 급등하고 글로벌 공급망 사태가 엎친 데 덮쳐 한국경제의 든든한 버팀목 역할을 해온 수출마저 크게 위축될 전망이다. 새 정부가 출범하는 2분기부터 각종 경제지표가 최악의 상황으로 치달을 것이 우려된다. 새 정부는 역대 정부의 실패를 타산지석(他山之石)으로 삼고, 코로나19, 부동산 문제 등 경제와 얽힌 먹고사는 민생을 살리는 것을 최우선 과제로 선정해야 한다.

윤석열 정부가 성공하기 위해선 국정철학을 '기술 주도의 성장', 행동규범은 '실천적 실리주의', 정책은 '중도 실리주의' 노선을 견지해야 한다. 'AI 강국' 도약으로 일자리가 넘치고 역농성이 살아있는 한국경제가 되기를 기대한다. (2022.03.28.)

민생에 올인하라

대통령 집무실의 용산 이전이 블랙홀이 되면서 대통령 취임도 하기 전에 국정 동력을 놓칠 수 있다는 위기감이 돌고 있다. 청와대 이전 문제가 집권 비전보다 부각이 되는 상황이 되었고 서둘러 추진하면서 직진 리더십이 비판받아서이다.

코로나19 방역 지침을 지키느라 지난 3년 동안 제대로 장사를 해 본 적이 없는 소상공인·자영업자의 경제 상황은 파산 직전이다. 우크라이나 사태로 인한 원자재 가격 급등 영향으로 물가는 계속 오르고 있다.

국제통화기금(IMF)이 올해 한국의 물가상승률을 3.1%로 지난 2011년 이후 11년 만에 최대 폭으로 상승할 것이라는 우울한 전망을 내놓았다. 대선의 민심은 포스트 코로나 이후 민생과 일자리, 부동산 문제를 해결해달라는 것이다.

민생을 해결하려면 어떻게 해야 할까. 먼저 민생을 올바로 이해해야 한다. 그럼 민생이란 무엇인가.

첫째, 기본 개념이다. 민생(民生, livelihood)은 통치권과 함께 존재해 왔던 오랜 역사적 개념이다. 민생은 사전적으로 일반 국민의 생활이나 생계를 의미한다. 생계는 곧 먹고 사는 일이다. 사람답게 살아가기 위한 기초가 바로 민생이다. 민생은 국민 삶의 본질이기에 중요하다. 서민 생활, 시민 생활, 국민 생활 등을 아우르는 용어가 민생이다.

둘째, 정쟁의 도구다. 정치권에서 말하는 민생은 국민의 생활이나 생계를 구체적 다루기보다 주로 정부와 상대를 비판하는 정치의 대상으로 사용되고 있다. 다시 말해 민생이 경세(經世)의 대상이 되었다는 것이다. 실질적인 민생은 국민이 먹고사는 문제인데 정치와 정쟁의 도구로 활용되고 있다. 정치인들은 국민의 생활이나 생계를 정략의 대상으로 삼고 있다.

셋째, 분류 체계다. 민생은 크게 민생문제, 민생 요구, 정치 행위로 나눈다. 민생문제는 민생 치안(민생 안전·민생사법·민생 위협), 민생경제(민생물가), 민생 현안(민생안건·민생 입법·민생 법안·민생 대책)으로 분류한다. 민생 요구는 민생 우선(민생 으뜸·민생 전념·민생주력·민생 위주·민생중시·민생 불만·민생 회복·민생 해결·민생 살리기)으로 분류한다. 정치 행위는 민생 국정(민생안정·민생 개혁·민생사정), 민생정치(민생체제·민생 국회·민생정국·민생정당·민생회담·민생협력·민생 국감·민생 합의·민생 대책 회의), 민생 외면(민생 뒷전, 민생실패, 민생표류, 민생 따로, 민생 실종), 민생 투어(민생행보, 민생탐방, 민생현장)로 분류한다.

넷째, 문제의 본질이다. 본질은 경제다. 일반 시민들의 민생도 어렵고, 특별히 취약한 계층의 민생은 더 어렵다. 물론 민생문제는 역대 정부에서도 있었던 보편적인 현상이다. 하지만 지금의 민생은 과거와 다른 데 문제의 심각성이 있다. 민생의 근본은 예나 지금이나 경제에 있다. 민생 해결은 경제가 흔들림 없이 성장하고 있을 때 가능한 것이다. 많은 국민은 경제성장이 이루어지고 선진국 문턱에 진입했다면 일자리 문제, 양극화 문제가 나아질 것이라고 기대했다. 하지만 민생이 변한 것이 무엇인지, 반문하거나 실감할 수 없다고 느낀다.

다섯째, 상황 인식이다. 가난한 사람이 더 가난해져 절대 빈곤층이 불어나는 현상은 민생문제에 있다. 서울 강남을 중심으로 수십억씩 치솟은 부동산 가격에 의한 자산 격차, 대기업과 중소기업, 정규직과 비정규직, 호황 산업과 불황 산업 등 업종별·기업별·직종별로 소득의 '부익부 빈익빈'은 날로 심화하고 있다. 서민 주부들의 잔주름이 늘어간다. 물가가 뜀박질하고 있어서다. 시장 가기가 겁난다고 한다. 물가가 하루가 다르다. 이를 피부로 느껴야 하는 주부들의 고통은 이만저만이 아니다. 코로나19 팬데믹과 우크라이나 사태가 장기화하면서 우리 민생경제가 심상치 않다. 자영업자·소상공인의 파산은 계속 늘고, 경제활동 둔화와 물가상승 등으로 양극화가 더욱 심화하고 있다. 밖으로도 국제정세가 엄중하다. 유가 상승과 원자재 폭등으로 경제 불확실성이 가중하고 있는 위기 상황이다.

그렇다면 윤석열 대통령 당선인은 어떻게 해야 할까.

첫째, 최우선 국정 과제의 선정이다. 국정 최우선 과제는 코로나19 위기 극복과 민생 살리기다. 이젠 민생을 살리는데 올인해야 한다. 국정 과제는 첫째도, 둘째도, 셋째도 민생에 염두에 둬야 한다. 민생경제의 회복을 차기 정부의 절체절명의 국정 과제로 삼아야 한다.

둘째, 문제의 본질 파악이다. 국민의 고민은 경제는 성장하고 국민소득도 올라가는데 어찌 된 일인지 먹고사는 일이 점점 더 힘들어진다고 느끼는 것이다. 다락같이 올라간 집값, 늘어나는 교육비, 줄어드는 소득으로 인해 서민의 시름은 더욱 깊어간다. 한국형 민생문제의 본질은 과다한 주거비, 교육비, 고물가 등 과도한 가계 부담을 안고 생활한다.

셋째, 종합적인 해결책 제시다. 민생의 해결은 경제가 좋아져야 한다. 하지만 경제는 간단한 문제가 아니다. 양극화 문제가 해결돼야 민생도 좋아지고 경제도 활성화된다. 양극화를 해소하려면 함께 잘 사는 경제를 만들어야 한다. 통합성장, 공정 성장, 균형발전 이런 정책을 추진해 성공해야 한다. 일자리 문제도 해결해야 한다. 양질의 일자리를 늘리고 비정규직 문제도 해결해야 한다. 부동산 격차, 교육격차 문제도 해결해야 한다. 결국 민생을 해결하기 위해선 경제정책, 사회정책, 부동산 정책, 교육정책, 산업정책에 이르기까지 수많은 정책을 함께 추진해야 해결할 수 있다.

넷째, 설득과 소통이다. 새 대통령이 취임한다고 국민의 민생은 금방 달라지지 않는다. 민생문제라는 것이 한두 개의 정책으로 간단하게 해결할 수 있는 문제가 아니기 때문이다. 이전 정부의 실책이 쌓여서 오늘의 민생이 있는 것이다. 솔직하게 금방 해결할 수 없다고 양해를 구하고 장기적인 계획을 입안해 추진해야 성과를 낼 수 있다. 조급증은 절대 금물이다. 민생 해결에 있어서 경제는 기본이다. 경제가 풀려야 나머지 정책도 성공할 수 있다. 경제는 문제 해결의 첫걸음이다. 성장 잠재력을 높이고 경쟁력을 강화하는 정책을 입안해야 한다. 경제를 둘러싼 글로벌 정세도 아주 중요하므로 정책을 추진할 때는 정치, 사회, 문화정책도 함께 고려해야 한다.

다섯째, 한국형 민생 문제 해결이다. 핵심은 부동산이다. 과도한 주거비는 한국인의 목에 걸린 커다란 맷돌과 같다. 내 집을 마련하기 위해 오랫동안 허리띠를 졸라매야 한다. 많은 국민이 그야말로 집 한 채를 마련하기 위해 아귀다툼을 벌이고 있다. 최소한 주거와 교육 측면에서 민생을 위한 정책을 제대로 펼쳐야 한다.

여섯째, 물가 관리다. 서민 생활물가의 안정을 위해 범정부 대응체계 구축, 품목별 수급 관리, 제도개선 등 정책역량을 총동원해야 한다. 양질의 일자리를 확대 및 취약 분야 맞춤형 지원에 나서야 한다. 민생물가의 안정적 관리, 일자리 회복, 안전망 확충, 가계부채 관리를 해야 한다. 당선인 직속 물가 점검 컨트롤 타워를 만들고 소관 분야 물가를 책임지는 소관 책임제를 도입해야 한다. 밥상 물가와 밀접한 주요 품목에 대해 수급 관리 예측을 강화하고 가격 변동성 완화를 위한 제도개선을 추진해야 한다.

일곱째, 현장 방문이다. 국민은 살기 힘들다고 아우성이다. 모처럼 시장을 가봐야 장바구니에 식자재 담기 겁이 난다고 할 정도다. 그런데도 정치권은 태평하다. 꼭 전국을 돌아보고 발품을 팔아봐야 이런 현실을 정치인들이 안다면 그것 자체가 심각한 문제다.

미국의 루스벨트 대통령은 '노변정담'을 통해 가장 민심을 현장감 있게 헤아린 대통령으로 꼽는다. 김대중 대통령은 당선 전부터 아태평화재단을 통해 수많은 민초들의 이야기를 경청했고 대통령이 되고 나서 야당과 가장 많은 영수 회담을 했다. 현장에 가서 국민의 목소리를 생생하게 듣는 것이 중요하다. 문제의 정답은 현장에 있기 때문이다.

마지막으로 민생 투어다. 국민의 먹고사는 민생문제를 해결하려면 현장에 가서 보아야 한다. 국민은 먹고사는 문제를 제일 불안하게 생각하기 때문이다. 미래가 불안하니까 당연한 현상이다. 자기 직업이나 노후, 청년 일자리, 북핵 등 그 어느 때보다 불확실성이 높아진 시대이기 때문이다.

민생 투어는 사진 찍기를 위한 정치 이벤트가 되어서는 안 된다. 기존 정치인들의 급식 배식, 청소 등 연출 투어는 코미디일 뿐이다. 민생 체험은 민생현장 행보다. 무엇보다 '시기'가 중요하다. 중요한 요소 중의 하나는 '콘텐츠'다.

그저 이 지역 저 지역을 방문하는 건 주목받지 못한다. 전체 민생 투어의 핵심 키워드가 있어야 한다. 오롯이 그 키워드를 부각하기 위해 일관된 민생 투어가 이뤄져야 한다. 민생 대장정에 녹아 있어야 하는 또 하나의 키는 '해법'이다. 민생 투어를 끝내는 시점에 찾아낸 민생문제에 대한 해결책을 내놓아야 한다.

민생 투어를 마치고 미래비전에 대한 구상 발표로 새로운 정치 국면으로 전환하는 변화의 메시지가 전달되어야 한다. 민생문제를 해결하기 위해선 경제성장과 수출증대와 함께 양극화를 해결해야 한다. 민생을 올바로 이해하고 올바른 정책을 추진해야 한다.

물가를 잡고 경제를 살려서 민생을 안정시켜야 한다. 정신 바짝 차려야 할 시점이다. 윤석열 당선인은 미래의 변화를 예측하는 통찰력을 갖춰서 민생을 해결한 최초의 성공한 '민생 대통령'으로서 '민생정부'를 이끌어 주길 응원한다. (2022.03.29.)

Chapter 6.
2030년 AI가 대한민국을 바꾼다

AI와 새 정부의 역할

윤석열 당선인이 10일 1차 내각을 발표했다. 전문성과 능력 위주의 임명을 했다면 시급한 경제·민생·부동산·일자리 해결 능력을 제대로 보여야 한다. 한 달 후면 새 정부가 출범한다. 새 정부의 국정 목표는 일자리 창출을 통한 '경제 살리기'가 되어야 한다. 결국 경제가 모든 것을 좌우하기 때문이다.

경제를 살리려면 경제에 대한 정확한 인식이 필요하다. 경세제민(經世濟民)의 약자인 경제는 "세상을 경영하고 백성을 구제하라"라는 뜻으로 옛날부터 치세(治世)의 중심이었다. 정치는 무엇보다 민생이 핵심이라는 것이다. 경제는 유럽의 'economy' 단어가 일본 막부시대 말기에 들어와 '경제(經濟)'로 번역되어 사용했다. 영어의 이코노믹은 고대 그리스어로 'oikos(오이코스, 집)'와 'nomia(노미아, 관리)'를 결합한 'oikonomia(오이코노미아, 집안 살림)'에서 유래했다. 동서고금을 막론하고 정치와 경제는 떼려야 뗄 수 없는 관계인 셈이다. 경제가 살아야 정치가 살고, 정치가 잘돼야 경제가 좋아진다는 말은 금과옥조(金科玉條)다. 국가 경영의 목표는 경제를 살리는 부국강병(富國强兵)이다.

부국강병을 실현한 나라는 중국의 진나라다. 춘추전국시대를 통일한 진나라의 원동력은 안으로는 강력한 '법치주의', '경제개혁', 밖으로는 뛰어난 '외교 전략'을 펼치고 '시스템 통치'를 100여 년 걸쳐 완성해왔기에 부국강병을 일궈낼 수 있었다.

새 정부의 나아갈 방향을 시사하고 있다. 윤석열 당선인은 AI(인공지능) 혁명 시대에 어떻게 해야 '신부국강병(新富國强兵)'을 이룩할 수 있을까?

첫째, AI 신부국강병이다. 4차 산업혁명 시대는 신기술이 아니고는 경제발전을 이룰 수 없는 시대다. AI 신기술이 국가의 미래를 좌우하는 기술 전쟁의 시대다. 미·중이 최신기술을 무기로 패권 전략을 구사하고 있는 것도 'AI만이 살길'이라는 부국강병의 원리가 그 속에서 나오기 때문이다.

둘째, 신성장 산업 육성이다. 부강한 국가로 나아가기 위한 엔진은 신산업이다. 수출로 먹고사는 한국은 '과학기술 초격차 전략'을 펴야 활로를 넓힐 수 있다. AI·빅데이터·반도체·바이오 등 몇 개 분야에 선택과 집중을 해야 초격차 기술을 확보할 수 있다. 그래야 신성장 동력을 확충하면서 미·중 패권 다툼 틈새에서 먹고 살길을 찾을 수 있다.

셋째, 기술인재 플랫폼 국가다. AI 강국이 되기 위해선 해외의 핵심 인재 역량을 활용할 수 있는 시스템을 만들어야 한다. 해외 슈퍼 인재와 국내 인재를 상시 연계하자는 것이다. 구체적으로 'KSS-AIP(Korea Super Specialist-AI Platform)' 시스템 구축이다. AI시대를 맞이해 정부가 전략적으로 글로벌 인재 데이터베이스를 구축해 활용하자는 것이다.

넷째, AI·빅데이터 경제성장이다. AI와 빅데이터 관련 기반 기술이나 산업 생태계 조성이 뒷받침된다면 저상장의 위기를 벗어나 지속적인 경제성장을 할 수 있다. 저출생·고령화로 인한 노동 공급 감소를 AI 기술이 보완하기 때문에 저성장 문제 해결이 가능하다. AI+X 산업에 집중해야 새로운 좋은 일자리가 창출한다.

다섯째, 기술 융합의 시너지다. AI 혁명은 데이터를 수집·저장·가치 창출·최적화의 4단계의 융합과정을 거쳐 12개의 핵심기술과 결합한다. 데이터 기술(IoT, LBS, SNS, Cloud, BigData)와 디지털 전환 기술(CPS, 3D, AR·VR, BlockChain, Robot, Digital Twin) 산업을 집중적으 육성하면 수많은 새로운 일자리를 만들 수 있다.

국정운영의 전반에 AI·빅데이터를 활용하며 어떤 장점이 있을까?

첫째, 정책성과다. 작은 대통령실의 업무 효율성을 높여 정책성과를 조기에 낼 수 있다. 추경 없이 50조 원 손실 보상금 지급과 들썩거리는 부동산 문제, 인수위가 밝힌 코로나19 백신 접종 후 이상 반응에 대한 보상과 지원금 100조 원의 재원 문제도 해결할 수 있다. 또한 혁신적인 복지국가로 다가설 수 있다.

둘째, 정책조정이다. 물가 안정과 추경, 규제 완화와 부동산 가격 안정의 브레이크와 가속 페달을 동시에 밟는 어긋나는 정책도 해결할 수 있다. 강경 노조 활동을 둔화시킬 수 있다.

셋째, 일자리 창출이다. 청년 일자리 문제를 해결할 수 있다. 지속 가능한 경제성장의 핵심인 생산성을 향상할 수 있다. AI 벤처 붐을 조성해 경제를 활성화할 수 있다. 미래 먹거리를 발굴할 수 있다.

넷째, 옥상옥(屋上屋) 해소다. 민간합동위원회에서 AI와 빅데이터 활용한다면 '이해 상충', '자질 시비', '책임 소재', '먹튀', '부처와 조화' 등 제기되는 여러 가지 문제를 해결할 수 있다. 어설픈 아이디어가 정책으로 결정되지 않는다. 팩트에 의한 데이터 분석이 선행되어 설익은 정책은 발을 붙일 수 없게 된다.

다섯째, 디지털 대전환이다. AI 혁명의 불길이 번지는 가운데 '포스트 코로나' 시대는 산업 지형 대전환을 예고하고 있다. 한국경제가 위기와 기회의 갈림길에 서 있는 셈이다. 제조업 수출 중심의 산업구조를 AI 산업으로 재편해야 한다. 소프트웨어적인 혁신적 사고로 미래 먹거리 산업 확보를 위해 집중해야 한다면 한국경제는 재도약할 수 있다.

윤석열 당선인이 '국민통합'과 '경제성장'이라는 '두 마리 토끼'를 잡으려면 'AI 한국경영'을 해야 한다. '일자리 넘치는 대한민국'을 만들기 위해선 'AI 강국' 도약만이 유일한 해법이다. (2022.04.11.)

인사에서 실력이란 무엇인가

윤석열 당선인이 첫 장관 인선을 발표했다. 후보자들은 주로 해당 분야 전문가로 대선캠프·인수위 등에서 윤 당선인을 도운 인사가 많았다. 참신한 새 인물의 깜짝 발탁은 없었다. 한마디로 친분·케미(호흡)를 중요시했다는 보수 언론의 평가가 나온다. 실력 있는 전문가 중심의 내각 인선을 했다면 시급한 물가·부동산·일자리·손실보상 현안에 대한 해법이 제대로 나와야 한다.

국민 앞에 능력과 전문성을 입증할 정책이 시급하다. 국정운영 성과를 내야 국민의 지지를 받을 수 있기 때문이다. 국정운영 성과를 내야 국민의 지지를 받을 수 있다.

실력(實力, 열매 실·힘 력)이란 실제 갖추고 있는 힘이나 능력이다. 사람이 어떤 일을 실제로 해낼 수 있는 능력을 의미한다. 능력은 성과를 만들어 내야 한다. 그런데 바로 그 실력을 평가하기도 보여주기도 어렵다는 게 문제다. 일을 맡기고 성과를 내는지 지켜봐야 알 수 있어서다.

산업화 시대의 실력은 과거의 화려한 경력 자체가 실력으로 인정받았다. 하지만 4차 산업 혁명 시대는 지나간 한 자리는 실력의

20%도 인정해 주지 않는다. 30%는 과거의 직책을 맡고 있을 때 어떤 업적을 남겼느냐에 가중치를 둔다. 예를 들면 필자의 삼성 근무 경력은 글로벌 기업 인터뷰 대상이 되는 것이다. 한국으로 말하면 서류 전형은 통과한다는 것이다. 중요한 것은 업무를 하면서 내세울 만한 성과와 미래를 위한 창의성·도전 정신이 있느냐로 평가를 받는다. 30%는 주어진 현재 상황을 시대에 맞게 재정의(Definition Creator)하고 발등에 떨어진 과제를 스피드하게 해결해 나가는 역량을 본다.

나머지 20%는 과제를 달성한 후 미래를 어떻게 준비하는지 내다보는 안목으로 평가한다. 과거의 어떤 자리를 했다고 내세우는 포장만 그럴싸한 사람들은 대부분 실력이 없는 가짜다.

AI시대에서 실력의 제1순위는 미래에 어떤 세상을 만들 것인가에 대한 확실한 청사진과 이를 달성하기 위한 용기이며 열정적으로 자기 자신을 던지는 사람들이다. 진짜 실력을 갖춘 인재는 실패한 정책의 원인을 밝히고 본질을 꿰뚫어 해법의 청사진을 내놓는다. 디지털 트랜스포메이션 시대에서 창의성이 없다면 실력이 없는 것이다.

AI+X 시대에 창의력이 없다면 융합 시대의 복잡한 문제를 해결할 수 없다는 것을 의미하기 때문이다. 어학 실력이란 무엇인가. 토익점수인가. 아니다. 현지인을 설득해 비즈니스를 성사할 수 있는 역량을 말한다. 영어든, 중국어든, 일어든 현지인을 논리적으로 설득해 계약이 이루어져야 외국어 실력자라고 인정할 수 있다. 이번 내각 인선이 실력에 방점을 찍었는지는 시간이 지나면 알 수 있다. 추석(9월 10일)이면 부동산이 안정되었는지, 코로나19는 감소했는지, 물가는 안정되었는지, 일자리는 창출했는지 결과가 나타나기 때문이다.

진짜 실력은 명함의 직책과 경력을 떼어 버린 후 광야에 섰을 때 온전한 나의 실력만으로 새로운 가치를 창출할 수 있는 것이다. 유치환 시인의 '생명의 서'에서 말했던 것처럼 "나의 지식이 독한 회의(懷疑)를 구하지 못하고" 있는가를 스스로 자문하는 실력자가 많이 나오길 기대한다. (2022.04.11.)

국정 동력 정책 조율에서 나온다

새 정부의 출범에 따라 정책의 대전환 시대가 열린다. 부동산 세제에서부터 규제 완화, 민간 주도의 일자리 창출, 탈원전 폐기 등까지 핵심 경제정책의 변화가 예상된다. 새로운 각종 경제·산업 정책을 실현하는 과정에서 거대 야당과의 정책 조율도 불가피할 것이다. 문제는 윤석열 정부의 경제정책이 속도감 있게 추진돼 성과를 내기 위해선 '여소야대' 구조인 국회를 상대해야 한다는 점이다.

국회의 승인을 요청하는 과정에서 거대 야당인 민주당의 동의를 구해야 하기 때문이다. 새 정부 입장에선 거대 야당과의 대립과 충돌이 이어질 경우 정책 추진 동력인 인사와 법안 처리에 진통을 겪을 수밖에 없다. 실제로 국민께 약속한 정책을 추진하기 위해선 국회의 협조가 절대적인 상황이다.

정책변화가 필요한 분야에 야당과의 공감대를 잘 형성해야 충분히 속도감 있게 정책이 추진될 가능성이 크다. 정책이란 바람직한 사회 상태를 이룩하려는 목표와 이를 달성하기 위한 수단에 대해 정부가 공식적으로 결정한 기본방침이다.

정책의 3요소는 정책목표, 정책 수단, 정책 대상 집단이다. 정책문제는 정부가 해결하기로 한 사회문제다. 정책분석은 정책대안을 마련하고 각 대안이 가져올 장단점을 비용 편익 분석과 선형 기획법 등을 이용해 예측해 식별 검토하는 것이다.

정책은 방향 못지않게 성과가 중요하다. 성과를 내지 못하는 정책은 실패한 정책이다. 정책의 실패는 국민의 삶을 어렵게 한다.

역대 정부의 정책 조율은 왜 실패했는지 문제점을 살펴보자.

첫째, 불통(不通)이다. 이념에 따른 정책을 우격다짐으로 밀어붙였다. 정책 결정자의 고정관념, 어떤 정책에 대한 반감, 이해 당사자 간 소통의 부족이다. 현장 경험이 없고 해당 분야에 대한 전문지식이 없음에도 집착과 고집으로 정책 결정을 했다.

둘째, 뒷북 대응이다. 실례로 박근혜 정부의 정책 책임자는 연말정산은 착시현상이고, 건강보험료 파동은 보건복지부 문제라고 소극적으로 대응했다. 급기야 민심의 이반으로 저항이 커지자 부랴부랴 대응에 나섰지만 이미 늦었다. 국민의 생활과 밀접한 관계가 있는 정책은 민심이 즉시 반영된다. 제때 대응하지 못하면 큰 화를 입게 된다.

셋째, 옥상옥(屋上屋)이다. 국무총리 주재의 '국가정책조정회의', 국무실장 주재의 '현안점검조정회의', 경제부총리 주재의 '경제장관회의', 사회부총리 주재의 '사회관계장관회위' 등 기존 회의체 5개와 BH 중심의 정책 조율 회의 2개를 포함하면 7개나 되었다. 정책을 조정하겠다고 나서는 사공이 너무 많았다.

넷째, 책임소재 불명확이다. 회의체가 많다 보니 책임소재가 명확하지 않고 정책 결정 과정만 복잡해졌다. 회의만 하다 날 샜다. 유일한 성과는 회의록이다. 정책을 실행해야 하는 각 부처 일선에서는 누구의 지시를 받아야 하는지 헷갈려 일이 손에 잡히지 않았다. 대통령직인수위원회가 애초 폐지 가능성이 거론됐던 정책실장(장관급)은 정책보좌관(차관급)으로 직급과 명칭을 바꿔 기능을 유지하고 민관합동위원회에서 논의할 정책 현안에 대한 조율 기능을 담당하는 방안이 검토되고 있다.

새 정부의 '정책보좌관'은 어떻게 하면 성과를 낼 수 있을까.

첫째, 조정이다. 정부와 국회, 여당, 대통령실 간 정책 협의와 조율을 강화해야 한다. 거대 야당의 협력을 끌어내야 한다. 정책에 대한 전문성을 기반으로 정책적 논리로 설득할 수 있어야 한다. 민관합동위원회 국민통합, 지역 균형발전, 코로나 위기 대응, 기후 에너지, 혁신성장, 중장기과제 등 분과위원회와 정책을 조정해야 한다.

둘째, 역할이다. 정책보좌관은 정책의 수립·집행·변경·발표 과정에서 문제점이 없도록 조율과 조정을 거치고, 정책성과 극대화를 도모해야 한다. 특히 국정 현안 과제가 원활히 추진될 수 있도록 이해관계 집단과 사전에 충분한 소통을 해야 한다.

셋째, 기능이다. 국정 어젠다 설정과 국정 과제 등 핵심정책과 개혁과제를 추진한다. 문제정책과 갈등 정책 검토 및 대응 방향에 관한 협의를 해야 한다. 정책 관련된 조율 및 대응 방향에 대해서 국정 최고 책임자가 올바른 결정을 하도록 뒷받침해야 한다.

넷째, 조율이다. 오케스트라는 연주에 앞서 음을 조율한다. 조율의 기준은 A음이다. 오보에 주자가 A음을 내면 현악기, 관악기, 타악기 그리고 다 같이 조율한다. A음으로 조율하는 이유는 악기들은 개방음일 때 가장 안정적인 소리를 내기 때문이다. 정책도 마찬가지다. 부동산 정책이 성과를 내려면 금리, 교육, 세제, 지역 균형발전, 복지 등 다양한 정책이 융합되고 조율이 되어야 집값을 안정시킬 수 있다. 당 부처가 정책을 추진한다고 성과를 낼 수 없는 구조다. 오케스트라와 같이 정책이 조율되고 조화가 되어야 성과를 낼 수 있다.

마지막으로 역량이다. 4차 산업혁명 시대는 뷰카(VUCA) 시대다. 변동성(Volatility), 불확실성(Uncertainty), 복잡성(Complexity), 모호성(Ambiguity)으로 표현할 수 있다. 한 치 앞을 예측하기 어려운 AI 혁명에 대응하기 위해선 다양성, 복합성, 글로벌성, 전문성, 도전성, 창의성, 혁신성을 갖춘 T자형 역량이 필요하다. 디지털 대전환 시대의 데이터 경제와 제조업에서 AI 산업으로의 전환, AI 반도체, 연금개혁, 미래 일자리 창출 등 경제만이 아니라 다양한 분야에 있어서 정책 전문성 능력이 요구된다. 정책에서 성과를 내려면 모든 분야에서 AI 혁명 시대에 맞는 유연성과 적응성을 강조하는 애자일(Agile) 조직과 정책으로 전환해야 한다. 정책보좌관은 지시자가 아닌 조율자로 정책의 설계자로서 추진자의 역할을 효과적으로 수행해 성과를 내야 한다. 정책이 성과를 내기 위해선 그 어느 때보다 정책보좌관 역량이 중요하다.

새 정부가 추진하는 국정 과제가 스피드하게 추진돼 조기에 국정 목표를 달성하기 기대한다. (2022.04.13.)

6·1 지방선거 '싹쓸이' 전략

새 정부의 인선이 마무리되면서 정치권의 시선은 한 달 남짓 앞으로 다가온 6월 1일 실시되는 제8회 전국동시지방선거로 향하고 있다. 이번 지방선거는 윤석열 정부 출범 후 불과 3주 뒤에 실시된다. 국민의힘은 새 정부 초반 '허니문' 바람을 타고 4년 만에 지방정부까지 정권교체를 노리고 있다. 더불어민주당은 이번 지방선거에서 윤석열 정부를 견제할 수 있는 성적표를 기대한다.

대선에서 분출된 정권교체의 표심이 지방선거로 이어질 것인지 아니면 정권 견제 민심이 높을 것인지 예측불허인 상황이다. 중앙선거관리위원회의 20대 대신 득표율을 광역단체장 선거에 적용하면 국민의힘은 10곳에서 앞설 것으로 보이고, 민주당은 7곳에서 승리할 가능성이 크다. 4년 전 국민의힘은 5곳에 불과했던 광역단체장의 숫자가 큰 폭으로 늘어나는 셈이다.

서울·경기·인천의 성적표는 여야에 승패 이상의 정치적 의미가 담겨있다. 수도권은 인구 절반이 거주하고 있어 새 정부의 국정 동력을 살펴볼 수 있는 바로미터다. 국민의힘은 수도권을 싹쓸이해 정부 초기 국정운영의 주도권을 잡겠다는 각오다.

민주당은 지난 대선에서 경기 5.32%, 인천 1.86% 차이로 이긴 2곳에서 승리하고, 4.83% 차이로 진 서울에서 선전을 목표로 삼고 있다. 지난 대선의 0.73%(247,077표) 초박빙 차이로 이긴 윤 당선인은 서울에서 310,766표로 이긴 것이 승리의 결정적 요인이었다. 그만큼 수도권의 승패가 전체 지방선거에 대한 성적을 좌우할 것으로 보인다.

윤 당선인은 새 정부 출범 후 100일 안에 50조 원을 투입해 코로나19로 어려움을 겪는 소상공인·자영업자를 지원하겠다고 약속했다. 방역지원금과 관련해서는 기존 정부안과 별개로 600만 원을 추가해 최대 1,000만 원을 지원하겠다고 공약했다.

윤 당선인이 두텁게 손실 보상금 지급하겠다고 약속했지만, 확정까지 난제가 너무 많다. 먼저 정확한 손실보상 산정이 현실적으로 어렵고 국가부채를 늘리지 않고 재원을 마련할 수 없다는 것이다. 공약대로 50조 추경을 이행한다면 물가 후폭풍과 인플레를 감당할 수 없다. 재정건전성과 물가를 비롯한 전반적인 거시경제 상황을 예의 주시하면서 추경 규모를 줄여 국채 발행을 줄이거나 단계적으로 재정을 풀어야 하는데 이마저 여의찮다.

연초 16조 9,000억 원 규모의 추경에 이어 또 50조 원 규모로 추경을 하려면 국가부채가 더 늘어난다. 지난달 미국 물가가 8.5% 오르면서 41년 만의 최대 상승했다. 인플레이션은 현재 미국만의 문제가 아니다.

문제는 글로벌 인플레이션으로 인한 위기가 쉽사리 가라앉지 않을 것이란 데 있다. 통계청 발표에 따르면 지난달 소비자물가가 4.1%까지 치솟았다. 물가 관리가 새 정부의 최우선 과제로 부상했다. 이에 50조 손실 보상금이 추경을 통해 시장에 돈이 풀리면 인플레이션을 부채질해 물가는 더욱 치솟게 된다.

적자국채를 발행한다면 물가상승에 기름을 붓는 꼴이다. 엄중한 경제 여건을 무시한 추경은 곤란하다는 것을 의미한다. 현실적으로 50조 원 규모의 손실 보상금을 출범 후 100일 이내 지급은 힘든 상황이다.

6·1 실시되는 지방선거에서 싹쓸이 승리할 수 있는 전략을 제안한다. 묘수는 의외로 간단하다. 수도권의 소상공인·자영업자의 전폭적인 지지를 받을 수 있는 공약을 제시하면 된다.

그렇다면 어떻게 해야 할까.

정당별로 광역단체장 선거에서 '손실 보상금 추석 전 지급' 공약을 내세운다면 소상공인·자영업자의 전폭적인 지지를 얻어 승리할 수 있는 유리한 고지를 차지할 것으로 전망된다. 지방정부 부채 증가 없이 손실 보상금을 지급할 수 있는 'AI와 자동 환수 시스템'을 해법으로 제시한다.

첫째, 전제(前提)·역발상(逆發想)이다. 손실 보상금을 가치저장, 투기 기능을 못하게 하고 교환 기능만 작동하게 한다. 디지털 화폐로 손실 보상금을 지급하고 회전시켜 몇 배의 거래 시장을 만들어 경제를 활성화한다. 재원 문제를 풀기 위해서는 역발상이 필요하다. 선지급하고 나중에 과세를 통해 후(後) 환수(還收)하면 된다.

둘째, 환수(還收) 이론(理論)이다. 그레고리 맨큐(Gregory Mankiw) 하버드대 교수는 일정 액수를 지급하고 모든 사람에게 소득세를 부과하면 된다고 주장한다. 일정 액수를 지급하면서 적절한 세율로 소득세를 걸을 수 있다는 논리에 근거하고 있다.

'화폐 수요 이론' 활용이다. 예일대 교수 어빙 피셔(Irving

Fisher)의 교환 방정식 소득 모형 (MV=PT)은 종이돈 시대의 화폐 수량설(Quantity Theory of Money)이다. M은 통화량, V 는 화폐 유통 속도, P는 물가, T는 거래 총량이다. 지폐 시대는 V를 조절 할 수 없었다. 하지만 디지털 화폐 시대는 AI와 블록체인 기술을 활용해 화폐 유통 속도 V를 조절할 수 있다. 소상공인 전용 디지털 화폐를 발행하면 사용처 이력 추적이 가능해 환수를 할 수 있다. 디지털 화폐가 시장에서 5번 돌면 소득이 5배 증가하고 경제를 5배 활성화할 수 있다. 사전에 재원 마련 없이 손실 보상금을 지급할 수 있다는 뜻이다.

셋째, 추진(推進)이다. 조직은 '소상공인·자영업자 손실 보상금 추진본부'(가칭)를 신설한다. 본부장, 부단장, 총괄 관리자, 모바일, 금융, 세무, 홍보, 정무팀장 등으로 소수 정예 30명 이내로 구성한다. 금융팀장은 은행의 가상 계좌 개설, 모바일 팀장은 모바일 경제방식과 연계, 조세팀장은 세금 정산, 홍보팀장은 대국민 홍보, 정무팀장은 당·정·청 협력이다.

마지막으로 지급(支給)이다. 일본은 코로나19 불황에도 문을 닫는 점포들이 되레 감소하고 있다는 지표가 발표돼 이목을 사로잡고 있다. 정부에서 지급한 보조금과 협력 지원금의 효과가 나타난 것으로 해석된다. 일본 정부는 2020년부터 총 3번에 걸쳐 코로나 경기대책과 추가경정예산 1,000조 원이 넘는 본예산을 매년 편성했다. 음식업 자영업자 기준으로 지난 2년간 받은 협력 지원금은 4억 5천만 원 정도다.

코로나 긴급사태 선언 기간 하루 6만 엔(62만 원)씩 한 달간 180만엔 (1,870만 원)을 수개월 간 받았고, 점포 월세 지원금을 별도로 받았다. 엔화의 힘, 재정의 힘을 발휘한 것이다. 이에 비해 한국의 소상공인·자영업자들은 죽을 지경으로 파산으로 내몰리고 있는 실정이다.

지방정부가 부채 증가 없이 손실 보상금을 소상공인·자영업자에게 지급하겠다고 공약하는 후보가 지역 민생을 살리는 적임자로 선택받을 것으로 예측된다. 지방선거에 승리하려면 무엇보다 민생을 챙기는 선거전략을 구사해야 한다. (2022.04.15.)

보건복지부 장관의 시대적 소명

'과학방역'을 공약으로 내건 윤석열 정부의 첫 보건복지부 장관의 역할이 주목된다. 그렇다면 새 정부의 보건복지부 장관의 시대적 사명은 무엇일까.

첫째, 임무다. 보건복지부 장관은 보건위생·방역·의정(醫政)·약정(藥政)·생활보호·자활 지원·사회보장·아동(영·유아 보육을 포함한다)·노인 및 장애인에 관한 사무를 관장한다. 보건의료의 영역에서는 헌법에 보장된바 국민의 기본적인 건강권과 이를 위한 의료 접근권, 그리고 복지에 있어서는 국민의 기본적인 삶을 위한 기초생활보장을 일차적으로 책임지는 주무장관이다.

둘째, 책임이다. 과거에는 크게 요직이라 볼 수 없었지만, 복지 업무 비중이 갈수록 늘어나고 있어 집행하는 예산도 점차 많아지고 있다. 코로나19 팬데믹으로 인해 보건 행정의 중요성 또한 강조되고 있어서 보건복지부와 그 장관의 영향력도 커지고 있다. 건강보험의 보장성 강화, 심화하고 있는 '사회 양극화'와 '건강 불평등' 해소 등 보건복지의 핵심과제에 대해 보건복지부 장관으로서 국가의 최소한의 책임을 다하기 위해 재원 마련에 대한 해결책을 제시해야 한다.

셋째, 현안이다. 오미크론 유행의 감소 상황에서 각종 방역 조치 개편에 더해 일상 회복의 성공적 안착을 위한 의료 체계 구축, 신종 변이 대응 등 현안 과제와 함께 엔데믹 전환을 위한 중장기적 대응계획을 마련해야 한다. 우선은 단계적 일상 회복이 가장 중요하다. 코로나19 엔데믹 전환 과정에서 중환자·사망자 수를 줄이고 일상 의료 체계를 안착시켜야 한다. 엔데믹 이후 독감처럼 관리되려면 의료 대응 여력이 충분해야 한다.

또한, 더 효과적인 백신·치료제가 필요하고 치료제 접근도 역시 현재보다 높아야 하기 때문이다. 전 국민 고용보험 등 소득보장제도 정비, 간호법과 원격의료 논쟁, 국민기초생활보장제도의 근본적 정비와 함께 심각한 노인 빈곤의 문제, 노후 소득 보장 체계 개혁 등 민감 과제도 산적해 있다.

넷째, 역량이다. 새 정부의 초대 보건복지부 장관은 당면한 사회 위기에 대한 인식과 깊은 성찰이 필요하다. 예측 불가능한 문제들이 쏟아지는 시대에 복합적 정책 마련으로 대응하는 통섭과 개혁·정책·추진력을 갖춰야 한다. 원칙을 지키며 공정하고 합리적인 정책을 펼쳐 성과를 내는 능력이 필요하다. 보건복지 분야의 첨예한 갈등 조정과 현안을 해결할 소통 능력은 기본이다. 저출생·고령화 및 포스트 코로나 시대를 대비한 복합적인 정책 마련을 위한 전문성과 개혁성을 갖춰야 한다. 양극화 구조적 불평등, 돌봄 공백의 해소라는 시대적 소명을 풀어야 하는 역량이 있어야 한다. 포스트 코로나 시대를 대비하기 위해 그 무엇보다 국민의 안위와 건강을 위한 정책 전문성이 요구된다.

마지막으로 개혁이다. 문 정부는 국민연금 개혁을 방치하면서 자식 세대는 보험료로 월급의 26%를 낼 판이다. 2055년 기금이 소진되면 매년 연금을 지급하는 부과방식으로 전환해야 한다. 이런 점을 고려하면 새 정부가 연금개혁을 가장 우선순위 어젠다로 다뤄야 한다.

윤 당선인도 "연금개혁을 안 할 수 없고, 선택이 아니다"라며 "정권 초기에 해야 한다"라고 강조했다. 역대 정부에서 보건복지부 장관은 재무 관료, 경제학자, 산업부 출신, 연금 전문가, 의료인 출신 등에서 인선을 했지만 제대로 성과를 낸 적은 없었다.

코로나19 대처는 질병관리청에 일임하고 AI시대 대한민국 보건복지의 새로운 기틀을 다지며 미래를 위한 연금개혁에 집중하는 '혁신의 아이콘' 보건복지부 장관을 기대한다. (2022.04.17.)

민노총, 변하지 않으면 AI시대에 사라질 수도…

불법적 집단이기주의 한계 달해
산업구조 대변환, 교육 강화해야

민주노총이라고 하면 떠오르는 이미지가 있다. 이기적이고 비타협적인 불법 파업, 내로남불, 정치 권력화된 기득권 세력이란 부정적인 인상이 강하다. 사회적 대화와 타협에 소극적인 태도를 고수해 노조의 고립을 초래하는 것도 문제다. 대기업과 공공부문 정규직만을 위한 조직이라는 비판도 받는다. 노동귀족으로 불리는 10% 기득권 십단의 '노동 정치'로 인해 경제·사회 정책에서 발언권이 과도하다.

민노총은 1995년 11월 11일 창립 당시 "사회의 민주적 개혁을 통해 전체 국민의 삶의 질을 개선한다"라고 천명했다. 하지만 26년이 지난 지금 과연 그렇게 실천하고 있는가? 민노총은 코로나19 팬데믹 상황에서 정부의 거듭된 요청을 묵살하고 7월 3일과 10월 20일 두 차례나 불법 총파업을 강행했다. 급식 조리원, 돌봄전담사 학교 비정규직과 공무원 노조 등이 이번 파업에 참여하는 바람에 애꿎은 영·유아와 힘없는 어린이를 볼모로 한 집단이기주의 행태가 비판받았다.

이제는 불법적 노동운동의 악순환에서 벗어나야 한다. 인공지능(AI)은 세상을 통째로 변화시키고 있다. 세상의 변화에 역행한다면 민노총은 5년 이내에 사라질 수도 있다.

그렇다면 인간 노동을 대체할 수 있는 AI시대에 민노총은 어떻게 탈바꿈해야 할까.

첫째, 글로벌 뉴 노조 패러다임을 받아들여야 한다. 지금 외부 세계는 정규직과 기득권을 내려놓고 비정규직의 권익을 향상하며 사회적 책임을 높이는 방향으로 노동 개혁을 추진 중이다. 노동운동을 통합하고 합리적 노선을 추구해 노조의 노동 정치가 퇴조하고 근로자 정치를 하고 있다. 노동시장 유연화로 경제를 활성화하고 있다.

둘째, 포스트 코로나 대전환기에 대비해야 한다. 기후 위기와 디지털 전환으로 산업구조가 재편되고 있다. 생산 및 사무직의 많은 일이 AI와 로봇으로 대체되고 있다. 기존 인력은 감원되고, 소프트웨어 부분은 인력이 늘고 있다. 산업 간 직업 이동은 재교육과 훈련이 필요하다. 노조원의 재취업에 대한 직능 전환 교육을 서둘러야 한다.

셋째, MZ세대 변화에 맞춰야 한다. 비타협적 투쟁 중심의 기존 노동운동, 노조 내부의 경직성, 소통 부족 등은 공정성과 개성을 중시하는 신세대의 반감을 사고 있다. 전통적 투쟁 방식인 점거, 집회, 구호 제창, 플래카드가 아니라 SNS 활용을 통해 의견을 수렴하고 공개하고 있다. 블라인드 플랫폼을 통한 온라인 조사에 따르면 MZ세대의 60%는 노조에 가입할 의사 없다고 한다.

넷째, AI 혁명에 따른 노동의 탈경계화에 대응해야 한다. 기존 제조업의 공장은 스마트 팩토리로, 정규 시간을 중심으로 이뤄진 노동은 원격근무와 재택근무 등으로 대체되고 있다. 기업은 파견 근로, 클라우드 소싱 등을 활용한 조직의 유연화가 확대되고 있다.

다섯째, AI 플랫폼 고용시장 확대에 대응해야 한다. 디지털 전환 사회는 노동을 잘게 쪼개 인터넷을 통해 아웃소싱한다. 플랫폼 노동이 확대되고 있어 상시 고용이 감소하고 있다. 노조원 가입이 줄어들 것에 대비해야 한다.

여섯째, 노동운동에 대한 인식 전환이 필요하다. 투쟁이 아니라 사회적 대타협을 통해 고용 안정을 도모하고 사회안전망 확대에 집중해야 한다. 미조직 노동자들, 자영업자와 소상공인에게도 도움을 줘야 향후 영향력을 발휘할 수 있다.

민노총이 AI시대에 새로운 노동운동으로 변화의 물꼬를 먼저 열어야 한다. 산업화 시대의 아날로그적 사고로는 다 죽는다. 오랫동안 민노총의 구호는 '세상을 바꾸자'였다. 하지만 바꾸자고 투쟁하는 동안 정작 자신을 바꾸는 데엔 소홀했다. 변화하지 않고 계속 머뭇거리면 AI 혁명의 쓰나미에 휩쓸려 사라질 수 있다. 세상을 제대로 바꾸려면 자신부터 변화해야 한다. (2021.11.02.)

【기고 원문】

KCTU must reinvent itself

I have an image associated with the Korean Confederation

of Trade Unions (KCTU). I have a strongly negative impression that the KCTU is a political group with vested interests that engages in selfish and uncompromising illegal strikes and blames others while defending its own flaws. Another problem is that it causes its own isolation by maintaining a passive stance on social dialogue and compromise. It is also criticized for only representing regular employees in major corporations and the public sector. Due to the "labor politics" of the "labor aristocrats," the KCTU has a much bigger say in economic and social policies than it deserves.

When KCTU was founded on November 11, 1995, it proclaimed that its goals was to "improve the quality of life for all people through democratic reform of the society." Now that 26 years have passed, is the KCTU following its mission statement? It has ignored the government's repeated requests during the Covid-19 pandemic and went on to organize two illegal general strikes on July 3 and October 20. After-school meal preparation workers, caregivers and irregular workers at schools and civil servants participated in the strike. The umbrella union's selfish behavior using young children was criticized.

KCTU must escape the vicious cycle of illegal labor

activities. If it goes against the changes in the world as AI is changing the world entirely, the militant union may disappear in five years. In the age of AI replacing human labor, how should the KCTU transform itself?

First, it must accept the global new labor union paradigm. The outside world is pursuing labor reform of giving up regular employment and vested interests, improving rights of irregular workers and enhancing social responsibility. By unifying the labor movement and pursuing a rational path, political unions are on the decline. The economy is strengthening by making the labor market flexible.

Second, it needs to prepare for the post-Covid transformation. With the climate crisis and digital transition, the industrial structure is being reorganized. Much production and office work is being replaced by AI and robots. As existing manpower is reduced, the software sector is hiring more.

Re-education and training is required for the transfer in jobs to different industries. It needs to expedite job change training for the employment of union members.

Third, it must adapt to changes of Generation MZ, a term

referring to both millennials born between 1980 and 1995 and those in Gen Z, born between 1996 and 2010. The uncompromising struggle-oriented existing labor movement, rigid culture within the union and a lack of communication incur antagonism from the young generation. Rather than traditional methods of occupation, rallies, slogans and placards, the young generation of workers use social media to collect and release opinions. According to an online poll, 60 percent of the Gen MZ doesn't want to join a union.

Fourth, the KCTU should respond to the change in labor due to the AI revolution. Existing manufacturing plants are replaced by smart factories, and labor is increasingly replaced by remote work and telecommuting. Companies expand flexible organization by outsourcing workers and by cloud sourcing.

Fifth, it must respond to the expansion of the AI platform job market. The digital transformation society divides labor into small units and outsources through the internet. As platform labor is expanding, permanent employment is decreasing. The KCTU must prepare for a decrease in union membership.

Sixth, a change of awareness about the labor movement

is needed. The KCTU must pursue employment stability and expansion of the social safety network through social compromise, not struggle. It can wield influence when it helps unorganized workers, the self-employed and small-business owners.

The KCTU must open the door for changes with a new type of labor movement. Its members will all die with the analog mindset of the industrialization era. KCTU's slogan has long been "Change the World." But while it was fighting to change the world, it neglected changing itself. If it dilly-dallies without action, it can be swept up by the tsunami of the AI revolution and disappear. If the KCTU wants to change the world properly, it must change itself before it's too late.

새 시대를 여는 AI 반도체

손톱보다도 작은 반도체 칩 때문에 전 세계가 들썩이고 있다. 나날이 커지고 있는 반도체의 영향력은 단순히 산업의 문제를 넘어서 국가 차원의 경쟁력을 판단하는 기준으로 사용되고 있다. 이번 기획에서는 미국과 중국을 중심으로 일어나고 있는 반도체 경쟁에 대한 현주소를 이해하고, 미래기술의 핵심인 메모리·비메모리 반도체가 가지는 의미를 살펴보고자 한다. 더불어 미래 핵심 산업으로서 국가적 보호의 필요성에 대해 논해보려 한다.

새 시대를 여는 AI 반도체

최근 차량용 반도체에 관한 관심이 아주 뜨겁다. 기존 자동차 회사들의 수요예측이 빗나가고, 한파 등 기상악화로 공장의 원활한 운영이 어려워짐에 따라 반도체의 생산량이 수요를 따라가지 못하고 있기 때문이다. 특히 완성차 조립과정과 달리 반도체 공정과정은 생산 유연성이 떨어지기 때문에 당분간은 이처럼 차량용 반도체 부족 현상이 지속될 것으로 예측된다.

이번 글에서는 논란의 중심인 차량용 반도체를 포함해 잠재적인 시장성이 점차 커지고 있는 비메모리 반도체 분야를 살펴보려 한다. 그중에서도 최신 인공지능 기술의 발달로 자율주행 차량을 비롯해 각종 가전 및 사물에 사용되는 AP(Application Processor)같이 높은 수준의 비메모리 반도체를 생산하는 국내 기업의 현재와 미래를 살펴볼 것이다. 더불어 산·학·연에서 해야 할 역할을 논의해 보고자 한다.

All Digital 사회가 다가온다

인공지능(AI) 혁명이 올 디지털(All Digital) 사회를 촉진하고 있다. AI시대는 그 어느 때보다 많은 엄청난 비정형 데이터를 리얼타임으로 처리해야 하는데, 스마트 시티의 구현과 자율주행차 등 미래 애플리케이션을 구현하려면 AI 반도체가 꼭 필요하다. 해당 개념은 AI 데이터 처리에 특화된 처리기(Processor)로서 연산 성능 고속화와 소비 전력효율(Power Efficiency)을 위해 최적화시킨 반도체를 말한다. 아키텍처 구조 및 활용 범위에 따라 GPU(Graphic Processing Unit), FPGA(Field Programmable Gate Array), 주문형 반도체 ASIC(Application Specific IC)부터 뉴로모픽 반도체(Neuromorphic Chip)까지 포괄한다. 이처럼 AI 반도체는 저장, 연산 처리, 통신 기능을 융합한 가장 진화된 반도체 기술의 집약체라 할 수 있다.

최근 AI 반도체는 병렬연산 처리에 최적화된 GPU 중심에서 초고성능·초저전력 뉴로모픽 반도체로 진화하고 있다. 뉴로모픽 칩은 저장과 연산은 물론 인식, 패턴 분석까지 가능하다. 마치 사람이 기억하는 원리처럼 신호를 주고받을 때 형성되는 잔상으로 데이터를 저장하는 것이다.

이처럼 인간의 뇌 신경 구조를 모방해 설계함으로써 하드웨어 크기와 전력 소모를 기존 반도체와 비교했을 때 1억분의 1 수준까지 줄일 수 있게 됐다. 이 밖에도 AI 반도체의 향후 미래는 주문형 반도체 ASIC 방식, 데이터 센서와 디바이스에 최적화된 인공신경망 반도체 등 다양한 AI 시스템을 지원하는 방향으로 발전할 것으로 예상된다.

글로벌 기업들의 치열한 개발 경쟁

AI 반도체 시장이 빠르게 성장하고 있다. 정보통신정책연구원에 따르면 2030년 세계 AI 반도체 시장 규모가 140조 원 규모로 성장할 전망이다. 특히 중국과 미국 간 '경쟁' 구도가 눈에 띄는데, 이를 중점적으로 살펴보고자 한다.

먼저 해당 시장이 놀라운 속도로 발전해 나가면서 미국은 빠르게 선점 의욕을 불태웠다. 인텔, 엔비디아, 시링크 등 시스템 반도체 기업이 관련 분야에 진출하는 것이 대표적인 사례라고 할 수 있겠다.

이를 좀 더 구체적으로 서술하자면, 인텔은 AI 반도체 기업을 인수·합병하고 데이터센터용 AI 반도체부터 디바이스용 반도체에 이르기까지 다양하게 사업 분야를 확대하고 있다. 그래픽처리장치 기술을 선도하는 엔비디아는 완성차업체·전장 부품·모빌리티 서비스 업체까지 수백여 개 업체와 공동 연구개발에 적극적으로 나서고 있다.

이어 시링크는 사물인터넷(Internet of Things, IoT), 빅데이터, 데이터센터용 AI 반도체에 집중하고 있으며 테슬라는 자율주행차 전용 프로세서 개발 계획을, 마이크로소프트는 딥러닝 기술에 특화한 AI 전용 칩을 선보였다.

이에 맞서 중국 정부는 AI 반도체를 '반도체 굴기' 핵심 정책으로 집중적으로 투자해 육성하겠다고 밝히면서 중국 내 관련 기업들은 해당 기술개발에 역량을 집중하고 있다. 가장 대표적인 중국 반도체 기업인 화웨이는 AI 소프트웨어와 반도체 자체 개발에 착수하는 등 관련 시장을 적극적으로 공략하고 있는데, 특히 '기린 970'을 내세워 미국 기업을 따라잡겠다는 목표를 수립했다. 알리바바는 커넥티드카, 스마트시티 등 다양한 분야에 적용할 수 있는 첨단기기용 AI 반도체의 자체 개발에 나섰으며 이를 위해 설계업체인 씨스카이 마이크로 시스템을 인수하면서 기술개발에 집중하고 있다.

또한 관련 업계의 유니콘 기업 캠브리콘 테크놀로지는 스마트폰, 웨어러블 기기 등에 탑재 가능한 AI 반도체를 자체 개발해 상용화하는 등의 모습을 보였다. 이러한 기업들의 모습을 통해 중국 정부의 정책에서 일부 성과가 나타나고 있음을 확인할 수 있다.

삼성의 AI 반도체 선점

우리나라에서는 삼성전자가 AI 반도체 선점에 적극적으로 나서고 있다. 음성인식, 번역, 메타버스, 자율주행과 같은 응용 분야가 확대되면서 관련 시장이 급성장하고 있기 때문이다. 특히 연산 로직을 결합해 재설계한 메모리 장치는 새로운 미래형 애플리케이션의 시장을 열 것으로 전망된다.

AI 알고리즘과 애플리케이션의 성장으로 데이터 처리에서 요구 사항이 급격히 증가하는데 현재의 메모리로는 이러한 방대한 데이터를 빠르게 처리하기란 역부족이기 때문이다. 이때 필요한 해결책이 PIM(Processing In Memory)이다.

PIM은 데이터를 저장하는 메모리 반도체 내부에 연산 작업이 가능한 프로세서 기능을 더한 차세대 반도체 기술이다. 해당 기술을 활용한다면 메모리에 AI 엔진(프로세서)을 탑재한 제품을 만들 수 있으며, 증가하는 AI 데이터 처리 수요와 이러한 수요를 맞추기에 역부족인 현재의 메모리 솔루션 간의 가교가 될 것이다. 이와 같은 PIM은 연산과 메모리가 통합된 구조이며 이를 바탕으로 로직이 탑재된 메모리 장치가 데이터 연산을 로컬로 수행한다.

이처럼 해당 기술이 각광받고 있는 지금, 삼성전자는 HBM(High Bandwidth Memory, 고대역폭 메모리) 장치에 PCU(Programmable Computing Unit)라는 AI 엔진을 통합함으로써 세계 최초로 HBM 내에 PIM 개념을 구현해냈다. PIM의 새로운 장을 연 것이다. 이에 더해 삼성 PIM은 메모리 PCU의 AI 엔진을 통합하는 방식으로 메모리 내부에서 연산 처리를 가능하게 하며 성능을 극대화했다. 삼성 PIM은 이렇게 2배 이상 높아진 성능으로 슈퍼컴퓨터(HPC), 데이터센터 등 최근 초고속 데이터 분석을 요구하는 AI의 발전에 효과적인 솔루션을 제시하고 있다.

전문인력의 필요성을 직시하며

반도체 시장에서 경쟁력 우위를 지켜내기 위해서는 고급인력 양성을 통한 핵심기술 개발, 성장환경 생태계 조성이 필요하다. 그중 반도체 전문인력 육성은 경쟁력 제고의 핵심이다. 그러나 전문인력 양성 문제는 민간기업이 스스로 해결하기 어려운 사안으로 정부가 정책적으로 장기적인 로드맵을 세워 추진해야 하는 과제이다.

AI 반도체 성장을 위해서는 AI 전문가를 양성해야 한다. 국내 대학을 외국과 비교해 봤을 때 자율주행, 로보틱스, 보안 등 관련 학과의 정원은 아직도 부족한 상황이다. 이러한 현실을 직시하고 공급에 맞춰 적극적으로 한계를 개선해나가야 할 것이다.

특히 전문인력 양성 교육체계 개선이 시급한 것이다. 정부가 계획한 반도체 전문인력 배출에 성과를 내기 위해서는 수도권정비계획법의 교육 인력 총량 규제를 개정해 수도권 대학 내 AI 반도체 학과 신설 및 증원이 동반돼야 한다. 이 밖에도 산학 연계 연구개발(R&D) 프로젝트를 정부가 지속해서 발주하도록 예산을 지원하는 것도 하나의 방법이다. 또한 반도체 전문인력 확보를 위해 기업 참여형 커리큘럼을 개발·운영해 석·박사급 우수 연구인력을 육성할 수 있도록 스톡옵션 제도 완화와 세제지원 역시 병행하는 것이 바람직하다. 특히 정부가 '반도체 핵심 인력 양성 및 보호에 관한 특별법'을 제정해 현실적이고 효율적인 반도체 전문인력 양성에 나서야 한다. 실무인력 강화를 위해서는 설계 및 공정 과정을 아우르는 실습·실무 교육을 추진해야 하며, 석·박사급 AI 반도체 원천기술 개발 인력을 양성하기 위한 융합 전문인력 양성 센터와 대학 ICT 연구센터가 확대돼야 할 것이다. (2021.11.02.)

Chapter 7.

미래교육 혁명

미래교육 혁명에 성공하려면

한국의 교육 현실을 '19세기 교실에서 20세기 교사가 21세기 학생을 가르친다'라는 한마디 문구로 표현한다. 70년이 넘은 낡고 늙은 교육이 21세기형 창의적 인재 양성을 가로막고 있다. 이런 교육으로 미래를 헤쳐 나갈 수 있을까.

국가 경쟁력은 최첨단 기술에 대한 미래교육에 달려 있다. 교육체계가 시대의 변화에 대응하지 못하면 글로벌 경쟁에서 뒤처질 수밖에 없다. 4차 산업혁명과 인공지능(AI) 시대 글로벌 강국(G5)으로 도약하기 위해 미래교육 혁명은 선택이 아닌 필수다. 지금 초등학생이 40대가 되는 2050년대엔 그들이 학교에서 배운 내용 중 90% 정도는 쓸모없게 될 것이다. 급격한 기술의 발전은 학교 교육에 혁명적인 영향을 끼친다. 지금까지 인간이 하던 많은 일을 AI 로봇이 담당하게 된다. AI 튜터를 통해 창의력 계발, 협업과 문제 해결을 지원한다. 에듀테크가 맞춤 개별 학습을 구현한다. 가상·증강현실(VR·AR) 등 학습 도구의 폭넓은 활용은 학생의 참여와 집중력을 높인다.

미래교육 혁명이 성공하려면 어떻게 해야 할까. 첫째, 미래학교다. 미래학교 스마트러닝의 학습 원칙은 오픈 학습 환경을 통해 학습자가 주도적으로 참여한다. 온라인 멀티 플랫폼을 공유해 다양한 애플리케이션을 활용하며 학습한다.

둘째, 융합적 사고다. 과학기술에 대한 학습자의 흥미와 이해를 높이고 AI, 빅데이터, 정보통신 기술 기반의 융합적 사고(STEAM Literacy)를 갖춘 인재를 길러내야 한다. 창의적 설계와 감성적 체험을 충분히 높이기 위해 디자인 싱킹과 통합적 사고를 적용한 학습 체계를 구축해야 한다.

셋째, 학생 중심이다. 모든 정책은 학습자 중심이어야 한다. 정부는 플랫폼을 제공하고 단위 학교의 자율성을 높여 상향식 변혁을 추구해야 한다. 공정성과 통합교육에 대한 의지와 신념이 중요하다. 인식 변화를 통해 행동의 변화를 유도해야 한다. 모든 교육 정책은 정권의 변화와 무관하게 중장기 관점에서 일관되게 추진돼야 한다.

마지막으로 IB와 DQ, AI다. 창의력과 사고력이 인재의 필수 능력으로 주목받는 4차 산업혁명 시대에 국제 바칼로레아(International Baccalaureate·IB)는 주입식 교육을 탈피하고 공교육의 수업과 학습방식을 근원적으로 바꾸는 유일한 방안이다. IB 평가시스템을 도입해 교육과정과 수업 방식에 혁명적 변화를 일으켜야 한다. 디지털 지수(Digital Quotient·DQ)는 윤리적으로 디지털 기술을 이해하고 활용하는 능력이다. 기술적 스킬과 디지털 시민 윤리를 통합하는 역량이다.

산업화 시대에는 지능지수(IQ), 인터넷 혁명 시대는 감성지수(EQ), AI 혁명 시대는 DQ가 국가 경쟁력을 좌우한다. 미래교육 혁명의 핵심은 IB와 DQ의 추진에 있다. 미래 학습은 코딩 기술이 아니라 디지털 대전환 사회에서 생존하는 법을 배워야 한다. 미래는 디지털과 AI 라이프 시대이기 때문이다.

미래교육 혁명의 목적은 디지털 창의력으로 무장한 혁신기업가 양성에 있다. 미래를 살아갈 아이들의 교육격차를 해소하는 유일한 길은 AI 교육 혁명이다. 대한민국의 지속적인 발전을 위해 AI시대의 생존역량을 키워주는 학습자 맞춤형 미래교육 혁명만이 살길이다. (매일경제. 2022.08.02.)

교육부는
미래교육 혁명에 매진해야

70년이 넘은 낡고 늙은 교육이 미래교육 혁명을 가로막고 있다. 교육 현장에서 교사는 지도에 통제력을 갖지 못하고, 학생은 자신들의 배움을 원하는 대로 선택하지 못하고 있다. 우리 교육 현실을 '19세기 교실에서 20세기 교사가 21세기 학생을 가르친다'라는 한마디 문구로 표현한다. 저출생·고령화와 급속한 디지털 과학기술 발전이 미래교육 패러다임을 완전히 변화시킨다.

미래교육 환경은 어떻게 변화할까.

첫째, 학교 변화다. 교육과 학교는 이제 동의어가 되지 않는 세상이다. 학교 교육은 영감을 불러일으키는 교육으로 학교의 재구조화가 가속화된다. 교육과정은 원격교육 상시화, 평생교육 확대, 학습자 맞춤형 교육으로 역할이 바뀐다. 클라우딩 컴퓨팅과 가상·증강(VR·AR) 현실을 활용한 디지털 기반 교육이 일상화된다.

둘째, 교사 변화다. 주입식 교육을 지양하고 양보다 질이 깊은 학습을 지향한다. 교사의 디지털 기술 활용 능력이 요구된다. 덜 가르치고 더 배우게 한다. 학생 모두에게 맞춤형 수업을 시행한다. 교사가 미래교육 혁명의 주체가 된다. 교사의 학습 컨설턴트 역할이 강화된다.

셋째, 학생 변화다. 자기주도 학습 능력과 비판적 사고 및 문제 해결 능력이 향상된다. 미래 학습 기반 교육으로 창의력, 혁신적 사고, 의사소통 능력, 팀워크와 리더십 역량을 높인다. 과제를 해결할 때 학업 데이터를 기반으로 AI 튜터가 제공하는 개인별 맞춤형 학습 컨설팅을 받게 된다.

넷째. 정부 변화다. 학습자 중심으로 영감을 주는 비전과 가치를 바탕으로 탁월성을 추구하게 된다. 플랫폼을 제공하고 단위 학교의 자율성을 높이며 상향식 변혁을 추구한다. 정책은 공정과 융합 교육을 목표로 정권의 변화와 무관하게 중장기적 관점에서 일관되게 추진된다.

교육부가 지금 해야 할 일은 미래 세대가 인공지능(AI) 시대에 생존하기 위한 역량을 높이는 미래교육 혁명에 전력투구할 때다. 미래교육 혁명은 미래를 예측하고 스스로 미래를 만드는 역량을 길러주는 교육이기 때문이다.

그렇다면 교육부의 나아갈 방향은 무엇인가.

첫째, 미래학교다. 건물·조직·교육과정·평가 시스템은 지역의 특성을 고려해 맞춤형 학교로 설계된다. 학교 교육에 흥미를 느끼지 못하는 학생들을 위해서 교육과정의 유연화로 탈 표준화 교육이 된다. 학생은 자유롭게 커리큘럼 선택이 가능하다. 학교·일·삶이 통합되고 지역사회 전체가 학교이며 학습장이다.

둘째, 학습강화다. 21세기 학습융합의 4대 핵심은 지식 활동·사고 활용·학습탐구·디지털 생활방식이다. 학습은 스마트러닝을 원칙으로 한다. 실생활 기반의 과제 제시를 통해 형식교육과 비형식 교육의 통합 형태로 운영한다. 다양한 애플리케이션과 소셜 러닝 교육이 일반화된다.

셋째, 융합인재 양성이다. 디지털 지수(Digital Quotient, DQ)와 메타인지를 갖춘 인재를 키운다. 융합 인재교육(STEAM)은 창의적 설계와 감성적 체험을 통해 과학기술과 관련된 다양한 분야의 융합적 지식, 과정, 본성에 대한 흥미와 이해를 높여 창의적이고 종합적으로 문제를 해결할 수 있는 융합적 소양(literacy)을 갖춘 인재를 양성하는 교육이다.

넷째, 목표와 비전이다. 탁월성과 공정성을 추구한다. 핵심 가치는 존중·책임·윤리·도덕·배려·조화·융합이다. 자기 주도적 학습자로서 비판적이고 혁신적 사고능력을 가진 적극적인 참여자이며 책임 있는 시민이 되는 것이다. 승자와 패자를 가리는 교육 대신 모두가 승자가 되는 교육을 추구한다. 데이터 홍수에 대응해 핵심 원리와 개념 중심의 학습을 중시한다.

디지털 대전환으로 세상이 급변하는 시대다. AI 미래교육 혁명이 곧 국가 경쟁력을 좌우한다. 대한민국의 지속적 발전을 위해서 미래교육 혁명만이 살길이다. (아주경제.2022.08.05.)

미래교육 혁명에
나라 운명 걸렸다

한국 교육 시장은 코로나19에도 아랑곳하지 않고 서울 강남을 중심으로 사교육 시장이 호황이다. 아이에게 투자되는 돈·시간·노력에 비해 교육 경쟁력은 꾸준히 추락하고 있다.

교육의 근본 문제는 70년이 넘은 낡은 구조가 인공지능(AI) 시대 창의적 인재 양성을 가로막고 있기 때문이다. 미래는 인간이 하던 많은 일이 AI 로봇으로 대체된다. 지금 초등학생이 30대가 되는 2040년대면 그들이 학교에서 배운 내용 가운데 90%는 쓸모없게 될 것이다. 미래에 필요하지 않은 지식과 존재하지 않는 직업을 위해 산업화 시대의 커리큘럼으로 주 20시간 수업을 받고 있다.

AI시대 국가 경쟁력은 미래교육에서 나온다. 시대 변화에 교육이 따라가지 못하면 국제 경쟁에서 뒤처질 수밖에 없다. 교육부가 지금 해야 할 일은 4차 산업혁명과 AI시대 글로벌 5대 강국(G5)으로 도약하기 위해 미래교육 혁명에 매진할 때다. 그렇다면 어떻게 해야 할까.

첫째, 코로나19로 발생한 학습 격차를 해소해야 한다. 학습 격차의 원인은 학생의 자기 주도적 학습 능력 차이, 학부모의 학습 보조 여부, 학생의 사교육 수강 여부다. 해결방안으로 등교 수업을 통한 오프라인 보충지도, 개별화된 학습 관리와 진단 가능한 플랫폼 구축, 학습 동기 및 의욕 촉진을 위한 정서·심리 진단 및 상담 지원, 학생의 수준별 맞춤형 콘텐츠 제공이다.

둘째, 미래학교를 만드는 것이다. 디지털 혁명은 교육 패러다임을 변화시킨다. 지금까지 교육은 고학력화, 입시·일방·암기 위주였다. 하지만 미래교육의 핵심은 준비하는 교육, 생각하는 교육, 협력하는 교육, 인간적인 교육이다. 스마트러닝의 오픈 학습 환경을 기반으로 온라인 멀티 플랫폼을 공유해서 다양한 애플리케이션을 활용해 학습한다. AI 튜터로 창의력 계발, 협업과 문제 해결을 지원한다.

셋째, 혼합수업이다. 교실학습과 온라인 학습을 융합한 것이 혼합학습(blended learning)이다. 교사는 자율학습과 이동학습, 학생주도·통제, 그룹 채팅·토론, 온라인 평가 등 과중한 업무에 시달리고 있다. 학생의 동기유발, 일대일 피드백, 개인 상담, 진도 확인, 학습 촉진, 실습 활동, 평가활동 업무를 교사 혼자 할 수 없다. 혼합학습과 거꾸로 학습이 상시화된다.

넷째, 국제 바칼로레아(IB; International Baccalaureate)다. 창의력과 사고력이 인재의 필수 능력으로 주목받는 4차 산업혁명 시대에 IB는 주입식 교육에서 탈피하고 공교육의 수업과 학습방식을 근원적으로 바꾸는 유일한 방안이다. IB 평가시스템을 도입해서 교육과정과 수업 방식에 혁명적 변화를 일으켜야 한다.

다섯째, 디지털 지수(DQ; Digital Quotient) 강화다. 산업화시대는 지능지수(IQ), 인터넷 혁명 시대는 감성지수(EQ), AI 혁명 시대는 DQ가 국가 경쟁력을 좌우한다. DQ는 윤리적으로 디지털 기술을 이해하고 활용하는 능력이며, 기술적 스킬과 디지털 시민 윤리를 통합하는 역량이다.

여섯째, 에듀테크다. 산업화 시대에 만들어진 획일화된 교육체계는 수명을 다했다. AI시대에 맞는 개인 맞춤형 에듀테크 교육은 거스를 수 없는 흐름이다. AI 교육은 선택이 아니라 언제 시작하느냐의 시기 문제다. 개인 맞춤형 학습은 에듀테크 플랫폼에서 제공한다.

일곱째, 하이테크 하이터치다. 가상현실(VR)·증강현실(AR) 기술 발전은 수업할 때 학생의 표정과 음성을 즉각적으로 인식해서 참여 정도와 감정 상태를 파악해 학습의 질을 높일 수 있다. 정보 검색을 넘어 튜터링 시스템, 학업 중단을 넘어 학교 적응, 교사 한계를 넘어 수준별 학습, 학교 밖 학생 지원, 학교 교육을 넘어 평생교육까지 교육 효과를 높일 수 있다.

여덟째, 초연결 사회로의 교류 학습 촉진이다. 4차 산업혁명은 초연결 사회다. AI 교육으로 학생과 교사 연결, 학생과 학생 연결, 학교와 학교 연결, 언어와 언어 연결, 현실과 가상 연결이 가능하다. 국내에서 지구 반대편의 학교와 원격교육으로 교류 학습 시대가 실현된다.

마지막으로 학습자 중심의 개별 맞춤형 교육이다. 지금까지의 일체 학습은 학교계획에 따라 모든 내용을 학습했다. 정해진 교육과정에 따른, 모두에게 동일한 수업 방식이다. 계획된 시간과 장소에서 표준화된 평가를 받았다. 학생 수준과 적성을 알 수 없어 개인별 분석과 그에 따른 콘텐츠 전송이 어려웠다. 원하는 시간과 장소에서 개인화된 평가를 실시한다.

미래를 살아갈 아이들의 교육격차를 해소하는 유일한 길은 AI 교육이다. 새로운 혁신의 원동력은 미래교육 혁명에서 나온다. 미래교육 성공에 대한민국 운명이 걸렸다. (전자신문 2022.08.30.)

교육부가 미래로 가는 길

역대 정부 교육개혁 전부 흐지부지
교육개혁은 글로벌 경쟁력과 직결
미래교육에 대한민국 운명 걸렸다

교육은 미래다. 4차 산업혁명 시대 국가 경쟁력은 최첨단 기술에 대한 미래교육에 달려 있다. 시대의 변화에 교육이 따라가지 못하면 글로벌 경쟁에서 뒤처질 수밖에 없다. 인공지능(AI)시대 글로벌 강국(G5)으로 도약하기 위해 교육부는 미래로 가는 길을 열어야 한다. 학생은 21세기에 살고 있는데, 공교육 제도는 19세기 머물러 있다. 이제 정답을 외우는 암기 위주의 교육은 끝났다. 지금 중·고생이 30대가 되는 2040년대면 그들이 학교에서 배운 내용 중 90% 정도는 쓸모없게 될 것이다. 미래는 인간이 하던 많은 일은 AI 로봇으로 대체된다.

미래교육의 패러다임은 어떻게 변화할까.

첫째, 미래학교다. 교육과 학교는 이제 동의어가 되지 않는다.

학교 교육은 영감을 불러일으키는 교육으로 학교의 재구조화가 가속화된다. 원격교육 상시화, 평생교육 확대, 학습자 맞춤형 교육 형태로 바뀐다. 클라우딩 컴퓨팅과 가상·증강(VR·AR) 현실을 활용한 디지털 기반 교육의 중심은 미래 교실이다.

둘째, 학습방식이다. 온라인과 오프라인 학습 활동을 결합한 혼합학습(blended learning), 온라인에서 사전학습 후 오프라인에서 더 깊이 토론하는 거꾸로 교육(flipped learning)이 상시화된다. AI 튜터 지원은 에듀테크(EduTect) 개인 맞춤형 플랫폼에서 제공한다. 바칼로레아(IB, International Baccalaureate) 평가시스템을 도입해 교육과정과 수업 방식이 변화한다.

셋째, 교사의 역할이다. 미래교육은 지금처럼 지식을 전달하는 교사나 교수의 역할이 아니라 학습자 스스로 학습이 필요한가를 깨우치게 하는 것이다. AI 스마트러닝의 오픈 학습 환경을 기반으로 코스웨어 활용을 조언하는 코치의 역할을 한다.

교육부가 지금 해야 할 일은 미래 세대가 AI시대의 생존역량을 높이는 미래교육 혁명에 전력투구할 때다. 미래교육 혁명은 미래를 예측하고 스스로 미래를 만드는 능력을 길러주는 교육이기 때문이다. 그렇다면 어떻게 해야 할까.

첫째, 미래교육부로 재탄생해야 한다. 역대 정부에서 매번 교육부 개혁이 거론됐지만 실현된 적은 없다. 정권마다 존폐의 고비를 넘기는 과정에서 장관은 자리보전, 관료는 조직 존속을 위한 이해관계가 맞아떨어졌기 때문이다. 조직과 사람, 일하는 방식을 전면적으로 혁신해 거듭나야 한다.

둘째, 카르텔 혁파다. 교육개혁을 막는 중요한 세력은 교육투자에 적극적이지 않은 정부, 기업화된 사교육 시장으로 연계된 암묵적 동맹이다. 교육학계와 교육단체는 그들의 이해관계 때문에 장기적 정책을 제시하지 못하고 단기적 관점에 매몰돼 교육개혁을 방해하고 있다.

셋째, 정책변화다. 교육정책이 백년대계는 아니어도 즉흥적이어서는 안 된다. 여론을 수렴하고 의견을 듣는 과정을 반드시 거쳐야 한다. 관철보다 중요한 게 설득이고, 강행보다 먼저 해야 할 일은 조정이다. 위기를 모면하기 위한 탁상행정을 펼치는 관행을 버려야 한다.

넷째, 융합인재다. 정부는 반도체 인력 15만 명 양성 계획을 발표했다. 반도체 산업 인력은 신소재, 소·부·장, 재료 등 여러 학과 전공자가 필요하다. 창의적이고 종합적으로 문제를 해결할 수 있는 디지털 지수(Digital Quotient, DQ)를 갖춘 융합인재(STEAM Literacy)를 길러야 한다.

다섯째, 미래역량이다. 미래 세대에게 필요한 것은 이전에 없던 새로운 문제를 해결하는 창의력이다. 유연성, 창조성으로 새로운 가치를 창출해야 한다. 미래를 예측하는 최선의 방안은 학습자 스스로 미래를 만드는 것이다.

마지막으로 새 교육부 장관이다. 교수나 관료 출신들이 장관이 되면 미래교육 개혁을 제대로 시행할 수 있을지 우려된다. AI시대 4차 산업을 이해하고 에듀테크를 현장에 적용해본 개혁적인 인사가 새로운 교육부 수장이 되면 미래교육 혁명이라는 새로운 바람을 일으킬 수 있다.

국가의 미래, 새로운 혁신의 원동력은 미래교육 혁명에서 나온다. 국가 개조 수준의 교육 패러다임 전환이 절실하다. 최근 교육부 장관 임명에서 경질에 이르는 과정에서 온 나라가 시끄러웠던 사태가 이를 방증하고 있다. (중앙일보. 2022.09.)

맺음말

규제혁신 성공의 조건

윤석열 대통령의 '모래주머니' 개혁 지시에 따라 규제혁신 및 경제 형벌 규정 정비를 위해 '경제 규제혁신 태스크포스(TF)'가 출범한다. 규제혁신 TF에는 각 부처 장관들이 직접 참여할 뿐만 아니리 대한상의, 중기중앙회, 벤처 협회 등 다양한 민간단체들도 참여 예정이다.

규제혁신은 정부가 바뀔 때마다 빠지지 않는 단골 구호다. 김영삼 정부 때 행정쇄신 차원에서 시작된 규제혁신은 이명박 정부 '전봇대 뽑기'를 비롯해 박근혜 정부 '손톱 및 가시 뽑기', 문재인 정부 '붉은 깃발법(적기조례) 철폐' 등 역대 정권 모두 집권 초 핵심 국정 과제다.

하지만 어느 정부나 시작만 거창했을 뿐 크게 성과를 내지는 못했다. 규제혁신에 실패한 본질적인 이유는 무엇일까?

첫째, 지지율에 따라 움직였다. 대개 집권 초 최우선 과제로 규제혁신을 반짝 추진한다. 하지만 기득권 세력의 저항으로 갈등이 커지면서 지지율이 하락하면 정부가 이해 당사자 의견을 수용하는 쪽으로 움직였다는 사실을 간과할 수 없다. 지지율에 연연해 이해관계자 간 갈등이 커져 사회적 문제가 되기를 바라지 않아서다.

둘째, 정치적 목적에 따라 접근했다. 규제혁신은 복잡하고 다양한 세력의 이해관계가 얽혀 있다. 지지하는 진영만을 바라보고 무리하게 추진하다가 반대 진영의 강력한 저항에 부딪히면 중단되기 일쑤였다. 산업 현장의 현실을 무시하고 정치적 이해관계를 중요시했다.

셋째, 공무원의 보신주의와 카르텔이다. 기존 규제들과 연계된 부처와 관련 산업 및 단체 간의 강력한 이해관계는 이미 퇴직 후 공무원들의 삶의 기반이 됐다. 대다수 규제는 지방정부의 인허가 사안으로 위임돼 있거나 시행령·지침으로 규정되어 있어서 중앙 행정부에서 규제혁신을 강조해도 현장에서 움직이지 않으면 불가능하다.

넷째, 관료의 타성과 제도의 문제다. 공무원은 감사(監査)를 염두에 두고 모든 업무를 처리한다. 이러한 업무처리 방식이 규제혁신을 가로막고 있다. 민원인의 요구를 받아들이면 감사의 꼬투리가 될 가능성이 크다. 누구든 미래 산업 시장을 내다보고 자기 직을 걸고 규제혁신에 앞장서지 않는다.

다섯째, 국회와 정부의 태만(怠慢)이다. 사고가 규제를 낳는다. 사고만 터지면 정부와 국회는 규제부터 만든다. 사고에 대한 원인 해결방안을 모색하는 것이 아니라 단순 논리로 규제 법안부터 쏟아낸다. 규제를 만들어 놓고 완화할 때는 세부 항목별로 찔끔찔끔 나눠 풀어준다. 규제에 따른 편익을 분석하는 규제 시스템의 부재다. 시대착오적 규제가 여전히 존재한다.

그렇다면 규제혁신이 성공하려면 어떻게 해야 할까.

첫째, 목표는 포지티브섬 게임(Positive-sum Game)이 되어야 한다. 규제혁신은 선진국이 채택하는 최선의 정부혁신 방책이다. 규제혁신을 통해 정부가 지향하는 바는 작은 정부와 시장 기능 확대다. 이는 정부가 주연이 아니라 조연이 되고 민간이 주연이 되도록 그 역할을 조정하는 것이 핵심이다. 규제혁신은 특정 계층에게 희생을 강요하거나 이익을 확대해 주는 도구가 아니다. 규제혁신은 시장의 역할을 확대해 전체 시장의 파이를 키워 국민의 이익을 증진하는 것이다.

둘째, 혁신적인 조직 운영이다. 이번 '경제 규제혁신 T/F' 조직은 어디에서 많이 본 듯하다. 문재인 정부가 야심에 차게 추진했던 업무 1호 '일자리 위원회'와 무늬만 다르다는 인상을 지을 수 없다. 전 부처 장관과 민간단체 참여와 운영 방식이 유사하다. 정권이 바뀔 때마다 공무원들이 일하는 방식인 '겉장 바꾸기'는 매번 그대로다. 이대로라면 형식적 회의에 치우쳐 성과를 낼 수 없다. 대통령이 추진 상황을 직접 챙겨야 성과를 낼 수 있다.

셋째, 공무원 혁신 없이 규제혁신 없다. 정치가 권력을 지배하는 것처럼 행정부 권력은 관료 집단에 위임돼 그들의 수중으로 들어간다. 공무원 사회가 변하지 않는 한 본질적으로 '공무원에서 민간으로의 권력 이동'을 의미하는 규제혁신이 될 턱이 없다. 정권이 바뀌어도 공무원 사회는 바뀌지 않는다. 선출 권력의 눈치를 보면서 적당히 하는 시늉만 낼 뿐이다. 아무리 위에서 짖는다고 눈 하나 깜짝하지 않는다. 왜냐하면 몇 년 지나면 선출직은 가고 남는 것은 자신들이라는 게 공무원 사회의 뿌리 깊은 인식이다.

넷째, 국회와 행정부와 민간의 협력 체제 구축이다. 규제개혁안은 국회에서 관련 법안이 통과돼야 한다. 여·야가 협치를 통해 규제 개혁에 반대하는 기득권을 대화의 장으로 나오게 해야 한다. 규제 개혁에 성과를 내는 공무원에게는 인센티브를 보장해야 한다. 민간이 주도하는 현장 규제혁신 시스템을 구축하고 모든 규제는 네거티브 규제 체계로 기존의 규제 프레임부터 바꿔야 한다.

마지막으로 미래 유망 산업 규제는 풀어야 한다. 4차 산업혁명 시대의 신성장 산업의 성공은 규제 완화에 달려 있다. 법과 제도로 제한된 신기술과 미래 산업에 대한 규제는 과감한 규제 개혁이 필요하다. AI, BigData, IoT, 자율주행, UAM, 소프트웨어, 반도체, 밧데리, 원전 등 신성장 산업 분야의 규제는 완전히 풀어 스타트업이 성장하기 좋은 환경을 구축해야 한다.

또, 소비성향의 급속한 변화에 따른 물류산업에 대한 낡은 규제는 철폐돼야 한다. 빠른 배송, 새벽 배송 서비스를 위한 도심 내 소형 물류거점이 필요하지만, 현행법상 물류 시설은 근린 생활 입주가 불가능하다. 낡은 규제를 개선해 시대에 맞게 합리적으로 운영될 수 있도록 규제혁신을 해야 한다.

한국경제가 위기 상황이다. 설상가상 무역수지도 적자로 돌아서고 있다. 이제 규제혁신은 선택이 아니라 미래 생존을 위한 피할 수 없는 일이 되었다. 윤 정부의 규제혁신이 성공하기를 기대한다. (2022.07.21.)

P.S.

사랑하는 雅悧! 어느 날 갑자기 찾아온 이별의 그 날을 잊을 수가 없다. 우리의 목숨 대신 犧牲하며 무지개다리를 건넌 지 어느덧 4년이 흘렀구나. 雅悧는 항상 우리 가슴 속에 살아있다. 사랑하는 雅悧와 인생의 동반자 아내 金延貞께 결혼 29주년 기념으로 이 책을 바친다.

나에게

벼는 익을수록 고개를 숙인다. 인생 어느덧 60년을 살아오면서 느낀 것은 너무 부족하다는 것이다. 살아온 날보다 살아가야 날들이 적기에 자연의 섭리에 따라 순응하며 세상에 봉사하며 겸손과 배려의 삶을 살겠다고 다짐한다. 비록 보이지는 않더라도 엄연히 존재하는 것은 인연(因緣)이다. 졸저를 통해 귀중한 분과의 맺은 인연을 소중히 여기며 살아갈 것이다. 지금까지 7권의 책을 집필

했다. 인생은 9988이라고 한다. 앞으로 몇 권을 낼지 모르겠지만 마지막 책은 회고록이 될 것이다.

고마운 분들

상업성이 부족한 이 책을 저자와의 첫 만남에서 흔쾌히 허락해주시고 떠맡아준 휴먼필드 출판사와 책을 구매해주신 모든 분께 심심한 사의를 표한다.

2022. 08. 31.

저자 朴正一

AI 한국경영
- 뉴거버넌스 편 -

—

초판발행   2022. 9. 30.

—

지 은 이   박정일

펴 낸 곳   휴먼필드

출판등록   제406-2014-000089

주   소   경기도 파주시 탄현면 장릉로 124-15

전화번호   031-943-3920   **팩스번호**   0505-115-3920

전자우편   minbook2000@hanmail.net

—

—

ISBN 979-11-968433-9-7 03300

—